21世纪普通高等院校系列教材

基于EXCEL的财务金融建模实训

Jiyu EXCEL de Caiwu Jinrong Jianmo Shixun

（第二版）

主编 赵昆

副主编 董云杰 刘新星 刘秀丽

西南财经大学出版社

中国·成都

图书在版编目(CIP)数据

基于EXCEL的财务金融建模实训/赵昆主编.—2版.—成都:西南财经大学出版社,2021.12
ISBN 978-7-5504-5183-4

Ⅰ.①基… Ⅱ.①赵… Ⅲ.①表处理软件—应用—金融—经济模型
Ⅳ.①F830.49-39

中国版本图书馆CIP数据核字(2021)第239281号

基于EXCEL的财务金融建模实训(第二版)
主编 赵昆

策划编辑:孙婧
责任编辑:孙婧
责任校对:李琼
封面设计:杨红鹰 张姗姗
责任印制:朱曼丽

出版发行	西南财经大学出版社(四川省成都市光华村街55号)
网　　址	http://cbs.swufe.edu.cn
电子邮件	bookcj@swufe.edu.cn
邮政编码	610074
电　　话	028-87353785
照　　排	四川胜翔数码印务设计有限公司
印　　刷	郫县犀浦印刷厂
成品尺寸	185mm×260mm
印　　张	16.75
字　　数	378千字
版　　次	2021年12月第2版
印　　次	2021年12月第1次印刷
印　　数	1—2000册
书　　号	ISBN 978-7-5504-5183-4
定　　价	39.80元

第二版前言

《基于 EXCEL 的财务金融建模实训》一书自出版以来，得到了广大读者的喜爱和同行的肯定，让我们有了进一步改进的信心和动力，在此向本书的读者和所有关心本书发展的专家、朋友们致以深深的谢意！

本书第一版面世已经过去了五年，这五年间我国经济政策和市场环境发生了很多变化，书中涉及的一些会计准则发生了变更，因此有必要进行修订。另外，本书第一版缺少课后练习，有不少读者反馈，希望能够在后续版本中增加课后练习和配套的 Excel 文件，以便在学完书中的知识技能后，可以进一步通过课后练习来巩固和提升自己。

基于以上原因，在本次修订中，我们对模块二中的指标参数做了适当的修改，并且在模块二至模块六的末尾增加了适当的课后练习或综合实训案例，并配有 Excel 数据和答案，供任课教师索取作为教学参考。

推广和普及 Excel 软件在经管领域的应用是本书编写组老师们的初衷和长期坚持的事业，但由于教材篇幅有限，本次再版我们只提供了有限的案例，如果读者对 Excel 在经济管理中的应用有更多的兴趣或观点，可以通过电子邮箱（319996523@qq.com）与我们取得联系并进一步交流，再次感谢大家的支持和厚爱！

编者

2021 年 11 月

前言

一、财务金融建模概述

财务金融建模是一门实践性很强的课程，要求学生在熟练掌握相关计算机软件的基础上，综合运用经济学、管理学、金融学、财务管理和会计学等相关学科的理论和方法，来解决现实经济社会中的实际问题。在经济社会中，从个人、家庭到企业，再到国家，各行各业的活动随时都在产生信息，随时都需要接收和处理信息。可以说，任何经济管理活动中的决策，都是在对相关信息进行消化之后做出的。对信息的处理、加工和分析能力越高，决策的正确性和效率就越高。

财务金融建模的任务就是，针对实际问题所需要达成的目标，运用经济管理和财务金融相关理论和方法，在计算机软硬件的辅助下，对经济信息建立“数量模型”，以此完成相应的工作。这些工作主要有以下几大类：

(1) 处理和加工原始信息；

(2) 对经济活动进行描述性统计分析；

(3) 对经济活动进行计量分析，揭示变量之间的数量关系；

(4) 构建会计信息之间的量化关系，搭建财务会计核算体系；

(5) 在给定的目标和条件下，对比若干策略，做出最优化决策；

(6) 为经济活动主体（个人、家庭或企业）做理财规划和财务规划；

(7) 对经济金融市场进行计量分析与预测；

(8) 其他应用领域。

二、Excel 在财务金融建模中的应用

财务金融建模从信息收集、存储、处理、加工再到分析、描述以及与用户的交互，都越来越离不开计算机软硬件的辅助。在各类统计软件、财务软件和数据库软件中，Excel 具有独特的优势。

（一）软件普及性高

Excel 是微软公司的办公软件“Microsoft Office”的组件之一，是 Windows 操作系统下运行的一款试算表软件，可以进行各种数据的处理、统计分析和辅助决策操作，广泛地应用于管理、统计财经、金融等众多领域。Excel 的普及率相当高，几乎是每台个人电脑和办公电脑的必装软件，因此，用 Excel 编制的数据表格可以在任意一台电脑上打开，其通用性较高。

（二）数据处理功能强大

Excel 内置了大量的公式函数，使用它们可以很方便地实现各专业领域的复杂计算；另外，Excel 还提供了对信息的管理和分析功能，可以很方便地管理电子表格或网页中的数据列表，并且可轻松完成数据资料的图表制作。

（三）强大的二次开发功能

Excel 除了给用户提供现成的功能模块和公式函数以外，还提供了强大的 Visual Basic for Applications（VBA）编程功能。VBA 是一种宏语言，是微软开发出来在其桌面应用程序中执行通用的自动化（OLE）任务的编程语言，用来扩展 Windows 应用程序，特别是 Microsoft Office 软件的功能。Excel VBA 就是专门为扩展 Excel 功能而研发的 VB 编程语言。

编写 VBA 代码，可以让 Excel 自动完成原本需要手工逐步操作的工作，可以批量完成原本需要重复性操作的工作。另外，VBA 还可以编写依托于 Excel 的应用程序，在实现复杂计算和分析的同时，其程序界面又可以增强用户与数据的交互性。总之，掌握了 VBA，可以发挥以下作用：

（1）规范用户的操作，控制用户的操作行为；

（2）使操作界面人性化，方便用户的操作；

（3）多个步骤的手工操作通过执行 VBA 代码可以迅速地实现；

（4）实现一些 Excel 手工操作无法实现的功能；

（5）实现复杂的统计计量分析。

三、本书的特点

（一）理论与实践相结合

本书虽为实训教材，但在每个实训任务和具体技能训练开始之前，都有相应的理论知识介绍作为先导，从而使读者能够充分了解理论是如何应用到实践中的，实践又是如何结合理论而展开的。

（二）以实训技能为导向，注重基本操作方法的介绍

本书共分为六大模块，每个模块中又分若干实训任务，每个实训任务中，又有不同的实训技能训练，整个逻辑体系的安排以具体技能作为导向，并且以基本操作方法的讲解作为侧重点。因此，学完本书中所有实训或部分实训，读者能清晰地知道自己掌握了什么技能。

（三）在侧重基本技能的同时，又不失对高级建模技术的探讨

本书在各个模块的实训技能任务中，除了详细介绍必备知识和基本操作方法外，还对 Excel 高级建模技术有初步的引导。本书通过一些较为简单的案例，让读者在短时间内学会一些高级技能，切身感受到进阶高级技术并不是遥不可及的目标，从而激发学生学习的积极性。

四、本书适用的对象

（一）普通高等院校（专科、本科）学生

本书可以作为普通高等院校专科生和本科生的实训教材，也可以作为理论课的实践辅助教材。通过本书的学习，学生将能够较好地掌握如何运用 Excel 软件来解决财务金融领域的实际问题。

（二）企事业单位财务金融方面的实践工作者

Excel 作为最著名的办公软件之一，在各行各业的普及面很广，很多企事业单位的工作人员都需要经常性地操作 Excel 软件来收集数据、处理数据和分析数据，因此，本书可以作为企事业单位从事财务金融实务工作者的参考书。只要掌握了本书介绍的基本技能，那么对于一般的财务金融问题，读者也就具备了用 Excel 软件来解决的基础能力。

当然，本书的缺点和不足在所难免，读者一旦发现，请与作者联系，我们将在改版中加以调整和修改。另外，如果有其他好的修订建议和意见，也请不吝赐教，我们将非常感谢。

编者

2016 年 11 月

目 录

模块一　财务金融建模的 Excel 基础

【模块概述】

基于 Excel 的财务金融建模需要用到 Excel 内置的函数、控件和图表。其中，函数用于计算特定关系或复杂关系所决定的结果（有数值型和非数值型）。而控件的设置，则可以让用户得以操控模型的参数，使用户与模型建立交互关系。图表的应用可以让模型能够以直观的形象展现在用户面前，使用户能够更好地把握整个模型的解决思路和结论。

因此，我们有必要学好以上三个方面的基本知识和技能。作为基础性的预备知识，本模块只介绍函数和图表的应用，把控件的使用以及图表制作的高级技巧放在模块六（Excel 财务金融高级建模技术）中来介绍。

【模块教学目标】

（1）介绍在财务金融建模中常用的 Excel 函数、窗体控件和图表；
（2）掌握资金的时间价值及其相关函数。

【知识目标】

（1）Excel 函数、控件与图表；
（2）资金时间价值；
（3）现值、终值、年金、期限与贴现率。

【技能目标】

（1）掌握 Excel 常见函数的使用；
（2）掌握关于资金时间价值的 Excel 函数应用；
（3）学会制作 Excel 图表。

【素质目标】

（1）培养学生自主学习 Excel 的能力；
（2）培养学生对财务金融现实问题进行概括、抽象，并创建合适 Excel 模型的能力。

任务 1　常见 Excel 函数的使用

【案例导入】

张先生计划 5 年后买车，届时需要一次性支付 10 万元，从现在开始，张先生就着手准备这笔未来的购车款。如果张先生选择投资某金融产品，该产品的年化收益率为 10%，那么张先生每年年初要投入多少钱呢？

思考：在现实经济社会生活中，像上面这样的财务金融问题屡见不鲜，如何快速、有效地解决这些问题呢？这就需要我们熟练掌握 Excel 提供的内置函数。

【任务目标】

通过实训，学生应熟练掌握 Excel 常见的财务函数、数学函数、统计函数以及逻辑函数等，并且对图表制作和窗体控件的使用有较深入的认识。

【理论知识】

一、货币时间价值

货币时间价值是指货币经历一定时间的投资和再投资所增加的价值，也称资金的时间价值。从经济学观点来说：同量货币在不同时间的价值是不相等的，货币持有者假如放弃现在使用此货币的机会，就可以在将来换取按其所放弃时间的长短来计算货币的时间价值，也就是我们常说的今天的一元比未来的一元更值钱。

货币时间价值的体现在我们生活中随处可见。比如：你在商业银行存了10 000元一年期定期存款，假设一年期定期存款利率为 3%，那么一年以后这笔存款到期，你将从银行获得本金和利息共计 10 300 元，其中这 300 元的利息就是资金的时间价值。

如果你继续把这笔资金（10 300 元）存一年期定期存款，那么再过一年之后，连本带利你将拥有 10 609 元。计算公式如下：

$10\ 609 = 10\ 300 \times (1 + 3\%)$

现在的 10 000 元，两年后变成了 10 609 元，从经济学的角度来讲，我们认为这两笔钱是等价的。

二、现值

所谓现值，是指将来的货币资金折算到现在或起始日期的价值。我们通过一个实际的例子来解释现值的含义。

例子：张先生的孩子 5 年后要上大学，届时需要一次性准备好大学四年的费用约 60 000元。如果张先生选择投资某金融产品，该产品的年化收益率为 5%，那么张先生现在要投资多少钱，才能保证将来孩子上学无忧呢？需要计算的这笔初始资金，就是将来 5 年后 60 000 元折算到当前的价值，也就是现值。如何把 5 年后的 60 000 元折算到当前呢？我们用下面的公式来计算：

$$PV = \frac{60\ 000}{(1 + 5\%)^{5}} = 47\ 011.57$$

因此，张先生需要准备 47 011. 57 元来进行这笔教育投资，才能在 5 年后保证孩子上大学的 60 000 元费用。

根据现值的定义，我们不难给出其统一计算公式，如下所示：

$$PV = \frac{c_1}{(1 + y)} + \frac{c_2}{(1 + y)^2} + \cdots + \frac{c_T}{(1 + y)^T} = \sum_{i=1}^{T} \frac{c_i}{(1 + y)^i}$$

式中：c_1，c_2，…，c_T 表示从第 1 期到第 T 期期末所发生的资金流。

y 表示贴现率（利率、投资收益率、内部报酬率等）。

注：贴现率在本书中不同章节模块可能根据具体情况而有不同的表示符号，这没有统一的标准，其他指标亦是如此，特此说明。

三、终值

所谓终值，是指货币资金折算到未来某一时间点的价值，与现值是一对相反的概念。我们同样通过一个实际的例子来对终值的概念加以解析。

例子：张先生再过 10 年就要退休了，为了将来退休之后有一笔养老费用，张先生现在把 100 000 元（PV）存入银行。假设这 10 年的平均年利率为 3%，请问 10 年后张先生能得到多少钱（FV）呢？计算公式如下：

$$FV = 100\ 000 \times (1 + 3\%)^{10} = 134\ 391.64$$

结果表明：现在的 100 000 元（现值）在 10 年之后将会变成 134 391. 64 元（终值）。

终值 FV 的计算公式如下：（如果不考虑年金）

$$FV = PV \cdot (1 + y)^T$$

式中：y 表示贴现率（利率、投资收益率、内部报酬率等）。

四、年金

所谓年金，并非特指每年发生的资金流，而是一个约定俗成的统称，表示等时间间距且等额发生的资金流。举一个例子来加以说明。

例子：王先生从银行贷款30万元用于购房，与银行约定的年利息为7.38%，贷款期限为30年，还款方式为等额本息，每月偿还一次。经过计算，王先生每月需要偿还2 073.05元，直到第30年最后一个月为止。

在这个案例中，每月等额本息偿还额，就是年金。

五、期限

期限，是指资金流所经历的时间跨度。从上面关于现值、终值和年金的概念及举例中，我们每一次都离不开一定的期限。我们再举一个例子来认识期限的概念。比如：小张现有10万元资本金用于购买证券投资基金，已知每年平均可从证券投资基金中获得15%的收益率。那么请问小张的资本金多少年以后会变成100万元？

这就是资金时间价值的期限问题。求解期限，需要有其他条件，如现值、终值及利率（贴现率、收益率）等，否则就没有意义，也不能计算。

六、贴现率

贴现率，在关于资金时间价值的应用中，有其他多种称呼，有时候是利率，有时候是投资收益率，有时候是项目的内部报酬率。不管叫什么，在资金时间模型的意义上，其性质都是一致的。在关于资金时间价值的计算中，总是离不开贴现率这个变量，否则的话，也就没有了资金的时间价值。贴现率正是资金时间价值程度的体现。

举一个例子，比如：某项投资初始资金为10万元，通过10年时间增值到了100万元。那么这项投资的年化收益率是多少呢？这就是一个根据现值和终值以及期限来求解贴现率的实例。在后续介绍的Excel函数操作中，我们将计算出其结果（包括上述其他例子的结果，我们都会在Excel中操作一遍）。

实训技能1　数学与统计函数

一、实训内容

本实训介绍一些常见的数学与统计函数，如SUM、AVERAGE、ABS、VAR、STDEV、COUNT、COUNTA、MAX、MIN等。

二、实训方法

（1）介绍函数的用途和语法；

（2）以实际例子的操作来加以说明。

三、实训步骤

1. 函数的语法与用途

（1）SUM函数

SUM函数为求和函数，返回某一单元格区域中数字、逻辑值及数字的文本表达式之和。如果参数中有错误值或不能转换成数字的文本，将会导致错误。

语法：

SUM（number1，number2，…）

（2）AVERAGE 函数

返回参数平均值（算术平均）。

语法：

AVERAGE（number1，number2，…）

（3）ABS 函数

返回参数的绝对值。

语法：ABS（number）

（4）VAR 与 STDEV 函数

求取方差和标准差的函数。

语法：

VAR（number1，number2，…）

STDEV（number1，number2，…）

（5）COUNT 与 COUNTA 函数

COUNT 函数计算包含数字的单元格以及参数列表中数字的个数。使用函数 COUNT 可以获取区域或数字数组中数字字段的输入项的个数。

COUNTA 函数计算区域中不为空的单元格的个数。

语法：

COUNTA（value1，value2，…）

COUNTA（value1，value2，…）

（6）MAX 与 MIN 函数

返回最大值与最小值的函数。

语法：

MAX（number1，number2，…）

MIN（number1，number2，…）

2. 举例说明

关于以上常用数学与统计函数的使用方法，我们可以通过如图 1.1 所示的表格来加以验证。请读者自行新建 Excel 表格，仿照图 1.1 中的数据和公式说明来操作，自然就能很快明白各个函数的用法了。

	A	B	C	D	E	F	G
1							
2		数据项					
3		-10		项目	计算结果	公式	
4		15		计算和	180.00	=SUM(B3:B12)	
5		90		计算平均值	22.50	=AVERAGE(B3:B12)	
6		-40		计算方差	2 285.71	=VAR(B3:B12)	
7				计算标准差	47.81	=STDEV(B3:B12)	
8		-30		计算最大值	90.00	=MAX(B3:B12)	
9		70		计算最小值	-40.00	=MIN(B3:B12)	
10		文字		B3单元格的绝对值	10.00	=ABS(B3)	
11		25		计算非空单元格个数	9	=COUNTA(B3:B12)	
12		60		计算含数字的单元格个数	8	=COUNT(B3:B13)	
13							

图 1.1

四、注意事项

（1）在输入 Excel 函数的时候，如果将单元格的格式设置为文本，那么录入的公式只会以文本形式显示出来，是不能计算的。

（2）输入公式的方法有两种：一种是双击单元格自动进入编辑状态之后，输入以等号开始的表达式；另一种是点击 Excel 的“插入函数”选项。不同的 Excel 版本，“插入函数”的菜单位置会有所不同，熟悉之后就好了。

实训技能 2　财务函数

一、实训内容

本实训介绍常见的财务函数，主要是 PV、FV、PMT、NPER 与 RATE。

二、实训方法

（1）介绍函数的用途与语法；

（2）以实际例子的操作来加以说明。

三、实训步骤

1. PV 函数

（1）用途与语法

返回投资的现值。现值为一系列未来现金流的当前值的累积和。

语法：

PV（rate，nper，pmt，fv，type）

rate：各期利率。

nper：年金的付款总期数。

pmt：各期所应支付的金额，其数值在整个年金支付期间保持不变。如果省略 pmt，则必须包含 fv 参数。

fv：终值（未来值），或在最后一次支付后希望得到的现金余额，如果省略 fv，则必须包含 pmt 参数。

type：取值为数字 0 或 1，用以指定各期年金的付款时间是在期初还是期末。

（2）实例说明

创建如图 1.2 所示的表格，在 C6 单元格中输入提示的公式，即可得到现值结果。

公式=-PV（C3，C5，C4，C2）

终值 / 元	60 000	
贴现率	5%	
年金 / 元	0	
期限 / 年	5	
现值 / 元	47 011.57	=-PV(C3,C5,C4,C2)

图 1.2

2. FV 函数

（1）用途与语法

基于固定利率及等额分期付款方式，返回某项投资的未来值。

语法：

FV（rate，nper，pmt，pv，type）

有关函数 FV 中各参数以及年金函数的详细信息，请参阅函数 PV。

（2）实例说明

创建如图 1.3 所示的表格，在 C6 单元格中输入提示的公式，即可得到现值结果。

公式=FV（C3，C5，C4，-C2）

现值 / 元	100 000	
贴现率	3%	
年金 / 元	0	
期限 / 年	10	
终值 / 元	134 391.64	=FV(C3,C5,C4,-C2)

图 1.3

3. PMT 函数

（1）用途与语法

基于固定利率及等额分期付款方式，返回贷款的每期付款额。

语法：

PMT（rate，nper，pv，fv，type）

有关函数 PMT 中参数的详细说明，请参阅函数 PV。

（2）实例说明

例题：王先生从银行贷款 30 万元用于购房，与银行约定的年利息为 7.38%（月利率为 0.615%），贷款期限为 30 年，还款方式为等额本息，每月偿还一次。请计算王先生的每月还款额度。

创建如图 1.4 所示的表格，填入相关数据，在 C6 单元格中输入：

公式=PMT（C3，C5，-C4，C2）

回车即可得到计算结果，王先生每月应偿还银行 2 073.05 元。

	A	B	C	D	E
1					
2		终值 / 元	0		
3		贷款利率 / 月	0.615%		
4		贷款额 / 元	300 000		
5		期限 / 月	360		
6		等额本息还款额 / 元	2 073.05	=PMT(C3,C5,-C4,C2)	
7					

图 1.4

4. NPER 函数

（1）用途与语法

基于固定利率及等额分期付款方式，返回某项投资的总期数。

语法：

NPER（rate，pmt，pv，fv，type）

有关函数 NPER 中各参数的详细说明及有关年金函数的详细信息，请参阅函数 PV。

（2）实例说明

例题：小张现有 10 万元资本金用于购买证券投资基金，已知每年平均可从证券投资基金中获得 15%的收益率。那么请问小张的资本金多少年以后会变成 100 万元？

创建如图 1.5 所示的表格，输入相关数据，在 C6 单元格中输入：

公式=NPER（C3，C4，-C2，C5）

	A	B	C	D	E
1					
2		现值 /元	100 000		
3		年收益率	15%		
4		年金 /元	0		
5		目标终值 /元	1 000 000		
6		投资期限 /年	16.48	=NPER(C3,C4,-C2,C5)	
7					

图 1.5

从图 1.5 中所示结果可见，小张大约需要 16 年半才能让资本金增值到 100 万元。

5. RATE 函数

（1）用途与语法

返回年金的各期利率。函数 RATE 通过迭代法计算得出，并且可能无解或有多个解。如果迭代无解的话，函数 RATE 将返回错误值 #NUM!。

语法：

RATE（nper，pmt，pv，fv，type，guess）

有关参数 nper、pmt、pv、fv 及 type 的详细说明，请参阅函数 PV。

（2）实例说明

例题：某项投资初始资金为 10 万元，通过 10 年增值到了 100 万元，那么这项投资的年化收益率是多少呢？

创建如图 1.6 所示的表格，输入相关数据，在 C6 单元格中输入：

公式=RATE（C3，C4，-C2，C5）

	A	B	C	D	E
1					
2		初始资本 /元	100 000		
3		投资期限 / 年	10.00		
4		年金 /元	0		
5		期末资本 / 元	1 000 000		
6		年收益率	25.89%	=RATE(C3,C4,-C2,C5)	
7					

图 1.6

由此可知，该项投资的年化收益率为 25.89%。

四、注意事项

用 Excel 函数来做计算的时候，最好建立起直观形象的表格来操作，用一个个的单元格来存放所需的数据和参数。然后，在 Excel 函数中引用参数时，就可以用单元格的名称来表示参数，而不是用原始的数值。这样做的好处是：计算过程和结果直观形象，具有条理性。另外，当条件发生变化、我们需要更改参数的时候，只需要更改相应单元格的数值，而无须从函数中去修改。

实训技能 3　逻辑函数

一、实训内容

本次实训将学习常见的逻辑函数：IF、AND、OR。

二、实训方法

（1）介绍函数的用途与语法；

（2）以实际操作案例来学习函数的用法。

三、实训步骤

1. 函数用途与语法

（1）IF 函数

语法：

IF（logical_ test，value_ if_ true，value_ if_ false）

如果指定条件 logical_ test 的计算结果为 TRUE，IF 函数将返回值 value_ if_ true；如果该条件的计算结果为 FALSE，则返回另一个值 value_ if_ false。

IF 函数里面又可以包含 IF 函数，但这种直接嵌套的层数是有限的，Excel 2003 版本最多可以嵌套 7 层，Excel 2007 及以上版本，目前最多可以嵌套 64 层。

如果想突破嵌套层数的限制，有三种办法：第一种是采用定义名称的方式，第二种是用其他辅助函数来变通实现多层嵌套的效果，第三种是用 VBA 编程。

（2）AND 函数

意为“逻辑与”。

语法：

AND（logical1，logical2，…）

所有参数的计算结果为 TRUE 时，返回 TRUE；只要有一个参数的计算结果为 FALSE，即返回 FALSE。

（3）OR 函数

意为“逻辑或”。

语法：

OR（logical1，logical2，…）

在其参数组中，任何一个参数逻辑值为 TRUE，即返回 TRUE；任何一个参数的逻辑值为 FALSE，即返回 FALSE。

2. 应用案例

已知某股票在一段时间内的每日开盘价和收盘价（数据如图 1.7 所示），请标出符合“已三连阳或三连阳以上”K 线特征的交易日。下面我们就来应用上面介绍的逻辑函数来解决这一问题。

日期序号	开盘价/元	收盘价/元	K线特征	公式
1	8.99	8.97		
2	8.96	9.01		
3	9.01	9.12		=IF(AND(D5>C5,D4>C4,D3>C3),"已三连阳或三连阳以上","")
4	9.10	9.10		=IF(AND(D6>C6,D5>C5,D4>C4),"已三连阳或三连阳以上","")
5	9.10	9.11		=IF(AND(D7>C7,D6>C6,D5>C5),"已三连阳或三连阳以上","")
6	9.10	9.06		=IF(AND(D8>C8,D7>C7,D6>C6),"已三连阳或三连阳以上","")
7	9.03	9.10		=IF(AND(D9>C9,D8>C8,D7>C7),"已三连阳或三连阳以上","")
8	9.09	9.03		=IF(AND(D10>C10,D9>C9,D8>C8),"已三连阳或三连阳以上","")
9	9.01	9.13		=IF(AND(D11>C11,D10>C10,D9>C9),"已三连阳或三连阳以上","")
10	9.17	9.34		=IF(AND(D12>C12,D11>C11,D10>C10),"已三连阳或三连阳以上","")
11	9.32	9.60	已三连阳或三连阳以上	=IF(AND(D13>C13,D12>C12,D11>C11),"已三连阳或三连阳以上","")
12	9.62	9.68	已三连阳或三连阳以上	=IF(AND(D14>C14,D13>C13,D12>C12),"已三连阳或三连阳以上","")
13	9.80	10.07	已三连阳或三连阳以上	=IF(AND(D15>C15,D14>C14,D13>C13),"已三连阳或三连阳以上","")
14	10.00	10.00		=IF(AND(D16>C16,D15>C15,D14>C14),"已三连阳或三连阳以上","")
15	10.00	9.99		=IF(AND(D17>C17,D16>C16,D15>C15),"已三连阳或三连阳以上","")
16	9.97	10.04		=IF(AND(D18>C18,D17>C17,D16>C16),"已三连阳或三连阳以上","")
17	10.00	9.81		=IF(AND(D19>C19,D18>C18,D17>C17),"已三连阳或三连阳以上","")
18	9.86	10.23		=IF(AND(D20>C20,D19>C19,D18>C18),"已三连阳或三连阳以上","")
19	10.23	10.13		=IF(AND(D21>C21,D20>C20,D19>C19),"已三连阳或三连阳以上","")
20	10.10	10.12		=IF(AND(D22>C22,D21>C21,D20>C20),"已三连阳或三连阳以上","")

图 1.7

在 Excel 中新建一个文档，建立如图 1.7 所示的表格。在 E5 单元格（对应第三个交易日），输入公式“=IF（AND（D5>C5，D4>C4，D3>C3），"已三连阳或三连阳以上"，" "）”。

公式的含义是：如果当日、上一日、上二日的收盘价均大于开盘价（则均为阳线），那么显示“已三连阳或三连阳以上”；否则，就显示空白。

输入完公式之后按回车键，即可得到结果，但此时单元格什么都不显示，原因是没有满足三连阳的条件。

然后我们选中 E5 单元格，把鼠标移到该单元格的右下角，当鼠标形状变成黑色实心的十字的时候，按住鼠标左键，往下拉动鼠标直到 E22 单元格为止，则同列的后续单元格均被自动填充了相应的公式，并且即时显示出计算结果。所有单元格的公式及最终结果如图 1.7 所示，Excel 自动填充的公式正好符合我们的意愿。

不难发现，在拉动单元格自动填充单元格公式的时候，往右拉动，列标会自动加 1 列，反之减 1 列；往下拉动，行号会自动加 1 行，反之减 1 行。但如果在行号和列标前加上绝对引用符号“$”的话，在拉动的过程中，公式就不会自动增减行号和列标，因为 Excel 把它锁定了。

四、注意事项

在实际操作中，如果不考虑自动复制公式填充到其他单元格的话，那么公式中行号和列标前的绝对引用符号“$”可有可无。添加或不添加绝对引用符号“$”，只是在自动填充公式时才有区别，除此之外，别无二致。

任务 2　常见 Excel 图表的制作

【案例导入】

在股票市场上，每个交易日都有大量的个股在交易，股票行情软件能够即时动态显示 K 线和均线的变化，方便投资者进行分析。在宏观经济中，每月、每年国家统计局都会公布各行各业的各项数据指标，给居民、企业和政府提供决策参考依据。在生产或销售企业中，管理者经常都要查看产品生产或销售的数据图表，试图从中窥探规律性的特征。诸如此类的例子数不胜数。

思考：如何根据用户的要求，把基本的数据绘制成各式各样的图表？

【任务目标】

通过实训，学生应能够掌握 Excel 基本图表的制作方法。

【理论知识】

Excel 图表的类型有很多，下面我们介绍常见的几种。

一、折线图

排列在工作表的列或行中的数据可以绘制到折线图中。折线图可以显示随时间而变化的连续数据（根据常用比例设置），因此非常适用于显示在相等时间间隔下数据的趋势。在折线图中，类别数据沿水平轴均匀分布，所有的值数据沿垂直轴均匀分布。

如果分类标签是文本并且表示均匀分布的数值（例如月份、季度或财政年度），则应使用折线图。当有多个系列时，尤其适合使用折线图；对于一个系列，则应考虑使用散点图。如果有几个均匀分布的数值标签（尤其是年份），也应该使用折线图。如果拥有的数值标签多于十个，请改用散点图。折线图的样式如图 1.8 所示。

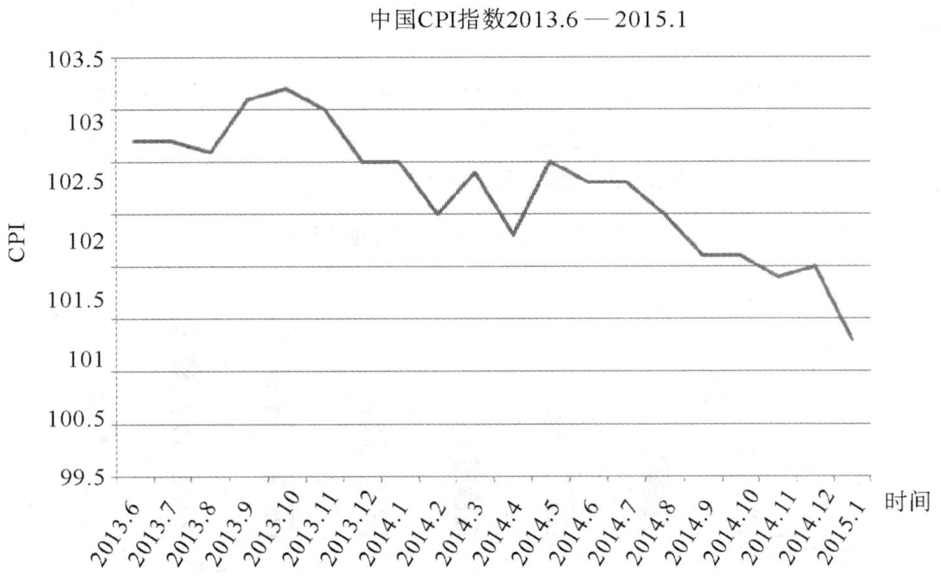

图 1.8

二、散点图

排列在工作表的列和行中的数据可以绘制到散点图中。散点图显示若干数据系列中各数值之间的关系，或者将两组数字绘制为 XY 坐标的一个系列。

散点图有两个数值轴，沿横坐标轴（X 轴）方向显示一组数值数据，沿纵坐标轴（Y 轴）方向显示另一组数值数据。散点图将这些数值合并到单一数据点并按不均匀的间隔或簇来显示它们。散点图通常用于显示和比较数值，例如科学数据、统计数据和工程数据。散点图的样式如图 1.9 所示。

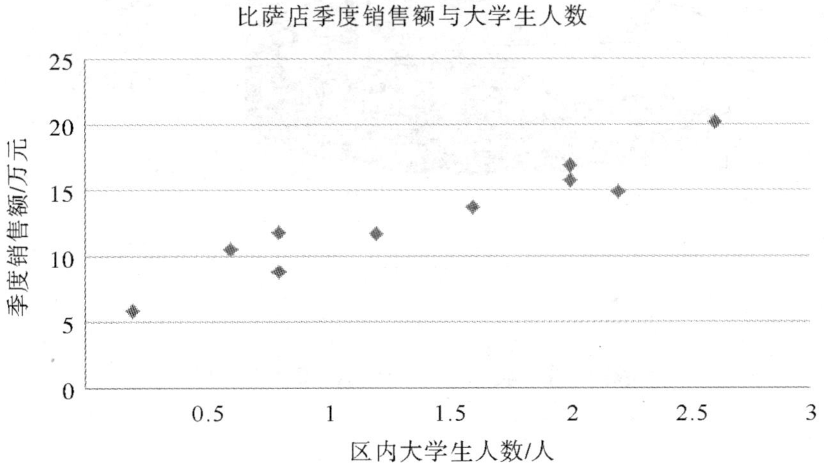

图 1.9

三、柱形图

排列在工作表的列或行中的数据可以绘制到柱形图中。柱形图用于显示一段时间内的数据变化或说明各项之间的比较情况。在柱形图中，通常沿横坐标轴组织类别，沿纵坐标轴组织值。柱形图的样式如图 1.10 所示。

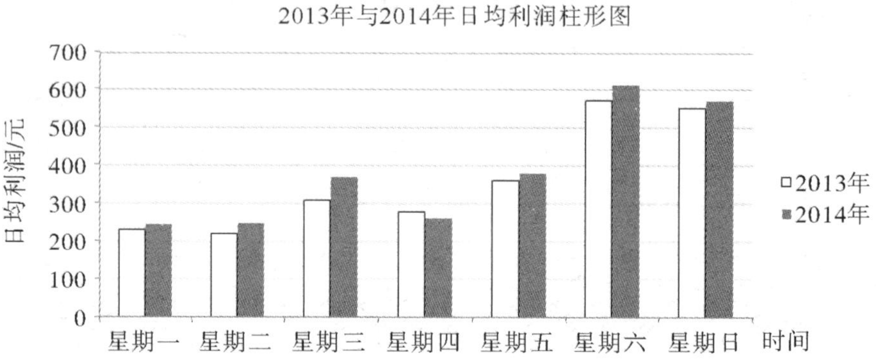

图 1.10

四、饼图

仅排列在工作表的一列或一行中的数据可以绘制到饼图中。饼图显示一个数据系列中各项的大小，与各项总和成比例。饼图中的数据点显示为整个饼图的百分比。饼图的样式如图 1.11 所示。

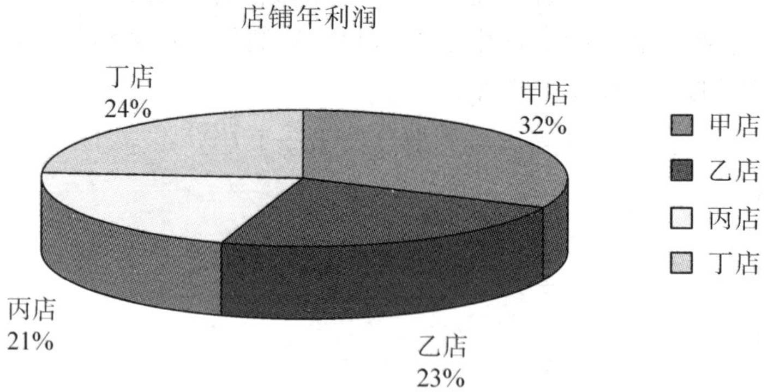

图 1.11

实训技能 1　折线图的制作

一、实训内容

已知中国 2013 年 6 月至 2015 年 1 月的 CPI 指数，如图 1.12 所示。请画出 CPI 指数的折线图。

月份	CPI
2013年6月	102.7
2013年7月	102.7
2013年8月	102.6
2013年9月	103.1
2013年10月	103.2
2013年11月	103
2013年12月	102.5
2014年1月	102.5
2014年2月	102
2014年3月	102.4
2014年4月	101.8
2014年5月	102.5
2014年6月	102.3
2014年7月	102.3
2014年8月	102
2014年9月	101.6
2014年10月	101.6
2014年11月	101.4
2014年12月	101.5
2015年1月	100.8

图 1.12

二、实训方法

根据表格所给数据，画出变量的变化趋势图，也即折线图。

三、实训步骤

（1）调出 Excel 窗口菜单项“插入”下的“折线图”，选择第一种折线图类型。具体如图 1.13 所示。

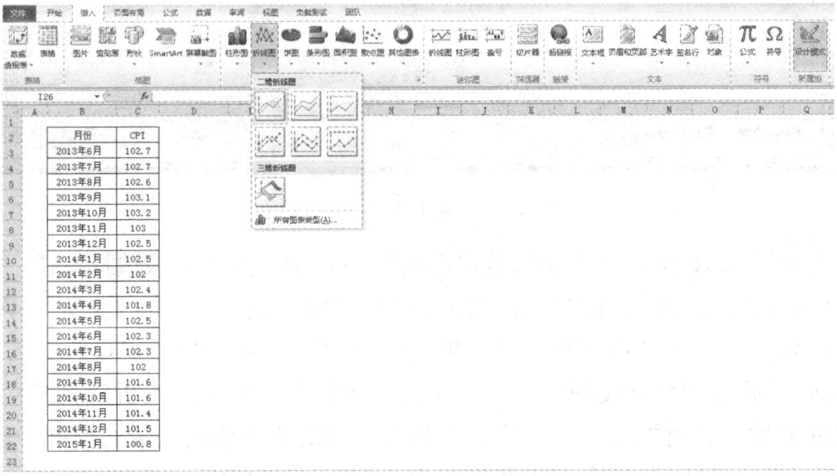

图 1.13

（2）在上一步的操作之后，将会出现一个空白的图表。在空白图表上点击鼠标右键，将会出现一列弹出菜单，点击“选择数据”。也可以直接点击功能区的“选择数据”，效果是一样的。具体如图 1.14 所示。

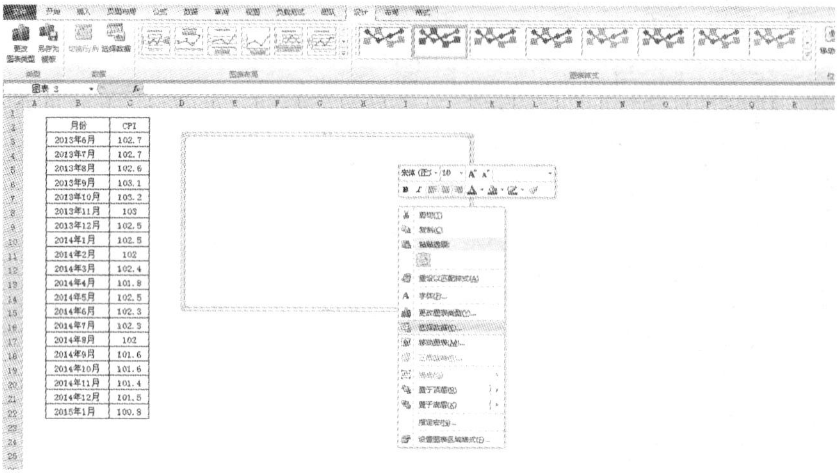

图 1.14

（3）在上一步操作后，进入到如图 1.15 所示的“选择数据源”窗口中。在该窗口中，点击“添加”，即可进入如图 1.16 所示的“编辑数据系列”窗口。

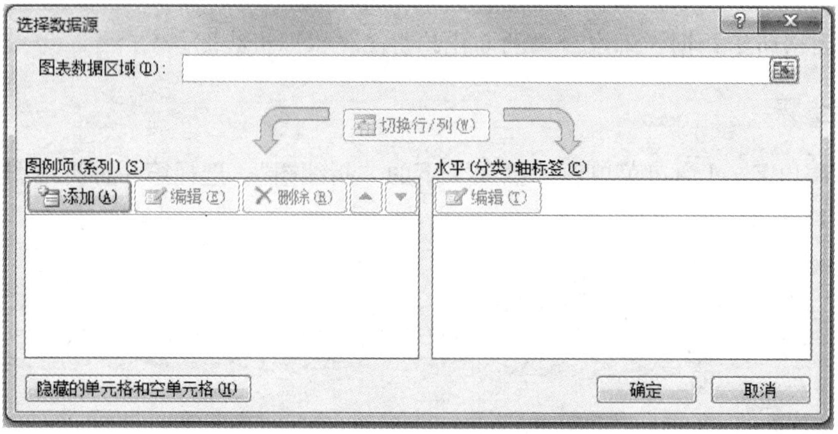

图 1.15

（4）在如图 1.16 所示的“编辑数据系列”窗口中，点击参数选择按钮，即可按住鼠标左键在单元格之间拉动来选择我们想要的单元格区域，而不用手工输入区域符号。我们点击系列值右边的参数选择按钮，把系列值设置为＄C＄3：＄C＄22 区域，当然 Excel 会自动显示为“=折线图！＄C＄3：＄C＄22”。（注：“折线图!”表示当前 SHEET 表的名称，后面再跟一个“!”，作为与后面的单元格或区域的连接，这是 Excel 引用表格的语法）然后再在“系列名称”里手动输入“CPI”。最后得到如图 1.16 所示的状态，然后点击“确定”。

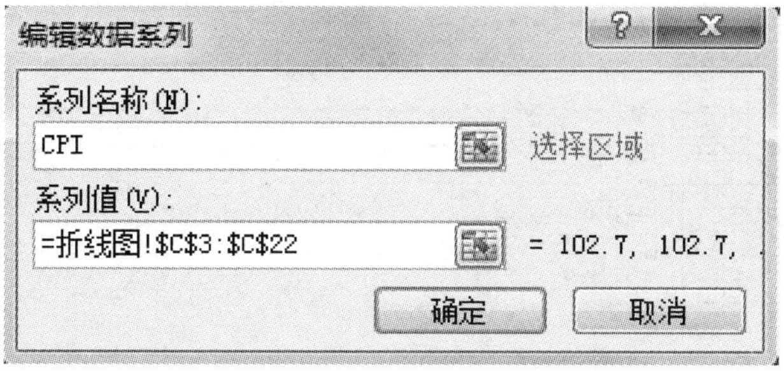

图 1.16

（5）在上一步的操作之后，将会得到如图 1.17 所示的界面。此时，图表区已经显示出来 CPI 的折线图了。如果我们不设置水平分类轴的标签的话，点击“确定”就完成工作了。但对于本例题而言，在水平轴上标出日期月份，更有助于用户对比不同月份的 CPI 指标。

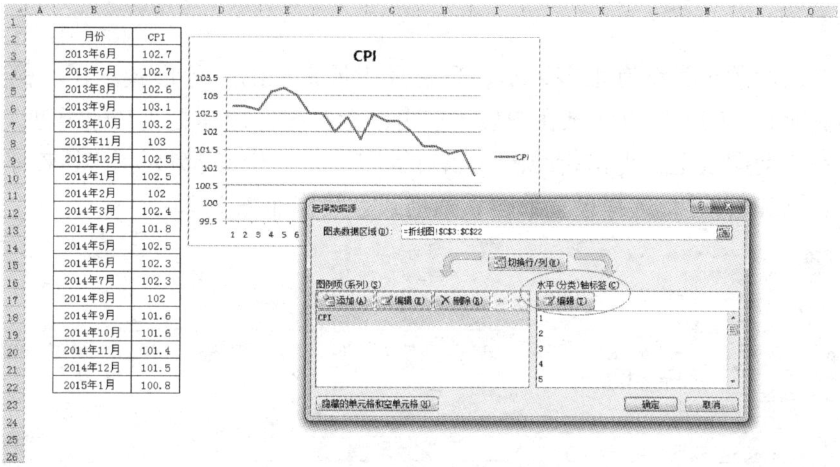

图 1.17

（6）点击水平分类轴标签的“编辑”按钮，进入设置界面，把标签设置为月份对应的单元格区域，如图 1.18 所示。

图 1.18

（7）在上面的操作全部完成之后，最后得到如图 1.19 所示的预期结果。

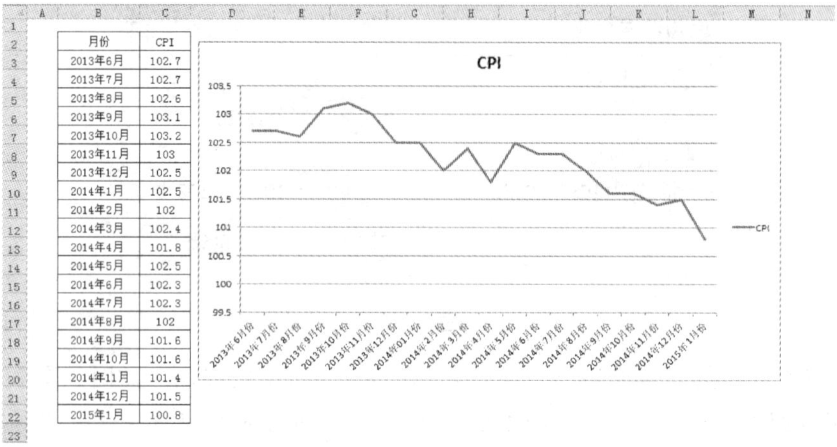

月份	CPI
2013年6月	102.7
2013年7月	102.7
2013年8月	102.6
2013年9月	103.1
2013年10月	103.2
2013年11月	103
2013年12月	102.5
2014年1月	102.5
2014年2月	102
2014年3月	102.4
2014年4月	101.8
2014年5月	102.5
2014年6月	102.3
2014年7月	102.3
2014年8月	102
2014年9月	101.6
2014年10月	101.6
2014年11月	101.4
2014年12月	101.5
2015年1月	100.8

图 1.19

四、注意事项

（1）折线图的子类型有很多，本例只是采用最常见的一种形式。在本例这种形式的折线图基础上，读者可以尝试在图表上点击鼠标右键，选择更改其他类型。

（2）在当前图表上，点击折线图（当折线图上每一个点都被标记出来时，表示已选中），然后点击右键，选择设置数据系列格式。具体如图 1.20 所示。

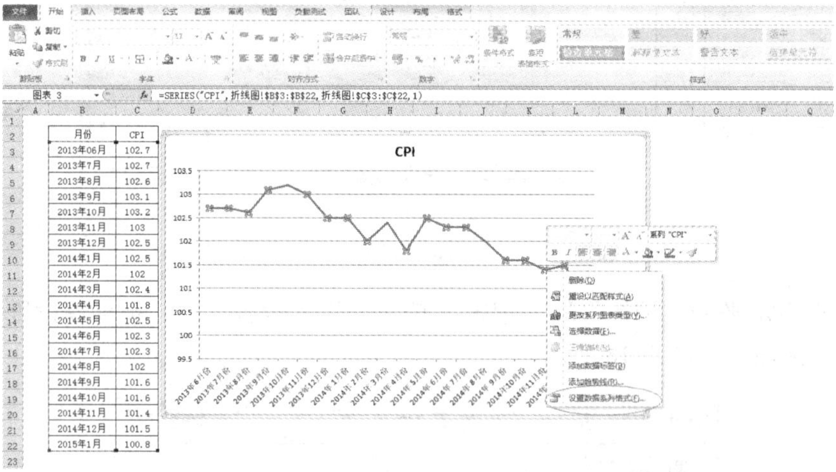

月份	CPI
2013年06月	102.7
2013年7月	102.7
2013年8月	102.6
2013年9月	103.1
2013年10月	103.2
2013年11月	103
2013年12月	102.5
2014年1月	102.5
2014年2月	102
2014年3月	102.4
2014年4月	101.8
2014年5月	102.5
2014年6月	102.3
2014年7月	102.3
2014年8月	102
2014年9月	101.6
2014年10月	101.6
2014年11月	101.4
2014年12月	101.5
2015年1月	100.8

图 1.20

我们可以让折线图显示为各种不同的格式，请读者自行尝试，久而久之，对折线图的制作及格式设计就熟能生巧了。

实训技能 2　散点图的制作

一、实训内容

已知某比萨店季度销售额与区内大学生人数，如图 1.21 所示。要求画出销售额与大学生人数的散点图，以揭示两者之间的变化关系。请把散点图画在图 1.21 所示的右边空白区域内。

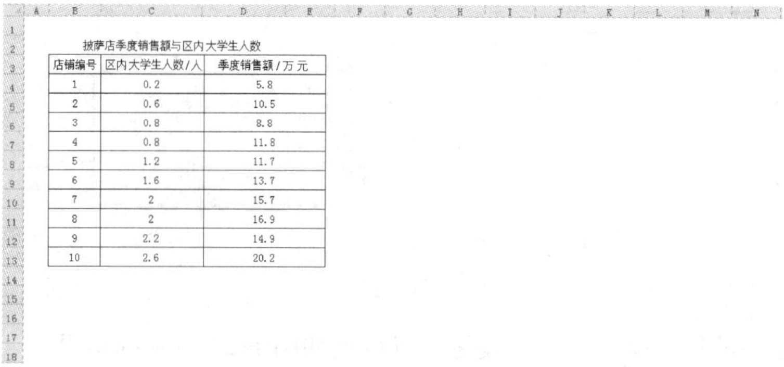

披萨店季度销售额与区内大学生人数

店铺编号	区内大学生人数/人	季度销售额/万元
1	0.2	5.8
2	0.6	10.5
3	0.8	8.8
4	0.8	11.8
5	1.2	11.7
6	1.6	13.7
7	2	15.7
8	2	16.9
9	2.2	14.9
10	2.6	20.2

图 1.21

二、实训方法

根据表格所给数据，画出因变量与自变量之间的变量关系图，也即散点图。

三、实训步骤

散点图的操作与折线图的操作有许多地方都是大同小异的，我们就不一一列明所有操作步骤了。在这里，我们给读者介绍一下几个关键点。

（1）插入散点图的菜单位置与插入折线图的位置是排列在一起的，很容易找到，如图 1.22 所示。我们选择第一种散点图的式样。

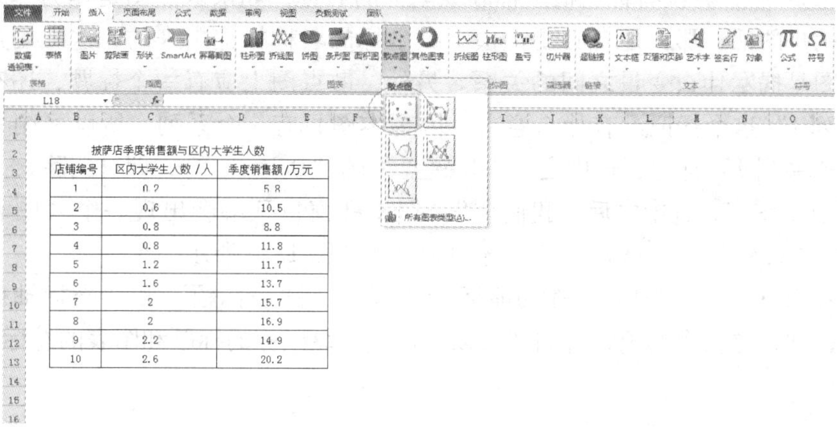

披萨店季度销售额与区内大学生人数

店铺编号	区内大学生人数/人	季度销售额/万元
1	0.2	5.8
2	0.6	10.5
3	0.8	8.8
4	0.8	11.8
5	1.2	11.7
6	1.6	13.7
7	2	15.7
8	2	16.9
9	2.2	14.9
10	2.6	20.2

图 1.22

（2）接下来，也是选择数据源，然后添加数据系列。在编辑数据系列的时候，我们要设置 X 轴系列值和 Y 轴系列值。X 轴上应放自变量（影响因素）的数值，也就是“区内大学生人数”，Y 轴上应放因变量（被影响变量）的数值，也就是“比萨的季度销售额”。具体如图 1.23 所示。

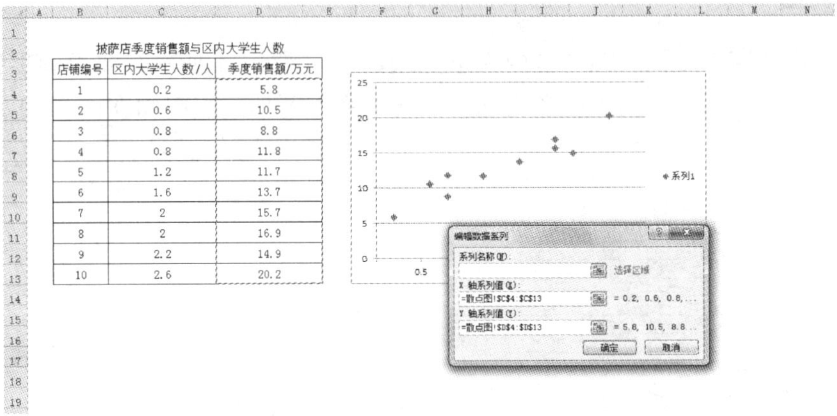

披萨店季度销售额与区内大学生人数

店铺编号	区内大学生人数/人	季度销售额/万元
1	0.2	5.8
2	0.6	10.5
3	0.8	8.8
4	0.8	11.8
5	1.2	11.7
6	1.6	13.7
7	2	15.7
8	2	16.9
9	2.2	14.9
10	2.6	20.2

图 1.23

（3）在上面的操作完成之后，最终可以得到如图 1.24 所示的结果。

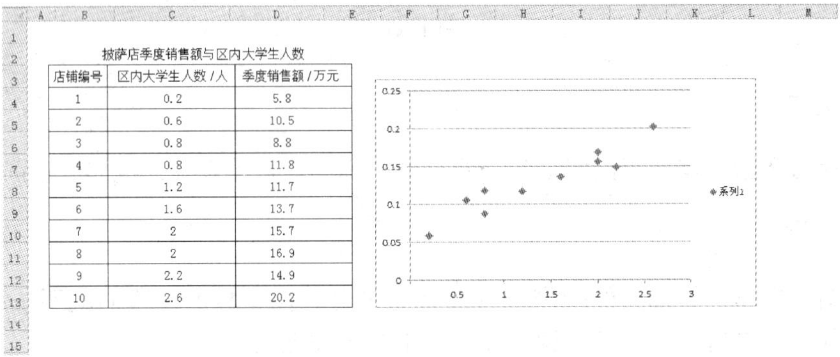

披萨店季度销售额与区内大学生人数

店铺编号	区内大学生人数/人	季度销售额/万元
1	0.2	5.8
2	0.6	10.5
3	0.8	8.8
4	0.8	11.8
5	1.2	11.7
6	1.6	13.7
7	2	15.7
8	2	16.9
9	2.2	14.9
10	2.6	20.2

图 1.24

在图 1.24 中，并没有标记横坐标和纵坐标的名称，如果散点图是作为一张单独的图显示给用户的话，那么是有必要把横、纵坐标的名称标记出来的，这样用户就知道这个散点图是揭示什么变量之间的关系。另外，散点图上应有一个标题，还有图中右边的“系列 1”这个标记没有什么意义，因为本图只有一个系列，所以可删去（点击图表中的“系列 1”标记，选中之后，按键盘上的“Delete”键，即可删除）。

（4）点击图表，选中之后，我们会发现 Excel 窗口顶端会出现一个“图表工具”，有“设计”“布局”和“格式”三个选项。具体如图 1.25 所示。

在该界面下点击“布局”，在功能区会发现有“图表标题”和“坐标轴标题”这两个选项，通过这两个选项，我们就可以添加横、纵坐标的标题和图表的总标题了。

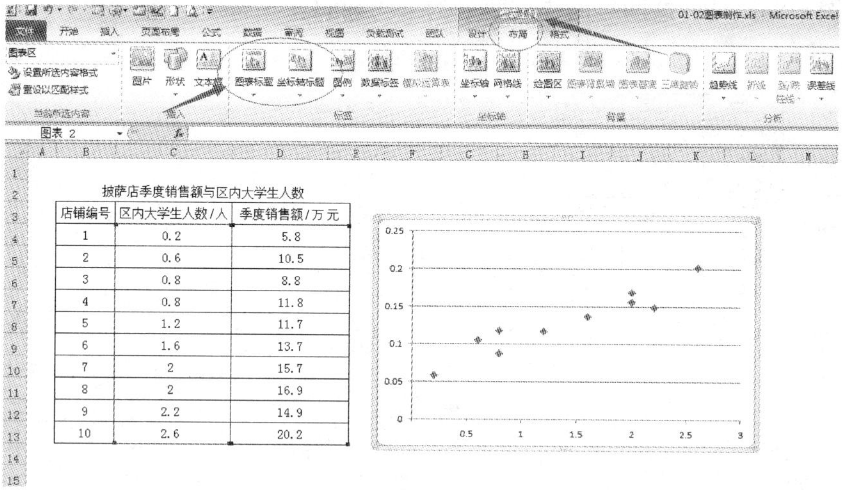

披萨店季度销售额与区内大学生人数

店铺编号	区内大学生人数/人	季度销售额/万元
1	0.2	5.8
2	0.6	10.5
3	0.8	8.8
4	0.8	11.8
5	1.2	11.7
6	1.6	13.7
7	2	15.7
8	2	16.9
9	2.2	14.9
10	2.6	20.2

图 1.25

（5）设置纵坐标的标题时，我们最好选择竖排文字，这样看起来比较符合习惯。另外，所有添加到图表区里的标题都可以随意修改字体、大小和颜色，读者可根据用户要求或自己的偏好去设计。本例最后得到的散点图如图 1.26 所示。

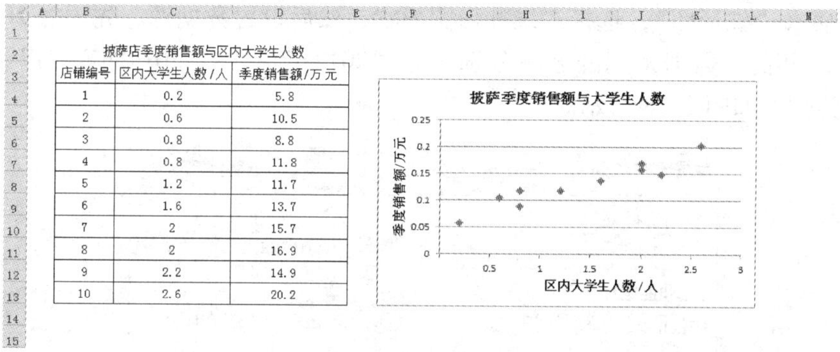

披萨店季度销售额与区内大学生人数

店铺编号	区内大学生人数/人	季度销售额/万元
1	0.2	5.8
2	0.6	10.5
3	0.8	8.8
4	0.8	11.8
5	1.2	11.7
6	1.6	13.7
7	2	15.7
8	2	16.9
9	2.2	14.9
10	2.6	20.2

图 1.26

四、注意事项

散点图和折线图应用的地方不同，折线图通常用于展现数据发展的趋势，而散点图主要用于揭示变量之间相互影响、相互作用的关系。通过画散点图，把握变量之间的大致关系，可以提前对统计回归分析有一个定性的把握，以便创建合适的数学模型。

实训技能 3　柱形图的制作

一、实训内容

已知某专卖店在 2013 年和 2014 年两年间周内每日的平均利润，如图 1.27 所示。

请用柱形图来对比分析这两年间周内每日的平均利润。

星期	2013年	2014年
星期一	230	245
星期二	218	246
星期三	308	368
星期四	278	262
星期五	360	380
星期六	570	610
星期日	550	568

图 1.27

二、实训方法

根据表格所给数据，画出柱形图来对比分析年与年之间、周内每日之间的利润差异。

三、实训步骤

（1）插入“柱形图”，选择二维柱形图形状，然后设置数据源，先添加 2013 年的，再添加 2014 年的，数据系列的名称分别设为“2013 年”和“2014 年”。以设置 2013 年的数据为例，如图 1.28 所示。

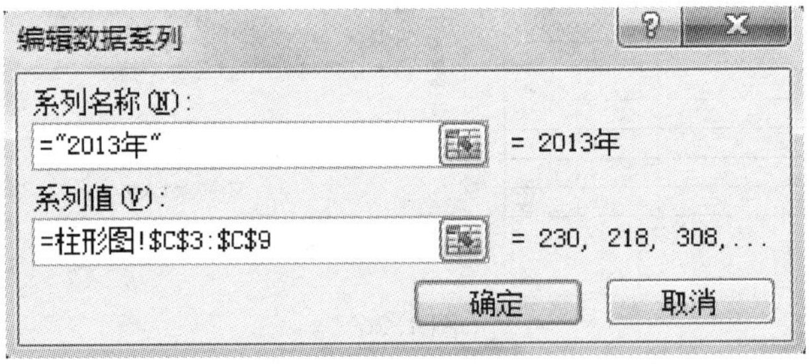

图 1.28

（2）然后再把水平分类轴标签设置为从星期一到星期日，如图 1.29 所示。

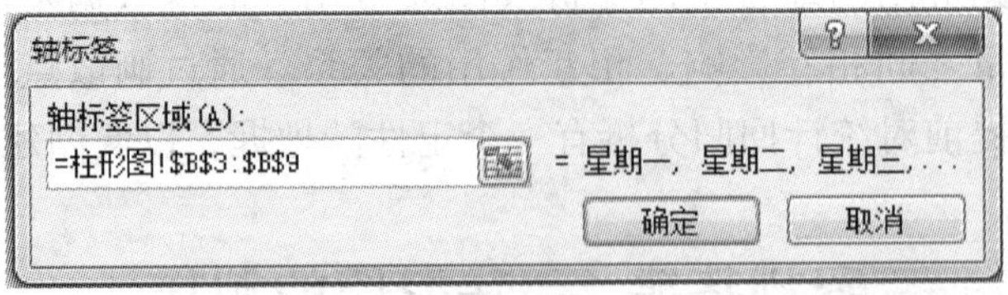

图 1.29

（3）设置完毕上述各项之后，点击“确定”，就可以得到如图 1.30 所示的结果。

星期	2013年	2014年
星期一	230	245
星期二	218	246
星期三	308	368
星期四	278	262
星期五	360	380
星期六	570	610
星期日	550	568

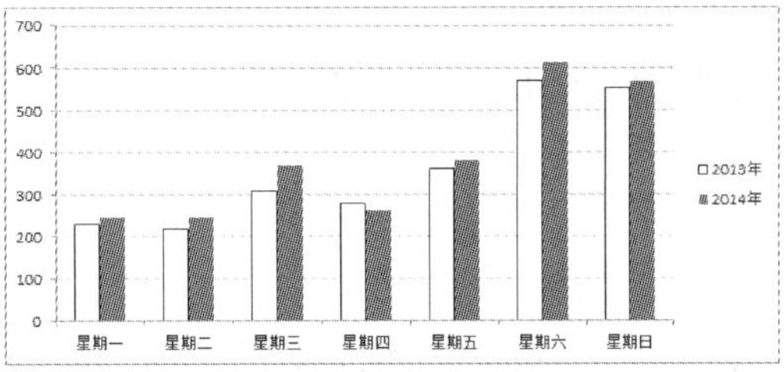

图 1.30

（4）通过图 1.30，我们可以很清晰地看到这两年间，周末的销售利润都是最高的，周三和周五在平时也表现不错，周一和周二是最差的。2014 年与 2013 年相比，周内除了星期四略有下降外，其他时间的利润都有一定程度的提升。

四、注意事项

（1）在柱形图有多个系列的情况下，我们通常给每种系列设置不同的显著颜色，帮助用户更清晰地对各个系列做对比分析。

（2）我们还可以对已画出的柱形图做各种格式上的设置，在这里就不一一操作了。请读者自行尝试。熟悉关于格式设置的相关技巧后，我们可以设计出很美观的图表。优秀的图表设计会极大地提升用户的兴趣，改善用户的观感。

实训技能 4　饼图的制作

一、实训内容

某店在市区设有五个店铺，分别记为 A 店、B 店、C 店、D 店、E 店，2014 年每个店铺的年利润数据如图 1.31 所示。请用饼图来描述各店铺利润所占总利润的比重，从而直观地把握各店铺对总利润的贡献程度。

店铺	年利润 / 万元
A店	6.8
B店	2.3
C店	4.6
D店	5.2
E店	1.8

图 1.31

二、实训方法

根据表格所给数据，画出五个数据指标的饼图，通过饼图，直观地认识各个店铺对总利润的贡献程度。

三、实训步骤

（1）插入“饼图”，选择“三维饼图”的一种，然后设置数据源（数据区域为 C3：C7），再设置分类标签为单元格区域 B3：B7，也就是五个分店的名称——A 店、B 店、C 店、D 店和 E 店。最终得到如图 1.32 所示的结果。

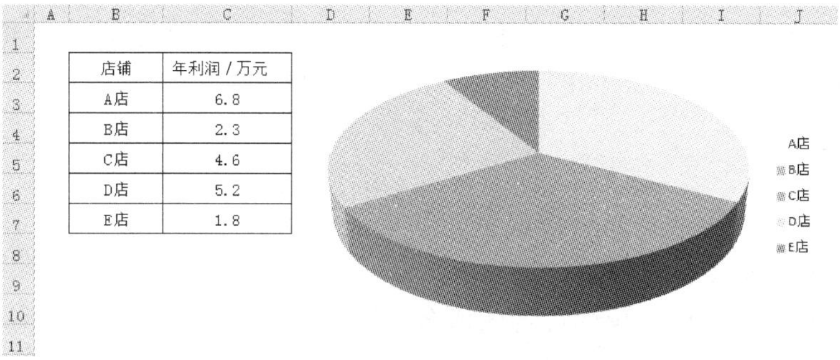

图 1.32

（2）在图 1.32 所示的饼图中，饼图各个分块到底代表哪个店，光凭颜色区分可能会搞错，因此我们有必要添加上标签的类别名称以及各类别所占的比例。另外，我们可以给饼图设置有棱角的效果，让饼图看上去更有动感，更好看。

在图 1.32 中的饼图上点击右键，就可以选择“设置数据标签格式”和“设置数据系列格式”了，然后根据自己的习惯进行设置。在本例中，“设置数据标签格式”如图 1.33 所示，设置“设置数据系列格式”如图 1.34 所示。

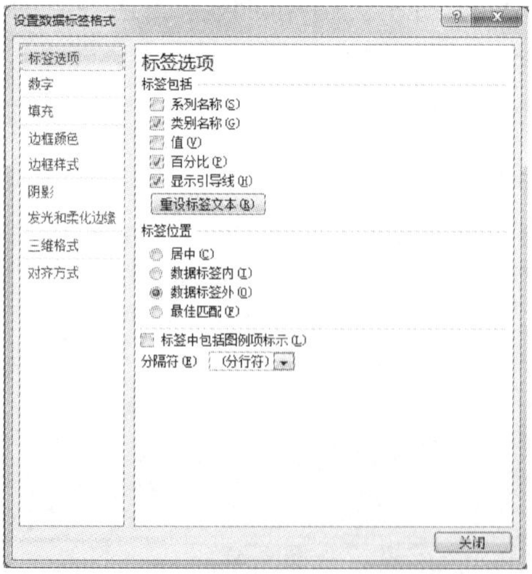

图 1.33

图 1.34

（3）按照要求设置完所有选项之后，我们最后将得到如图 1.35 所示的饼图。通过饼图，我们可以清晰地对比出各分店对总利润的贡献程度。

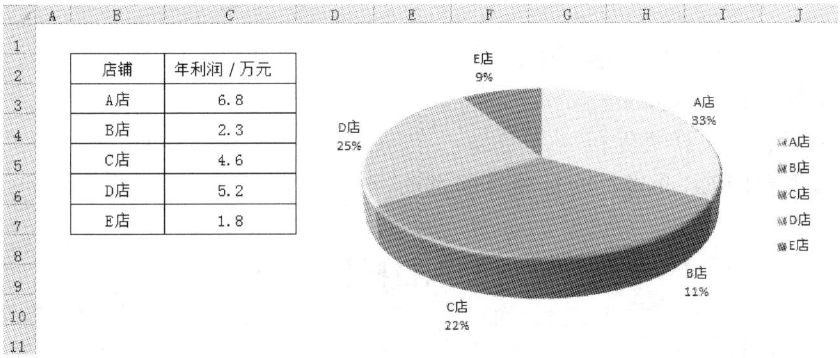

图 1.35

四、注意事项

饼图的使用规则：首先，仅有一个要绘制的数据系列；其次，要绘制的数值没有负值；再次，要绘制的数值几乎没有零值；最后，类别不要超过七个。类别太多，就会凌乱不堪，难以清晰地对比各个类别的比重，失去了饼图的意义。

模块二 Excel 在会计核算中的应用

【模块概述】

Excel 是 Office 系列软件中用于创建和维护电子表格的应用软件，它不仅具有强大的制表和绘图功能，而且内置了数学、财务、统计和工程等各种函数，同时也提供了数据管理与分析等多种工具。通过它可以进行各种数据处理、统计分析和辅助决策操作。因此，Excel 被广泛地运用于财务、会计、管理工作等方面。

对于有大量财务数据需要进行处理的财务决策部门而言，利用 Excel 所提供的各项功能，掌握会计凭证的核算以及会计报表编制方法，具有更加现实的意义。

【模块教学目标】

（1）了解会计核算的一般原则；
（2）了解会计核算方法；
（3）掌握会计核算流程；
（4）掌握利用 Excel 进行会计核算的方法。

【知识目标】

（1）会计核算方法；
（2）根据原始凭证编制记账凭证；
（3）编制财务报表；
（4）会计核算所涉及的 Excel 函数。

【技能目标】

（1）掌握运用 Excel 编制会计凭证的方法；
（2）掌握运用 Excel 编制科目汇总表的方法；
（3）掌握运用 Excel 编制资产负债表的方法；
（4）掌握运用 Excel 编制利润表的方法。

【素质目标】

（1）培养学生处理会计实务的能力；
（2）培养学生利用 Excel 完成中小企业会计核算的能力。

任务 1 编制会计凭证

【案例导入】

小李是今年刚毕业的大学生，目前在一家小企业从事会计工作，由于公司成立时间不长，经营规模也较小，公司经理没有同意小李购买会计电算化软件的建议，按照经理的意见，现在可以先用手工记账的方式来进行会计核算工作，等将来企业业务发展了，公司经营规模扩大以后再考虑购买会计软件。可是用手工的方法进行会计核算效率低不说，还容易出错，公司现有一台电脑提供会计使用，上面安装了微软的 Office 办公软件，于是小李想能不能根据现有条件在电脑上完成会计核算工作呢？

思考：

（1）企业会计核算工作需要遵循哪些原则和方法？
（2）如何根据现有条件在电脑上编制会计凭证？

【任务目标】

通过实训，学生可以了解会计核算方法，掌握会计核算流程、利用 Excel 进行会计核算的方法，并运用 Excel 完成会计凭证的编制。

【理论知识】

一、会计核算的一般原则

会计核算的一般原则是对会计核算提供信息的基本要求，是处理具体会计业务的基本依据，是在会计核算前提条件制约下进行会计核算的标准和质量要求。

（一）有关总体性要求的原则

1. 客观性原则

客观性原则又称真实性原则，是指会计核算提供的信息，应当以实际发生的经济业务为依据，如实反映财务状况和经营成果，做到内容真实、数字准确、资料可靠。

2. 重要性原则

重要性原则是指会计报表在全面反映企业财务状况和经营成果的同时，对重要的会计事项应当单独核算、单独反映，而对不重要的会计事项则可以适当简化或者合并反映，以集中精力抓好关键。

（二）有关信息质量要求的原则

1. 有用性原则

有用性原则又称相关性原则，是指会计核算所提供的经济信息应该有助于信息使用者做出经营决策，会计提出的信息要同决策相关联。

2. 可比性原则

可比性原则是指会计核算应当按照规定的处理办法进行，会计指标应当口径一致，以便在不同企业之间进行横向比较。

3. 一贯性原则

一贯性原则是指各个企业和行政事业单位处理会计业务的方法和程序在不同会计期间要保持前后一致，不能随意变更，便于对前后时期会计资料进行纵向比较。

4. 及时性原则

及时性原则是指会计事项的处理必须在经济业务发生时及时进行，讲求时效，便于与会计信息的及时利用。

5. 清晰原则

清晰原则是指会计记录和会计报表应当清晰明了，便于理解和利用。

（三）有关确认计量要求的原则

1. 划分收益性支出和资本性支出的原则

按照这个原则的要求，凡为取得本期收益而发生的支出也就是支出的收益只与本会计年度相关的，应当作为收益性支出；凡为形成生产经营能力，在以后各期取得收益而发生的各种资产支出，即支出的效果与几个会计年度相关的，应当作为资本性支出。

如果一项收益性支出按资本性支出处理了，那么就会造成少计费用而多计资产价值，出现净收益和资产价值虚增的结果。相反如果资本性支出按收益性支出处理了，那么会造成多计费用而少计资产价值，出现当期净收益降低，甚至亏损以及资产价值偏低的结果。

2. 配比原则

配比原则是指对一个会计期间的收入和与其相关的成本费用应配合起来进行比较，在同一会计期间登记入账，以便计算本期损益。

3. 权责发生制原则

权责发生制原则是指企业应按收入的权利和支出的义务是否属于本期来确认收入、费用的入账时间，而不是按款项的收支是否在本期发生。

4. 历史成本原则

历史成本原则又称实际成本原则或原始成本原则，是指企业各项财产物资，应当按取得时的实际成本记账，物价变动时，除了国家另有规定外，账面的历史成本不得任意变动。

历史成本计价的优点：

（1）它是买卖双方通过正常交易确定的金额，或资产购进过程中实际支付的金额。

（2）有原始凭证作证明，随时可以查证。

（3）可以防止企业随意更改。

（4）会计核算手续简化，不必经常调整账目。

5. 谨慎原则

谨慎原则又称稳健性原则、审慎性原则，是指在处理企业不确定的经济业务时，应该持谨慎的态度。它包括各个方面：如存货在物价上涨时期的计价采用后进先出法，对应收账款计提坏账准备，固定资产采用加速折旧法等。

二、会计核算方法

会计核算方法，是指会计对企事业单位、行政机关已经发生的经济活动进行连续、系统、全面反映和监督所采用的方法。

（一）会计核算方法的组成

会计核算方法主要是指设置会计科目及账户、复式记账、填制和审核凭证、登记账簿、成本计算、财产清查和编制财务会计报告七种方法。会计核算方法构成会计循环过程。

1. 设置会计科目及账户

会计科目是对会计对象的具体内容进行科学分类的名称。由于会计对象的内容是多种多样的，因此必须通过科学分类的方法，才能将它系统地反映出来。企业可以选用国家统一会计制度设置的会计科目，也可以根据统一会计制度规定的内容自行设置和使用会计科目。

账户是根据会计科目在账簿中设置的，具有一定的结构，用以反映会计对象具体内容的增减变化及其结果的一种专门方法。设置会计科目与账户，对复式记账、填制凭证、登记账簿和编制财务会计报告等具有重要意义。

2. 复式记账

复式记账是指每一项经济业务事项，都要以相等的金额，在相互关联的两个或两个以上的账户中同时进行记录的方法。任何一项经济业务事项，都会引起起码两个方面的变化，或同时出现增减，或此增彼减。这种变化既相互独立，又密切联系。如果采取单式记账法，只能对其中的一种变化进行核算和监督，无法全面地反映经济业务事项的全貌。采用复式记账法，可以通过账户的对应关系完整地反映经济业务的来龙去脉，还可以通过每一项经济业务事项所涉及的两个或两个以上的账户之间的平衡关系，来检查会计记录的正确性。

3. 填制和审核凭证

会计凭证是记录经济业务事项，明确经济责任人的书面证明，是登记账簿的依据。

填制和审核凭证，是为了保证会计记录真实、可靠、完整、正确而采用的方法。它不仅是会计核算的专门方法，也是会计监督的重要方式。对于任何一项经济业务事项，都应根据实际发生和完成的情况填制或取得会计凭证，经有关部门和人员审核无误后，方可登记账簿。填制和审核凭证是保证会计资料真实、完整的有效手段。

4. 登记账簿

会计账簿，是由具有规定格式的账页所组成，用以全面、系统、连续地记录经济业务事项的簿籍。登记账簿，是根据审核无误的会计凭证，分门别类地记入有关簿籍的专门方法。账簿是将会计凭证中分散的经济业务事项进行分类、汇总、系统记录的信息载体。账簿记录的资料，是编制财务会计报告的重要依据。

5. 成本计算

成本计算就是将经营过程中发生的全部费用，按照一定对象进行归集，借以明确各对象的总成本和单位成本的专门方法。通过成本计算，可以考核各企业的物化劳动和活劳动的耗费程度，进而为成本控制、价格决策和经营成果的确定提供有用资料。

6. 财产清查

财产清查是指定期或不定期地对财产物资、货币资金、往来结算款项进行清查盘点，以查明其实物量和价值量实有数额的一种专门方法。通过财产清查，可以保证账实相符，从而确保财务会计报告的数据真实可靠。同时，也是加强财产物资管理，充分挖掘财产物资潜力，明确经济责任，强化会计监督的重要制度。

7. 编制财务会计报告

编制财务会计报告是根据账簿记录的数据资料，概括地、综合地反映各单位在一定时期内经济活动情况及其结果的一种书面报告。财务会计报告由会计报表、会计报表附注和财务情况说明书组成。编制财务会计报告是对日常核算的总结，是在账簿记录基础上对会计核算资料的进一步加工整理，也是进行会计分析、会计检查、会计预测和会计决算的重要依据。

以上这些会计核算方法反映了会计核算过程，当会计主体（企业）的经济业务发生后，首先，要填制或取得并审核原始凭证，按照设置的会计科目和账户，运用复式记账法，编制记账凭证；其次，要根据会计凭证登记会计账簿，然后根据会计账簿资料和有关资料，对生产经营过程中发生的各项费用进行成本计算，并依据财产清查的方法对账簿的记录加以核实；最后，在账实相符的基础上，根据会计账簿资料编制会计报表。在会计核算过程中，填制和审核会计凭证是开始环节，登记会计账簿是中间环节，编制会计报表是终结环节。

在一个会计期间，会计主体（企业）所发生的经济业务，都要通过这三个环节将大量的经济业务转换为系统的会计信息。这个转换过程，即从填制和审核会计凭证开始，经过登记会计账簿，直至编制出会计报表周而复始的变化过程，就是一般所指的会计循环。在这个循环过程中，以三个环节为联结点，联结其他的核算方法，从而构成了一个完整的会计核算方法体系。

（二）会计核算方法的选择

1. 会计核算方法的选择原则

在会计核算中，对于同样的经济业务可能存在着不同的备选会计方法，这些方法各有优、缺点。手工会计条件下，对于会计核算方法的选择除了要考虑信息提供的决策有用性原则外，成本效益原则也是必须要考虑的。手工会计条件下，成本效益原则主要是考虑会计核算工作量不能太大，提供相关信息带来的管理效益不能低于处理信息的成本。因此，在会计核算时，常常需要由会计人员根据经验选择既能保证一定的信息质量，又比较简便的会计核算方法，但核算方法的选择离不开会计人员的主观判断，这就很难保证会计信息的真实性。而在会计信息化条件下，一方面由于会计核算过程可由计算机来完成，因此成本效益原则已不再重要；另一方面，会计信息的开放性和动态化特征要求会计信息规范化，会计核算方法也应规范化。因此，会计信息化条件下会计核算方法的选择应遵循以下原则：

（1）规范化原则

信息化条件下会计信息的开放性、智能化和实时化特征要求会计信息规范化，因此会计核算方法也应遵循规范化原则。其意义在于：

①有助于真正实现会计信息的可比性，提高会计信息质量，实现会计信息系统与企业内外有关系统（如证监会、银行、税务、企业）的实时对接，进一步促进了会计系统之间的协作和相互监控。

②可以促进会计核算软件研制的标准化、规范化，加快管理型软件的开发应用。

③保证会计信息的可比性，减少会计人员主观判断的机会，在一定程度上增强了会计信息的真实性。

（2）准确性原则

在信息化条件下，最需要考虑的是核算方法的科学性和合理性，准确性将成为会计核算方法选择的重要原则。会计信息化条件下，大部分核算业务交给计算机处理，因此在选择会计核算方法时，不必计较核算工作量的多少；而且，由于信息化环境下信息高度共享，会计数据较手工环境下更易取得，不必为了权衡结果的精确性和过程的复杂性而选择次优的方法。

（3）及时性原则

信息化环境下的一个显著特征是实时性，即会计数据采集、处理，会计信息的发布、传输和利用能够实时化、动态化。会计数据处理的动态化要求会计核算方法的选择必须考虑及时性原则。

（4）开拓性原则

随着信息技术的不断进步，会计核算方法的质量在不断创新和发展，会计人员在选择会计核算方法时，应当选择会计发展过程中最现代化、最新颖也最具生命力的会计核算方法，实现会计核算方法的不断变革，与时俱进，提高会计核算的效率与质量。

2. 会计核算方法的新选择

（1）计量属性的新选择：公允价值计价

公允价值与历史成本计量的优劣、公允价值的确定及其实践等问题是当今会计界讨论的一个热门话题。在手工操作环境下，由于公允价值难以取得，只能采用单一的历史成本计量属性。而在会计信息化条件下，数据处理的高度自动化、信息资源的高度共享使资产按公允计价成为可能。通过互联网可以使会计信息系统和企业内外有关系统实时交换数据，相互获取信息，可以从网络上获得最新的资产成交价格信息，用公允价值对资产计价，计量属性将向公允价值计价方向发展。

（2）存货计价方法的新选择：移动加权平均法

在手工会计下，常用的存货计价方法有：先进先出法、后进先出法（注：2006年2月颁布的新会计准则取消了此种方法）、全月一次加权平均法、个别计价法、移动加权平均法等，而移动加权平均法将成为会计信息化条件下的最佳选择。理由如下：

①会计信息化条件下先进先出法的不足之处在于：一方面，网络的实时监控和企业组织的存货数量急剧减少（甚至趋向于零库存），导致传统会计中期末存货成本计量的先进先出法失去了存在的意义。另一方面，在计算机条件下采用先进先出法核算存货价格时，在每次调用存货价格时，计算机都需要多次遍历整个数据库并不断做日期比较，在一个庞大的数据库系统中这是相当耗费机时的，会严重影响系统运行速度和效率。

②全月一次加权平均法的缺陷在于：及时性较差，不适应会计信息化的实时化要求。

③个别计价法的缺陷在于：采用个别计价法极易被用作调节利润的手段，因为如果营业不佳，估计利润不高，管理人员就可以高价售出低成本的商品，以提高利润，或以相反的方法调低利润，因此也不是最佳的方法。

④会计信息化条件下移动加权平均法的优势在于：会计信息化的动态化为移动加权平均法的使用创造了便利条件，会计数据的采集是动态的，企业组织内部的存货数据，一旦发生，都将存入相应的服务器，并及时送到会计信息系统中等待处理，计算机自动检索存货数据库获取存货的价格信息并进行移动加权核算。该方法是手工会计下非常烦琐的一种方法，但在会计信息化条件下却是程序设计最简单的一种方法，成为会计信息化条件下的最佳选择。

（3）坏账准备计提方法的新选择：账龄分析法

坏账准备计提方法主要有余额百分比法、销货百分比法、账龄分析法等，而账龄分析法将成为会计信息化条件下的最佳选择，理由如下：

①应收账款余额百分比法和销货百分法的不足之处在于：这两种方法虽然简便、易于操作，但忽略了应收账款拖欠的时间长短与发生坏账可能性之间的正比例关系。一般来说，应收账款拖欠的时间越长，应收账款被收回的可能性越小，发生坏账的风险就越大。

②账龄分析法的优势在于：账龄分析法较为准确、合理，能反映会计信息的真实性，也符合对应收款项的管理要求。但对会计核算要求较细，工作量较大，而在会计

信息化条件下，由于大量的核算工作由计算机完成，工作量的大小已不是考虑的重点，因此账龄分析法应是最佳的选择。

（4）累计折旧计提方法的新选择：加速折旧法

累计折旧方法主要有直线法和加速折旧法等，而加速折旧法将成为会计信息化条件下的最佳选择，其原因在于：

①直线法的不足之处在于：直线法虽然具有简单明了、易于掌握的优点，但其缺点在于没有考虑固定资产的无形损耗，同时也没有考虑资金的时间价值，不利于企业进行科学的财务决策。

②采用加速折旧法的优势在于：

第一，可提前收回投资，对于企业转换经营机制，促进企业技术进步有着重要意义；

第二，符合会计准则的稳健性原则；

第三，符合配比原则，固定资产在使用前期因设备新、效率高，使得产量高、维修费低，所以就应多提折旧，而在后期则相反；

第四，递延了企业的应交所得税及应付红利，增加企业的现金净流量，使企业从中得到一定的财务收益；

第五，会计信息化条件下，采用加速折旧法计算折旧不再是一项复杂的工作。

（5）辅助生产成本分配方法的新选择：代数分配法

辅助生产成本分配方法一般有直接分配法、顺序分配法、交互分配法、计划成本分配法、代数分配法等，而代数分配法将成为会计信息化条件下的最佳选择，其原因在于：

①直接分配法的不足之处在于：采用直接分配法分配辅助生产费用，计算手续较为简单，但它有一定的假定性，即假定各辅助生产车间之间相互提供劳务，因此分配结构不够准确。

②顺序分配法的不足之处在于：采用顺序分配法分配辅助生产费用的优点是计算简便，各种辅助生产费用只计算一次，但由于排列在先的辅助生产车间不负担排列在后辅助生产车间的费用，分配结果的准确性受到一定的影响。

③交互分配法的不足之处在于：采用交互分配法需要进行两次分配，且由于交互分配率是根据交互分配前的待分配费用计算的，不是各辅助生产部门的实际单位成本，因而分配的结果也不够准确。

④计划成本分配法的不足之处在于：采用计划成本法分配辅助生产成本时，对计划单位成本的准确性要求较高；且如果实际成本与计划成本的差额过大，不利于企业内部的经济核算，也使会计核算资料的合理性受到影响。

⑤信息化条件下代数分配法的优势在于：采用代数分配法，其分配结果最为正确，但如果企业的辅助生产车间较多，未知数较多，在手工环境下，计算工作较复杂，企业往往不大采用。但在实现会计信息化后，无论车间多少、未知数多少，都可采用代数分配法。在会计软件程序中，代数分配法比其他任何一种分配方法都更为简洁，而且结果最为精确，因此，在会计信息化环境下，代数分配法应成为辅助生产成本分配

的最佳选择。

（6）制造费用分配方法的新选择：联合分配法

我国现行的制造费用分配方法一般是选择某一种分配标准（工时、机器工时、产量、原材料数量等）分配费用。而编者认为一种新型的方法——联合分配法将成为会计信息化条件下的最佳选择。联合分配法是根据制造费用中各类费用的特点，将其划分为若干类，分别选择合理的标准进行分配。选择分类的标准可根据制造费用的性质和用途来进行，如有些企业将制造费用分为以下几类：

①与产品工艺相关的基本费用，如机器设备的折旧费、修理费等；

②与组织和管理生产相关的一般费用，如车间管理人员的工资、福利费及办公费等；

③与原材料的处理相关的费用，如材料处理人员的工资、福利费、运输费等。

第一类可按机器工时或折合工时的比例进行分配，第二类可按直接人工工时的比例进行分配，第三类可按原材料消耗量或直接材料成本的比例进行分配。联合分配法将成为会计信息化条件下的最佳选择的理由如下：

①传统方法的不足之处在于：

第一，没有充分考虑制造费用的多样性和复杂性，缺乏必要的因果关系，将两种或更多种不同性质的费用以同一分配标准、同一方法进行分配，其结果有悖于实际；

第二，分配标准的单一化，易导致产量高、技术性能低、复杂程度低的产品成本负担偏高，而产量低、技术性能高、复杂程度高的产品成本负担偏低，成本信息质量不高，不利于提高企业管理水平；

第三，由于采用单一方法、单一分配标准加以分配，往往把关注的焦点放在某一个因素上，而忽略了对其他相关因素的管理。

②联合分配法的优势在于：在联合分配法下，制造费用划分为若干类，并对不同类别的制造费用选择与其最密切的分配标准，充分考虑了制造费用项目的多样性和复杂性、费用与成本对象之间的相关性，使成本计算更贴近实际，提高了成本信息的真实性和准确性。但采用联合分配法，对分类的准确性提出很高要求，而且费用分配的工作量相当大，在会计信息化条件下，企业可以将分类标准程序化，由计算机完成制造费用的分类及计算工作，使得联合分配法变得简便，易于操作，大大提高了分配的合理性，保证了分配结果的准确。

三、会计核算流程

会计核算流程在会计实务操作中就是由做原始凭证开始到编制会计报表这一过程，也叫会计循环。这是会计每个月要做的事情，整个流程分以下几个步骤，具体的如图 2.1 所示。

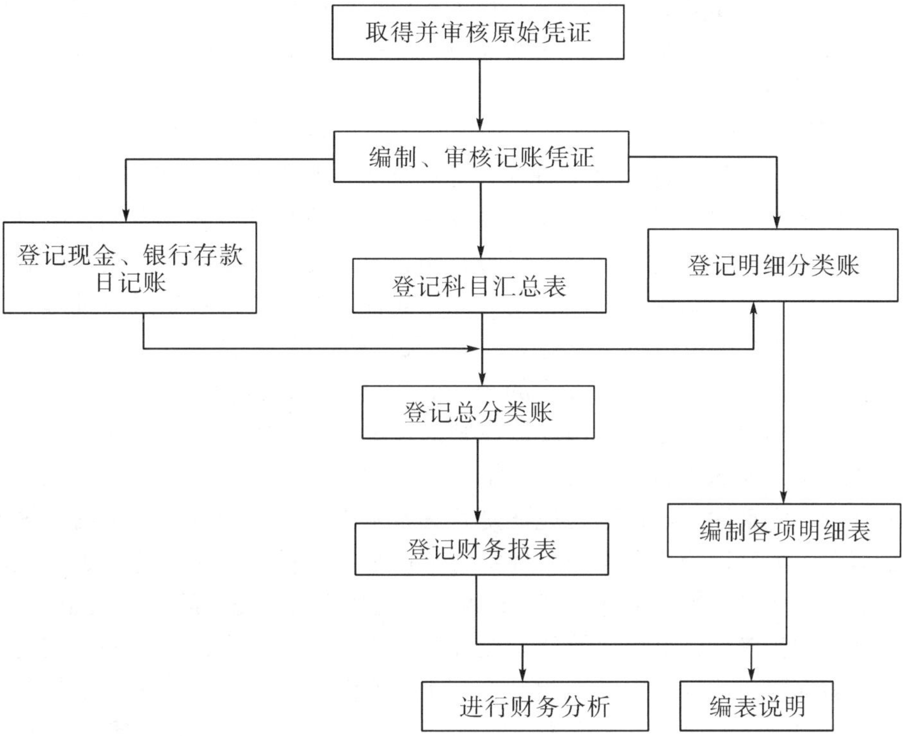

图 2.1　会计核算工作流程

（一）取得并审核原始凭证

首先，拿到原始凭证后，要检查是否合乎入账手续。如果是发票，要检查是否有税务监制章，然后检查以下四点：

（1）大小写金额是否一致，与剪口处是否相符；

（2）是否有相关人员的签名；

（3）付款单位的名称，填制凭证的日期，经济业务的内容、数量、单位、金额等要素是否完备；

（4）是否有开发票单位的签章。

在日常费用管理中，对报销人员或报销部门所提交上来的费用报销进行审核。审核期间态度须客观、严谨、仔细、公正、公开。

审核内容：

A. 报销凭证必须用蓝黑墨水书写，不得用圆珠笔或铅笔书写。填写内容须规范、简要明了、字迹清晰，大小写金额、报销部门、日期、经手人填写无误且已经部门负责人审批，补充说明的费用事项需在备注栏注明。报销凭证需先整理分类后填写。

B. 原始凭证审核

粘贴次序需按报销凭证填写的顺序，一般按小上大下，零散票据、面积过大票据需按公司财务部规定方式粘贴。发票类原始凭证超过规定额度时需与收据原始凭证分开填写。

原始凭证不得有涂划、修改痕迹，开具日期不得超过报销的合理周期，一般为一个月内，超过合理周期一概不给予办理报销。特殊业务的须问明缘由并有相关人员证明或提前告知财务部。

原始凭证的合法性和真实性。审核所发生的经济业务是否符合国家、企业有关规定的要求，是否有违反财经制度的现象；原始凭证中所列的经济业务事项是否真实，有无弄虚作假情况。如在审核原始凭证中发现有多计或少计收入、费用，擅自扩大开支范围、提高开支标准，巧立名目、虚报冒领、滥发奖金、津贴等违反财经制度和财经纪律的情况，不仅不能作为合法真实的原始凭证，而且要按规定进行处理。关于采购报销的，还需将采购申请单作为附件附在相关原始凭证后面。

原始凭证的合理性。审核所发生的经济业务是否符合厉行节约、反对浪费、有利于提高经济效益的原则，是否有违反该原则的现象。如经审核原始凭证后确实有使用预算结余购买不需要的物品，不能作为合理的原始凭证。

原始凭证的完整性。审核原始凭证是否具备基本内容，是否有应填的未填或填写不清楚的现象。如经审核原始凭证后确定有未填写接受凭证单位名称，无填证单位或制证人员签章，业务内容与附件不符等情况，不能作为内容完整的原始凭证。

原始凭证的正确性。审核原始凭证在计算方面是否存在失误。如经审核凭证后确定有业务内容摘要与数量、金额不相对应，业务所涉及的数量与单价的乘积与金额不符，金额合计错误等情况，不能作为正确的原始凭证。对于审核后的原始凭证，如发现有不符合上述要求，有错误或不完整之处，应当按照有关规定进行处理；如符合有关规定，则根据审核无误的原始凭证给予报销处理。

取不到凭证处理。因特殊业务办理，取不到相关原始凭证的，需填制企业内部证明凭证。注明业务内容摘要、数量、金额及取不到凭证缘由经相关证明人证实。

（二）编制、审核记账凭证

根据经审核无误的原始凭证，我们就可以做凭证了，凭证也叫传票，附凭证有几张原始凭证，就填几张。

会计记账采用的是借贷记账法。记账规则是：有借必有贷，借贷必相等。

记账方式采用收付转记账凭证，能细化凭证操作，便于查询整理。收字记账凭证是针对现金、银行收入相关业务的凭证，凭证借方只能出现现金、银行存款科目；付字记账凭证在做凭证时与收字记账凭证相反，只能在贷方出现现金、银行存款科目；转字记账凭证是针对除现金、银行收支以外的相关业务。

记账凭证分录编制时，须按照业务报销日期序时登记，简明概述各项业务摘要，以便事后查询。

进行记账凭证分录编制过程，允许多借多贷，多借少贷，少借多贷。

记账凭证登记完毕后需经审计人员审核方能登记各类账簿。

（三）登记账簿

账簿是连续、系统、全面记录经济业务的纸张记录介质或电子记录介质。通过账簿记录，为编制会计报表提供依据。手工会计方式下，账簿是由专门格式的账页组成的；计算机会计方式下，账簿记录呈现电子化，会计信息以数据库形式存储。

登记账簿简称“记账”，就是运用复式记账法，将会计凭证所记录的经济业务连续、完整地记入有关账簿的各个账户中。通过登记账簿，我们将分散的经济业务进行汇总，连续、系统地记录每一笔经济业务，反映经济业务发展变化的全过程。

根据审核无误的记账凭证登记各类明细账、总账账簿。

在账簿启用时，必须填列“账簿启用和经管人员一览表”，载明单位名称、账簿名称、账簿编号、账簿册数、账簿页数、启用日期，会计主管人员和记账人员签名或盖章；更换记账人员时，应由会计主管人员监交，在交接记录内写明交接日期和交接人员姓名，并由交接人员和会计主管人员签名或盖章。

登记账簿必须以审核无误的会计凭证为依据。记账时，应将会计凭证的日期、种类和编号、业务内容摘要、金额等逐项记入账内，同时在会计凭证上注明所记账簿的页数或画“√”符号，表示已经登记入账。

账簿的记录必须清晰、耐久、防止涂改。在记账时，必须用蓝、黑墨水书写，不得用圆珠笔和铅笔书写。红色墨水只能在结账划线、改错和冲账时使用。

账簿必须逐页、逐行循序连续登记。在总分类账和明细分类账中，应在每一账户的首页注明账户的名称；各种账簿都必须按编写的页次逐页、按行序连续登记，不得隔页、跳行登记。如果发生隔页、跳行登记，应将空页、空行用红色墨水对角划线，加盖“作废”戳记，并由记账人员签章。

账簿记录必须逐页结转。每登记满一张账页时，应在最后一行登记本页发生额合计和余额，并在“摘要”栏中写明“转次页”字样；然后将发生额合计和余额记入下一账页的第一行，并在“摘要”栏中写明“承上页”字样。

必须按照规定的方法更正错账。如果发现账簿记录有差错，应根据错误的具体情况，采用规定的方法予以更正，不得涂改、挖补、乱擦或用褪色药水消除原有字迹。

现金、银行日记账出纳员也需编制，以便于期末对账。

使用财务系统软件则只需在账簿按其查询要求筛选查询科目、期间、相关查询信息即可。

四、编制记账凭证

记账凭证又称记账凭单，或分录凭单，是指财会部门根据审核确认无误的原始凭证或原始凭证汇总表编制、记载经济业务的简要内容，确认会计分录，作为记账直接依据的一种会计凭证。记账凭证种类甚多，格式不一，但其主要作用都在于对原始凭证进行分类、整理，按照复式记账的要求，运用会计科目，编制会计分录，据以登记账簿。记账凭证是会计人员根据审核无误的原始凭证按照经济业务事项的内容加以归类，并据以确定会计分录后所填制的会计凭证。它是登记账簿的直接依据。在实际工作中，为了便于登记账簿，需要将来自不同单位的种类繁多、数量庞大、格式大小不一的原始凭证加以归类、整理，填制具有统一格式的记账凭证，确定会计分录并将相关的原始凭证附在记账凭证后面。

除了要遵循记账凭证编制的一般要求，在 Excel 中编制记账凭证可以在形式上有所简化，但必须具备以下基本内容：

（1）填制记账凭证的日期；

（2）记账凭证的编号；

（3）经济业务事项的内容摘要；

（4）经济业务事项所涉及的会计科目及其记账方向；

（5）经济业务事项的金额。

实训技能　在 Excel 中编制会计分录

一、实训内容

根据佳视达实业公司相关资料，运用 Excel 表格编制会计凭证。公司 20××年 12 月的会计核算相关业务资料如下：

（一）基本业务资料

（1）12 月 3 日，银行转来收款通知，三勇建材有限公司归还前款 234 000 元收存银行。

（2）12 月 4 日，以现金 2 186 元支付职工困难补助。

（3）12 月 4 日，从银行提取现金 5 000 元。

（4）12 月 5 日，生产车间领用甲材料 400 千克，乙材料 100 千克，领用单号码为 200301。

（5）12 月 5 日，向上海全网公司买入材料 4 000 千克，单价 98 元，价款为392 000 元，增值税为 50 960 元；乙材料 2 000 千克，单价 48 元，价款为 96 000 元，增值税为 12 480 元，款项以商业汇票支付。

（6）12 月 6 日，销售 A 商品 300 件给新星实业，货款及税款共计 135 600 元，收到款存入银行，出库单号为 40035。

（7）12 月 6 日，收到新星实业借用包装物押金 2 000 元，存入银行。

（8）12 月 6 日，以银行存款缴纳增值税 18 960 元和消费税 6 000 元。

（9）12 月 8 日，以银行存款归还上海全网公司货款 117 000 元。

（10）12 月 8 日，生产车间领用甲材料 2 700 千克，其中用于 A 产品生产 1 200 千克，B 产品生产 1 500 千克，领料单号为 200302/200303。

（11）12 月 9 日，以现金支付企业管理零星办公用品费用 885 元。

（12）12 月 9 日，B 产品 4 000 件完工验收入库，入库单号为 30021。

（13）12 月 10 日，向深圳支联商贸有限公司购买甲材料 1 000 千克，单价 100 元，价款 100 000 元，增值税 13 000 元，款项尚未支付，材料已验收入库，入库单号为 10344。

（14）12 月 12 日，销售 A 产品 1 200 件给深圳职业网络技术股份有限公司，货款 480 000元及增值税 62 400 元尚未收到，出库单号为 40037。

（15）12 月 12 日，接受捐赠机器设备一台，价值 200 000 元。

（16）12 月 13 日，向上海全网购买的甲、乙两种材料运至企业验收入库，入库单号为 10345，以银行存款支付运费 12 000 元。

（17）12 月 14 日，生产车间领用甲材料 1 800 千克，乙材料 1 000 千克，用于生产 A 产品，领料单号为 200304。

（18）12 月 17 日，销售部门领用甲材料 100 千克，领料单号为 2000305。

（19）12 月 18 日，以银行存款发放工资 108 000 元。

（20）12 月 19 日，销售 B 产品 200 件给三勇建材有限公司，货款 20 000 元及增值税 2 600 元未收到，出货单号为 40038。

（21）12 月 19 日，以银行存款支付销售 B 产品运费 1 200 元。

（22）12 月 20 日，接银行付款通知，付电费 18 100 元，其中车间应负担 16 540 元，行政管理部门应负担 1 400 元，销售部门负担 160 元。

（23）12 月 21 日，行政管理人员季群预借差旅费 5 000 元，以现金支付。

（24）12 月 21 日，生产车间领用甲材料 500 千克，乙材料 200 千克，用于 A 产品生产，领料单号为 200306，行政管理部门领用假材料 20 千克，领料单号为 200307。

（25）12 月 22 日，以银行存款支付本月产品广告费用 5 000 元。

（26）12 月 23 日，销售甲材料 100 千克，货款 12 000 元及增值税 1 560 元已收到，存入银行，出库单号为 40039。

（27）12 月 25 日，以银行存款支付违章罚款 2 000 元。

（28）12 月 28 日，以银行存款 9 500 元支付租入办公用房屋租金。

（29）12 月 29 日，以银行存款支付本年度长期借款利息 60 000 元。

（30）12 月 29 日，季群报销差旅费 5 500 元，补付现金 500 元。

（二）期末其他相关资料

（1）本企业适用的相关税率为：A 产品的消费税率 5%，城建税率 7%，教育费附加率 3%，所得税率 25%。

（2）本月应付职工工资 118 000 元，其中生产 A 产品生产工人工资 50 000 元，生产 B 产品生产工人工资 40 000 元，车间管理人员工资 6 000 元，行政管理人员工资 20 000元，销售人员工资 2 000 元。

（3）本企业按职工工资总额的 9%和 7%比例分别计提养老保险和医疗保险。

（4）本月应计提固定资产折旧 15 000 元，其中生产车间固定资产折旧 9 000 元，行政管理总计固定资产折旧 5 000 元，销售机构固定资产折旧 1 000 元。

（5）制造费用按 A、B 产品的生产工时比例进行分配，本月 A 产品耗用 6 000 工时，B 产品耗时 4 000 工时。本月生产 A 产品尚未完工，B 产品全部完工入库。

（6）长期借款年利率 6%，利息按年支付，按月计提，该利息不符合资本化条件。

（7）本年利润分配方案为：按本年税后利润的 10%计提法定盈余公积，将本年税后利润的 20%按期初投资比例分配给投资者。

二、实训方法

在 Excel 中将编制好的会计凭证按照规范的格式录入电子表格中，为后续的会计核算工作准备好数据基础。

三、实训步骤

新建 Excel 工作簿可将其命名为“会计核算”，并将第一个工作表重命名为“12 月会计分录”，然后，根据本月发生的经济业务和会计事项在该工作表中编制会计分录，见表 2.1。

表 2.1　会计分录表　　单位：元

			汇总校验	5 915 188.27	5 915 188.27
日期	凭证号	会计科目	摘要	借方	贷方
12 月 3 日	1	银行存款	收三勇公司归还欠款	234 000.00	
		应收账款——三勇建材公司	收三勇公司归还欠款		234 000.00
12 月 4 日	2	应付职工薪酬——福利费	支付职工困难补助	2 186.00	
		库存现金	支付职工困难补助		2 186.00
12 月 4 日	3	库存现金	从银行提取现金	5 000.00	
		银行存款	从银行提取现金		5 000.00
12 月 5 日	4	制造费用	生产车间领甲材料	45 000.00	
		原材料——甲材料	生产车间领甲材料		40 000.00
		原材料——乙材料	生产车间领甲材料		5 000.00
12 月 5 日	5	材料采购——甲材料	买入材料	392 000.00	
		材料采购——乙材料	买入材料	96 000.00	
		应交税费——应交增值税——进项税	买入材料	63 440.00	
		应付账款——上海全网	买入材料		551 440.00
12 月 6 日	6	银行存款	销售 A 商品	135 600.00	
		主营业务收入——A 商品	销售 A 商品		120 000.00
		应交税费——应交增值税——销项税	销售 A 商品		15 600.00
		主营业务成本——A 商品	销售 A 商品	60 000.00	
		库存商品——A 商品	销售 A 商品		60 000.00
12 月 6 日	7	银行存款	收包装物押金	2 000.00	
		其他应付款——押金	收包装物押金		2 000.00
12 月 6 日	8	应交税费——应交增值税——已交税金	缴纳税款	18 960.00	
		应交税费——应交消费税	缴纳税款	6 000.00	
		银行存款	缴纳税款		24 960.00

表 2.1（续）

日期	凭证号	会计科目	摘要	借方	贷方
12 月 8 日	9	应付账款——上海全网	付上海全网公司货款	117 000.00	
		银行存款	付上海全网公司货款		117 000.00
12 月 8 日	10	生产成本——A 产品成本	生产车间领用甲材料	120 000.00	
		生产成本——B 产品成本	生产车间领用甲材料	150 000.00	
		原材料——甲材料	生产车间领用甲材料		270 000.00
12 月 9 日	11	管理费用	办公用品费	885.00	
		库存现金	办公用品费		885.00
12 月 9 日	12	库存商品——B 商品	B 产品完工验收入库	227 400.00	
		生产成本——B 产品成本	B 产品完工验收入库		227 400.00
12 月 10 日	13	材料采购——甲材料	购买甲材料	100 000.00	
		应交税费——应交增值税——进项税	购买甲材料	13 000.00	
		应付账款——深圳支联商贸公司	购买甲材料		113 000.00
12 月 12 日	14	应收账款——深圳职业网络公司	销售 A 产品	542 400.00	
		主营业务收入——A 商品	销售 A 产品		480 000.00
		应交税费——应交增值税——销项税	销售 A 产品		62 400.00
		主营业务成本——A 商品	销售 A 产品	240 000.00	
		库存商品——A 商品	销售 A 产品		240 000.00
12 月 12 日	15	固定资产	接受捐赠机器设备	200 000.00	
		营业外收入	接受捐赠机器设备		200 000.00
12 月 13 日	16	材料采购——甲材料	支付材料运费	8 000.00	
		材料采购——乙材料	支付材料运费	4 000.00	
		银行存款	支付材料运费		12 000.00
		原材料——甲材料	支付材料运费	8 000.00	
		原材料——乙材料	支付材料运费	4 000.00	
		材料采购——甲材料	支付材料运费		8 000.00
		材料采购——乙材料	支付材料运费		4 000.00
12 月 14 日	17	生产成本——A 产品成本	生产车间领用材料	230 000.00	
		原材料——甲材料	生产车间领用材料		180 000.00
		原材料——乙材料	生产车间领用材料		50 000.00
12 月 17 日	18	销售费用	销售部门领用甲材料	10 000.00	
		原材料——甲材料	销售部门领用甲材料		10 000.00
12 月 18 日	19	应付职工薪酬——工资	发放工资	108 000.00	
		银行存款	发放工资		108 000.00

表2.1(续)

日期	凭证号	会计科目	摘要	借方	贷方
12 月 19 日	20	应收账款——三勇建材公司	销售 B 产品	22 600.00	
		主营业务收入——B 商品	销售 B 产品		20 000.00
		应交税费——应交增值税——销项税	销售 B 产品		2 600.00
		主营业务成本——B 商品	销售 B 产品	11 370.00	
		库存商品——B 商品	销售 B 产品		11 370.00
12 月 19 日	21	销售费用	支付 B 产品运费	1 200.00	
		银行存款	支付 B 产品运费		1 200.00
12 月 20 日	22	制造费用	付电费	16 540.00	
		管理费用	付电费	1 400.00	
		销售费用	付电费	160.00	
		银行存款	付电费		18 100.00
12 月 21 日	23	其他应收款——季群	季群预借差旅费	5 000.00	
		库存现金	季群预借差旅费		5 000.00
12 月 21 日	24	生产成本——A 产品成本	生产车间领用材料	60 000.00	
		管理费用	生产车间领用材料	2 000.00	
		原材料——甲材料	生产车间领用材料		62 000.00
12 月 22 日	25	销售费用	支付产品广告费	5 000.00	
		银行存款	支付产品广告费		5 000.00
12 月 23 日	26	银行存款	销售甲材料	13 560.00	
		其他业务收入	销售甲材料		12 000.00
		应交税费——应交增值税——销项税	销售甲材料		1 560.00
		其他业务成本	销售甲材料	10 000.00	
		原材料——甲材料	销售甲材料		10 000.00
12 月 25 日	27	营业外支出	支付违章罚款	2 000.00	
		银行存款	支付违章罚款		2 000.00
12 月 28 日	28	管理费用	房屋租金	9 500.00	
		银行存款	房屋租金		9 500.00
12 月 29 日	29	应付利息	长期借款利息	60 000.00	
		银行存款	长期借款利息		60 000.00
12 月 29 日	30	管理费用	季群报销差旅费	5 500.00	
		其他应收款——季群	季群报销差旅费		5 000.00
		库存现金	季群报销差旅费		500.00
12 月 31 日	31	管理费用	摊销长期待摊费用	10 000.00	
		长期待摊费用	摊销长期待摊费用		10 000.00

表2.1(续)

日期	凭证号	会计科目	摘要	借方	贷方
		税金及附加	计提本月税金及附加	31 499.20	
		应交税费——应交消费税	计提本月税金及附加		30 000.00
		应交税费——城建税	计提本月税金及附加		374.80
		应交税费——教育费附加	计提本月税金及附加		1 124.40
		主营业务收入——A 商品	结转损益	600 000.00	
		主营业务收入——B 商品	结转损益	20 000.00	
		其他业务收入	结转损益	12 000.00	
		营业外收入	结转损益	200 000.00	
		本年利润	结转损益		832 000.00
		本年利润	结转损益	437 034.20	
		主营业务成本——A 商品	结转损益		300 000.00
		主营业务成本——B 商品	结转损益		11 370.00
		其他业务成本	结转损益		10 000.00
		税金及附加	结转损益		31 499.20
		管理费用	结转损益		57 485.00
		销售费用	结转损益		19 680.00
		财务费用	结转损益		5 000.00
		营业外支出	结转损益		2 000.00
		所得税费用	计提企业所得税	98 601.45	
		应交税费——应交所得税	计提企业所得税		98 601.45
		本年利润	结转损益	98 601.45	
		所得税费用	结转损益		98 601.45
		本年利润	结转损益	296 364.35	
		利润分配——未分配利润	结转损益		296 364.35
12 月 31 日	32	生产成本——A 产品成本	分配职工工资	50 000.00	
		生产成本——B 产品成本	分配职工工资	40 000.00	
		制造费用	分配职工工资	6 000.00	
		管理费用	分配职工工资	20 000.00	
		销售费用	分配职工工资	2 000.00	
		应付职工薪酬——工资	分配职工工资		118 000.00
12 月 31 日	33	生产成本——A 产品成本	分配职工社保	8 000.00	
		生产成本——B 产品成本	分配职工社保	6 400.00	
		制造费用	分配职工社保	960.00	
		管理费用	分配职工社保	3 200.00	
		销售费用	分配职工社保	320.00	

表2.1(续)

日期	凭证号	会计科目	摘要	借方	贷方
		应付职工薪酬——养老保险	分配职工社保		10 620.00
		应付职工薪酬——医疗保险	分配职工社保		8 260.00
12 月 31 日	34	制造费用	计提固定资产折旧	9 000.00	
		管理费用	计提固定资产折旧	5 000.00	
		销售费用	计提固定资产折旧	1 000.00	
		累计折旧	计提固定资产折旧		15 000.00
12 月 31 日	35	生产成本——A 产品成本	分配制造费用	46 500.00	
		生产成本——B 产品成本	分配制造费用	31 000.00	
		制造费用	分配制造费用		77 500.00
12 月 31 日	36	财务费用	计提长期借款利息	5 000.00	
		应付利息	计提长期借款利息		5 000.00
12 月 31 日	37	利润分配——计提法定盈余公积	计提法定盈余公积	76 534.44	
		利润分配——分配投资人利润	分配投资人利润	153 068.87	
		盈余公积——法定盈余公积	计提法定盈余公积		76 534.44
		应付股利	分配投资人利润		153 068.87
		利润分配——未分配利润	结转未分配利润	229 603.31	
		利润分配——计提法定盈余公积	结转未分配利润		76 534.44
		利润分配——分配投资人利润	结转未分配利润		153 068.87

定义会计分录表的借贷平衡校验公式：

借方=SUM（E3：E1000）；贷方=SUM（F3：F1000）

至此，Excel 中的记账凭证就编制完成，并经校验符合会计分录借贷恒等的基本原则，利用这张表就可以继续进行后面的业务处理。

四、注意事项

统一会计科目多次使用在录入时要确保每次录入的科目名称必须一致，否则只要有一个字符不一致电脑就会认为是两个不同科目，导致核算结果出错。

任务 2 编制会计科目汇总表

【任务目标】

通过实训，学生可以了解会计科目汇总表，掌握利用任务 1 已经完成的 Excel 中的会计凭证编制会计科目汇总表的方法。

【理论知识】

科目汇总表亦称“记账凭证汇总表”，是定期对全部记账凭证进行汇总，按各个会计科目列示其借方发生额和贷方发生额的一种汇总凭证。依据借贷记账法的基本原理，科目汇总表中各个会计科目的借方发生额合计与贷方发生额合计应该相等，因此，科目汇总表具有试算平衡的作用。科目汇总表是科目汇总表核算形式下总分类账登记的依据。

一、科目汇总表的编制

科目汇总表是根据一定时期内的全部记账凭证，按相同的会计科目进行归类编制，并定期汇总（如五天、十天、十五天或一个月），汇总出每一会计科目的借方本期发生额和贷方本期发生额，填写在科目汇总表的相关栏内，用以反映全部会计科目在一定期间的借方发生额和贷方发生额。

为了便于编制科目汇总表，必须注意以下几点：

（1）每一张收款凭证一般应填列一个贷方科目，每一张付款凭证一般应填列一个借方科目；转账凭证只应填列一个借方科目和一个贷方科目，一式两联，一联作为借方科目的汇总，一联作为贷方科目的汇总。

（2）为了便于登记总账，科目汇总表上的科目排列应按总分类账上科目排列的顺序来定。

（3）科目汇总表汇总的时间不宜过长，业务量多的单位可每天汇总一次，一般间隔期为 5 至 10 天，以便对发生额进行试算平衡，及时了解资金运动情况。

二、科目汇总表账务处理程序的优、缺点及适用范围

优点：依据科目汇总表登记总账，大大减少了登记总账的工作量；科目汇总表本身能对所编制的记账凭证起到试算平衡作用。

缺点：由于科目汇总表本身只反映各科目的借、贷方发生额，根据其登记的总账，便不能反映各账户之间的对应关系。

适用范围：适用于规模较大、经济业务量较多的大中型企业。

三、Excel 中 SUMIF 函数的使用

SUMIF 函数是根据指定条件对若干单元格求和。Excel 中 SUMIF 函数的用法是根据指定条件对若干单元格、区域或引用求和。

（一）语法规则

SUMIF 函数语法是：SUMIF（range，criteria，sum_ range）

（二）参数说明

SUMIF 函数的参数如下：

第一个参数：range 为条件区域，用于条件判断的单元格区域。

第二个参数：criteria 是求和条件，由数字、逻辑表达式、文本或单元格内容等组成的判定条件。例如，条件可以表示为 32、" 32" 、" >32" 、" apples" 或 A1。

第三个参数：sum_ range 为实际求和区域，需要求和的单元格、区域或引用。

当省略第三个参数时，则条件区域就是实际求和区域。

criteria 参数中使用通配符（包括问号“?”和星号“ * ”）。问号匹配任意单个字符；星号匹配任意一串字符。如果要查找实际的问号或星号，请在该字符前键入波形符（~）。

（三）使用举例

如图 2.2 所示，求报表中各栏目的总流量。

F2　=SUMIF(B2:B19,E2,C2:C18)

	A	B	C	D	E	F	G
1	日期	种类	销售额		种类	销售额合计	
2	2014年10月6日	桃子	486		苹果	2 233	
3	2014年10月7日	苹果	466		桃子	2 738	
4	2014年10月8日	菠萝	503		鸭梨	2 285	
5	2014年10月9日	桃子	511		香蕉	1 933	
6	2014年10月10日	苹果	388		菠萝	3 188	
7	2014年11月3日	香蕉	302				
8	2014年11月4日	鸭梨	556				
9	2014年11月5日	苹果	588				
10	2014年11月6日	香蕉	674				
11	2014年11月7日	鸭梨	569				
12	2014年12月5日	菠萝	986				
13	2014年12月6日	香蕉	957				
14	2014年12月7日	桃子	1 087				
15	2014年12月8日	苹果	791				
16	2014年12月9日	菠萝	675				
17	2014年12月10日	桃子	654				
18	2014年12月11日	鸭梨	1 160				
19	2014年12月12日	菠萝	1 024				
20							

图 2.2　SUMIF 函数示例

选中 F2 单元格，输入公式：=SUMIF（B2：B19，E2，C2：C19），输入公式完成后，直接按 Enter 键，即可统计出苹果的销售额。

以此类推，选中 F3 单元格，输入公式：=SUMIF（B2：B19，E3，C2：C19），输入公式完成后，直接按 Enter 键，可以求得桃子的销售额。

选中 F4 单元格，输入公式：=SUMIF（B2：B19，E4，C2：C19），可以求得鸭梨的销售额。

选中 F5 单元格，输入公式：=SUMIF（B2：B19，E5，C2：C19），可以求得香蕉的销售额。

选中 F6 单元格，输入公式：=SUMIF（B2：B19，E6，C2：C19），可以求得菠萝的销售额。

（四）SUMIF 函数使用注意事项

只有在区域中相应的单元格符合条件的情况下，sum_ range 中的单元格才能被求和。如果忽略了 sum_ range，则对区域中的单元格求和。

Microsoft Excel 还提供了其他一些函数，它们可根据条件来分析数据。例如，如果要计算单元格区域内某个文本字符串或数字出现的次数，则可使用 COUNTIF 函数。如果要让公式根据某一条件返回两个数值中的某一值（例如，根据指定销售额返回销售红利），则可使用 IF 函数。

四、TRIM 函数

在从其他应用程序中获取带有不规则空格的文本时，若需清除除了单词之间的单个空格外文本中所有的空格，可以使用 TRIM 函数。

TRIM 函数设计用于清除文本中的 7 位 ASCII 空格字符（值 32）。在 Unicode 字符集中，有一个称为不间断空格字符的额外空格字符，其十进制值为 160。该字符通常在网页中用作 HTML 实体“ ”。TRIM 函数本身不删除此不间断空格字符。

TRIM 函数语法是：TRIM（text）。text 指需要清除其中空格的文本。

实训技能 1　根据 Excel 中的会计凭证编制明细科目汇总表

一、实训内容

根据任务 1 已经完成的记账凭证，运用 Excel 表格编制明细科目汇总表。

二、实训方法

在 Excel 中利用“12 月会计分录”这张工作表中的记账凭证数据编制明细科目汇总表，为后续的会计科目汇总表准备好数据基础。

三、实训步骤

科目汇总表中的数据直接取自一级科目，因此，对于有明细核算的科目，首先要进行明细汇总，然后再编制科目汇总表。将“会计核算”工作簿中的一个工作表重命名为“12 月明细汇总表”，按照表 2.2 所示定义单元格公式。

表 2.2　12 月明细汇总表的计算公式

明细汇总			
说明	科目名称	借方发生	贷方发生
明细	应收账款——三勇建材公司		
明细	应收账款——深圳职业网络公司		
总账	应收账款	=SUM（C3：C4）	=SUM（D3：D4）
明细	材料采购——甲材料		
明细	材料采购——乙材料		
总账	材料采购	=SUM（C7：C8）	=SUM（D7：D8）
明细	原材料——甲材料		
明细	原材料——乙材料		
总账	原材料	=SUM（C11：C12）	=SUM（D11：D12）
明细	库存商品——A 商品		
明细	库存商品——B 商品		
总账	库存商品	=SUM（C15：C16）	=SUM（D15：D16）
明细	其他应付款——押金		
总账	其他应付款	=SUM（C19）	=SUM（D19）
明细	其他应收款——季群		
总账	其他应收款	=SUM（C22）	=SUM（D22）
明细	应付账款——上海全网		
明细	应付账款——深圳支联商贸公司		
总账	应付账款	=SUM（C25：C26）	=SUM（D25：D26）
明细	应付职工薪酬——福利费		
明细	应付职工薪酬——工资		

表2.2(续)

明细汇总			
说明	科目名称	借方发生	贷方发生
明细	应付职工薪酬——养老保险		
明细	应付职工薪酬——医疗保险		
总账	应付职工薪酬	=SUM（C29：C32）	=SUM（D29：D32）
明细	应交税费——城建税		
明细	应交税费——教育费附加		
明细	应交税费——应交所得税		
明细	应交税费——应交消费税		
明细	应交税费——应交增值税——进项税		
明细	应交税费——应交增值税——销项税		
明细	应交税费——应交增值税——已交税金		
总账	应交税费	=SUM（C35：C41）	=SUM（D35：D41）
明细	生产成本——A 产品成本		
明细	生产成本——B 产品成本		
总账	生产成本	=SUM（C44：C45）	=SUM（D44：D45）
明细	盈余公积——法定盈余公积		
总账	盈余公积	=SUM（C48）	=SUM（D48）
明细	利润分配——分配投资人利润		
明细	利润分配——计提法定盈余公积		
明细	利润分配——未分配利润		
总账	利润分配	=SUM（C51：C53）	=SUM（D51：D53）
明细	主营业务收入——A 商品		
明细	主营业务收入——B 商品		
总账	主营业务收入	=SUM（C56：C57）	=SUM（D56：D57）

表2.2(续)

明细汇总			
说明	科目名称	借方发生	贷方发生
明细	主营业务成本——A 商品		
明细	主营业务成本——B 商品		
总账	主营业务成本	=SUM（C60：C61）	=SUM（D60：D61）

表 2.2 中明细科目“借方发生”“贷方发生”栏的公式定义以“应收账款——三勇建材公司”明细科目为例说明：

借方发生=SUMIF（´12 月会计分录´！$C$3：$C$145，B3，´12 月会计分录´！$E$3：$E$145）

贷方发生=SUMIF（´12 月会计分录´！$C$3：$C$145，B3，´12 月会计分录´！$F$3：$F$145）

其余有关单元格的计算公式分别根据 C3 和 D3 单元格的公式，通过复制填充得到。

公式定义完毕，即可得到如表 2.3 所示的结果。

表 2.3　12 月明细汇总表　　单位：元

明细汇总			
说明	科目名称	借方发生	贷方发生
明细	应收账款——三勇建材公司	23 400.00	234 000.00
明细	应收账款——深圳职业网络公司	561 600.00	0.00
总账	应收账款	585 000.00	234 000.00
明细	材料采购——甲材料	500 000.00	8 000.00
明细	材料采购——乙材料	100 000.00	4 000.00
总账	材料采购	600 000.00	12 000.00
明细	原材料——甲材料	8 000.00	572 000.00
明细	原材料——乙材料	4 000.00	55 000.00
总账	原材料	12 000.00	627 000.00
明细	库存商品——A 商品	0.00	300 000.00
明细	库存商品——B 商品	227 400.00	11 370.00
总账	库存商品	227 400.00	311 370.00

表2.3(续)

明细汇总			
说明	科目名称	借方发生	贷方发生
明细	其他应付款——押金	0.00	2 000.00
总账	其他应付款	0.00	2 000.00
明细	其他应收款——季群	5 000.00	5 000.00
总账	其他应收款	5 000.00	5 000.00
明细	应付账款——上海全网	117 000.00	570 960.00
明细	应付账款——深圳支联商贸公司	0.00	117 000.00
总账	应付账款	117 000.00	687 960.00
明细	应付职工薪酬——福利费	2 186.00	0.00
明细	应付职工薪酬——工资	108 000.00	118 000.00
明细	应付职工薪酬——养老保险	0.00	10 620.00
明细	应付职工薪酬——医疗保险	0.00	8 260.00
总账	应付职工薪酬	110 186.00	136 880.00
明细	应交税费——城建税	0.00	374.80
明细	应交税费——教育费附加	0.00	1 124.40
明细	应交税费——应交所得税	0.00	98 601.45
明细	应交税费——应交消费税	6 000.00	30 000.00
明细	应交税费——应交增值税——进项税	99 960.00	0.00
明细	应交税费——应交增值税——销项税	0.00	107 440.00
明细	应交税费——应交增值税——已交税金	18 960.00	0.00
总账	应交税费	124 920.00	237 540.65
明细	生产成本——A 产品成本	514 500.00	0.00
明细	生产成本——B 产品成本	227 400.00	227 400.00
总账	生产成本	741 900.00	227 400.00
明细	盈余公积——法定盈余公积	0.00	76 534.44

表2.3(续)

明细汇总			
说明	科目名称	借方发生	贷方发生
总账	盈余公积	0.00	76 534.44
明细	利润分配——分配投资人利润	153 068.87	153 068.87
明细	利润分配——计提法定盈余公积	76 534.44	76 534.44
明细	利润分配——未分配利润	229 603.31	296 364.35
总账	利润分配	459 206.62	525 967.66
明细	主营业务收入——A 商品	600 000.00	600 000.00
明细	主营业务收入——B 商品	20 000.00	20 000.00
总账	主营业务收入	620 000.00	620 000.00
明细	主营业务成本——A 商品	300 000.00	300 000.00
明细	主营业务成本——B 商品	11 370.00	11 370.00
总账	主营业务成本	311 370.00	311 370.00

四、注意事项

Excel 函数中的各个参数，除中文文字外，均须使用半角字符。明细汇总表中所使用的会计科目名称必须与会计分录表中的会计科目名称保持绝对一致，否则计算公式无法识别不一致的科目，并由此影响科目汇总结果。

实训技能 2　根据 Excel 中的会计凭证编制科目汇总表

一、实训内容

根据前面已经完成的会计凭证和明细科目汇总表，运用 Excel 表格编制科目汇总表。

二、实训方法

在 Excel 中利用“12 月会计分录”“12 月明细汇总表”这两张工作表中的数据编制科目汇总表，为后续的会计报表准备好数据基础。

三、实训步骤

将“会计核算”工作簿中的一个工作表重命名为“12 月科目汇总表”，设计如表 2.4 所示的表样，其中的计算公式如表 2.5 所示。

表 2.4 12 月科目汇总表

科目名称	科目代码	余额方向	借方发生	贷方发生	余额
库存现金	1001	借			
银行存款	1002	借			
其他货币资金	1012	借			
交易性金融资产	1101	借			
应收票据	1121	借			
应收账款	1122	借			
预付账款	1123	借			
应收股利	1131	借			
应收利息	1132	借			
其他应收款	1221	借			
坏账准备	1231	贷			
材料采购	1401	借			
在途物资	1402	借			
原材料	1403	借			
库存商品	1405	借			
发出商品	1406	借			
委托加工物资	1408	借			
周转材料	1411	借			
消耗性生物资产	1421	借			
存货跌价准备	1471	贷			
债权投资	1501	借			
债权投资减值准备	1502	贷			
其他权益工具投资	1503	借			
长期股权投资	1511	借			
长期股权投资减值准备	1512	贷			
投资性房地产	1521	借			
长期应收款	1531	借			

表2. 4(续)

科目名称	科目代码	余额方向	借方发生	贷方发生	余额
固定资产	1601	借			
累计折旧	1602	贷			
固定资产减值准备	1603	贷			
在建工程	1604	借			
工程物资	1605	借			
固定资产清理	1606	借			
生产性生物资产	1621	借			
无形资产	1701	借			
累计摊销	1702	借			
无形资产减值准备	1703	贷			
长期待摊费用	1801	借			
递延所得税资产	1811	借			
待处理财产损溢	1901	借			
短期借款	2001	贷			
交易性金融负债	2101	贷			
应付票据	2201	贷			
应付账款	2202	贷			
预收账款	2203	贷			
应付职工薪酬	2211	贷			
应交税费	2221	贷			
应付利息	2231	贷			
应付股利	2232	贷			
其他应付款	2241	贷			
递延收益	2401	贷			
长期借款	2501	贷			
应付债券	2502	贷			
长期应付款	2701	贷			
未确认融资费用	2702	贷			
专项应付款	2711	贷			
预计负债	2801	贷			
递延所得税负债	2901	贷			

表2.4(续)

科目名称	科目代码	余额方向	借方发生	贷方发生	余额
实收资本	4001	贷			
资本公积	4002	贷			
盈余公积	4101	贷			
本年利润	4103	贷			
利润分配	4104	贷			
库存股	4201	贷			
生产成本	5001	借			
制造费用	5101	借			
劳务成本	5201	借			
研发支出	5301	借			
工程施工	5401	借			
工程结算	5402	借			
主营业务收入	6001	贷			
其他业务收入	6051	贷			
公允价值变动损益	6101	贷			
投资收益	6111	贷			
营业外收入	6301	贷			
主营业务成本	6401	借			
其他业务成本	6402	借			
税金及附加	6403	借			
销售费用	6601	借			
管理费用	6602	借			
财务费用	6603	借			
资产减值损失	6701	借			
营业外支出	6711	借			
所得税费用	6801	借			
以前年度损益调整	6901	借			
合计					

表 2.5　12 月科目汇总表的单元格公式

科目名称	项目	计算公式
库存现金	借方发生	=SUMIF（'12 月会计分录'！$C$3：$C$145，TRIM（A2），'12 月会计分录'！$E$3：$E$145）
	贷方发生	=SUMIF（'12 月会计分录'！$C$3：$C$145，TRIM（A2），'12 月会计分录'！$F$3：$F$145）
	余额	=IF（C2=" 借"，D2-E2，E2-D2）
银行存款	借方发生	=SUMIF（'12 月会计分录'！$C$3：$C$145，TRIM（A3），'12 月会计分录'！$E$3：$E$145）
	贷方发生	=SUMIF（'12 月会计分录'！$C$3：$C$145，TRIM（A3），'12 月会计分录'！$F$3：$F$145）
	余额	=IF（C3=" 借"，D3-E3，E3-D3）
应收账款	借方发生	=SUMIF（'12 月明细汇总表'！$B$3：$B$62，TRIM（A4），'12 月明细汇总表'！$C$3：$C$62）
	贷方发生	=SUMIF（'12 月明细汇总表'！$B$3：$B$62，TRIM（A4），'12 月明细汇总表'！$D$3：$D$62）
	余额	=IF（C4=" 借"，D4-E4，E4-D4）
其他应收款	借方发生	=SUMIF（'12 月明细汇总表'！$B$3：$B$62，TRIM（A5），'12 月明细汇总表'！$C$3：$C$62）
	贷方发生	=SUMIF（'12 月明细汇总表'！$B$3：$B$62，TRIM（A5），'12 月明细汇总表'！$D$3：$D$62）
	余额	=IF（C5=" 借"，D5-E5，E5-D5）
材料采购	借方发生	=SUMIF（'12 月明细汇总表'！$B$3：$B$62，TRIM（A6），'12 月明细汇总表'！$C$3：$C$62）
	贷方发生	=SUMIF（'12 月明细汇总表'！$B$3：$B$62，TRIM（A6），'12 月明细汇总表'！$D$3：$D$62）
	余额	=IF（C6=" 借"，D6-E6，E6-D6）
原材料	借方发生	=SUMIF（'12 月明细汇总表'！$B$3：$B$62，TRIM（A7），'12 月明细汇总表'！$C$3：$C$62）
	贷方发生	=SUMIF（'12 月明细汇总表'！$B$3：$B$62，TRIM（A7），'12 月明细汇总表'！$D$3：$D$62）
	余额	=IF（C7=" 借"，D7-E7，E7-D7）
库存商品	借方发生	=SUMIF（'12 月明细汇总表'！$B$3：$B$62，TRIM（A8），'12 月明细汇总表'！$C$3：$C$62）
	贷方发生	=SUMIF（'12 月明细汇总表'！$B$3：$B$62，TRIM（A8），'12 月明细汇总表'！$D$3：$D$62）
	余额	=IF（C8=" 借"，D8-E8，E8-D8）

表2.5(续)

科目名称	项目	计算公式
固定资产	借方发生	=SUMIF（'12 月会计分录'！ $C$3：$C$145，TRIM（A9），'12 月会计分录'！ $E$3：$E$145）
	贷方发生	=SUMIF（'12 月会计分录'！ $C$3：$C$145，TRIM（A9），'12 月会计分录'！ $F$3：$F$145）
	余额	=IF（C9=" 借"，D9-E9，E9-D9）
累计折旧	借方发生	=SUMIF（'12 月会计分录'！ $C$3：$C$145，TRIM（A10），'12 月会计分录'！ $E$3：$E$145）
	贷方发生	=SUMIF（'12 月会计分录'！ $C$3：$C$145，TRIM（A10），'12 月会计分录'！ $F$3：$F$145）
	余额	=IF（C10=" 借"，D10-E10，E10-D10）
长期待摊费用	借方发生	=SUMIF（'12 月会计分录'！ $C$3：$C$145，TRIM（A11），'12 月会计分录'！ $E$3：$E$145）
	贷方发生	=SUMIF（'12 月会计分录'！ $C$3：$C$145，TRIM（A11），'12 月会计分录'！ $F$3：$F$145）
	余额	=IF（C11=" 借"，D11-E11，E11-D11）
应付账款	借方发生	=SUMIF（'12 月明细汇总表'！ $B$3：$B$62，TRIM（A12），'12 月明细汇总表'！ $C$3：$C$62）
	贷方发生	=SUMIF（'12 月明细汇总表'！ $B$3：$B$62，TRIM（A12），'12 月明细汇总表'！ $D$3：$D$62）
	余额	=IF（C12=" 借"，D12-E12，E12-D12）
应付职工薪酬	借方发生	=SUMIF（'12 月明细汇总表'！ $B$3：$B$62，TRIM（A13），'12 月明细汇总表'！ $C$3：$C$62）
	贷方发生	=SUMIF（'12 月明细汇总表'！ $B$3：$B$62，TRIM（A13），'12 月明细汇总表'！ $D$3：$D$62）
	余额	=IF（C13=" 借"，D13-E13，E13-D13）
应交税费	借方发生	=SUMIF（'12 月明细汇总表'！ $B$3：$B$62，TRIM（A14），'12 月明细汇总表'！ $C$3：$C$62）
	贷方发生	=SUMIF（'12 月明细汇总表'！ $B$3：$B$62，TRIM（A14），'12 月明细汇总表'！ $D$3：$D$62）
	余额	=IF（C14=" 借"，D14-E14，E14-D14）
应付利息	借方发生	=SUMIF（'12 月会计分录'！ $C$3：$C$145，TRIM（A15），'12 月会计分录'！ $E$3：$E$145）
	贷方发生	=SUMIF（'12 月会计分录'！ $C$3：$C$145，TRIM（A15），'12 月会计分录'！ $F$3：$F$145）
	余额	=IF（C15=" 借"，D15-E15，E15-D15）

表2.5(续)

科目名称	项目	计算公式
应付股利	借方发生	=SUMIF（´12 月会计分录´！ $C$3： $C$145, TRIM（A16）, ´12 月会计分录´！ $E$3： $E$145）
	贷方发生	=SUMIF（´12 月会计分录´！ $C$3： $C$145, TRIM（A16）, ´12 月会计分录´！ $F$3： $F$145）
	余额	=IF（C16=" 借", D16-E16, E16-D16）
其他应付款	借方发生	=SUMIF（´12 月明细汇总表´！ $B$3： $B$62, TRIM（A17）, ´12 月明细汇总表´！ $C$3： $C$62）
	贷方发生	=SUMIF（´12 月明细汇总表´！ $B$3： $B$62, TRIM（A17）, ´12 月明细汇总表´！ $D$3： $D$62）
	余额	=IF（C17=" 借", D17-E17, E17-D17）
盈余公积	借方发生	=SUMIF（´12 月明细汇总表´！ $B$3： $B$62, TRIM（A18）, ´12 月明细汇总表´！ $C$3： $C$62）
	贷方发生	=SUMIF（´12 月明细汇总表´！ $B$3： $B$62, TRIM（A18）, ´12 月明细汇总表´！ $D$3： $D$62）
	余额	=IF（C18=" 借", D18-E18, E18-D18）
本年利润	借方发生	=SUMIF（´12 月会计分录´！ $C$3： $C$145, TRIM（A19）, ´12 月会计分录´！ $E$3： $E$145）
	贷方发生	=SUMIF（´12 月会计分录´！ $C$3： $C$145, TRIM（A19）, ´12 月会计分录´！ $F$3： $F$145）
	余额	=IF（C19=" 借", D19-E19, E19-D19）
利润分配	借方发生	=SUMIF（´12 月明细汇总表´！ $B$3： $B$62, TRIM（A20）, ´12 月明细汇总表´！ $C$3： $C$62）
	贷方发生	=SUMIF（´12 月明细汇总表´！ $B$3： $B$62, TRIM（A20）, ´12 月明细汇总表´！ $D$3： $D$62）
	余额	=IF（C20=" 借", D20-E20, E20-D20）
生产成本	借方发生	=SUMIF（´12 月明细汇总表´！ $B$3： $B$62, TRIM（A21）, ´12 月明细汇总表´！ $C$3： $C$62）
	贷方发生	=SUMIF（´12 月明细汇总表´！ $B$3： $B$62, TRIM（A21）, ´12 月明细汇总表´！ $D$3： $D$62）
	余额	=IF（C21=" 借", D21-E21, E21-D21）
制造费用	借方发生	=SUMIF（´12 月会计分录´！ $C$3： $C$145, TRIM（A22）, ´12 月会计分录´！ $E$3： $E$145）
	贷方发生	=SUMIF（´12 月会计分录´！ $C$3： $C$145, TRIM（A22）, ´12 月会计分录´！ $F$3： $F$145）
	余额	=IF（C22=" 借", D22-E22, E22-D22）

表2. 5(续)

科目名称	项目	计算公式
主营业务收入	借方发生	=SUMIF（'12 月明细汇总表'！ $B$3：$B$62，TRIM（A23），'12 月明细汇总表'！ $C$3：$C$62）
	贷方发生	=SUMIF（'12 月明细汇总表'！ $B$3：$B$62，TRIM（A23），'12 月明细汇总表'！ $D$3：$D$62）
	余额	=IF（C23=" 借"，D23-E23，E23-D23）
其他业务收入	借方发生	=SUMIF（'12 月会计分录'！ $C$3：$C$145，TRIM（A24），'12 月会计分录'！ $E$3：$E$145）
	贷方发生	=SUMIF（'12 月会计分录'！ $C$3：$C$145，TRIM（A24），'12 月会计分录'！ $F$3：$F$145）
	余额	=IF（C24=" 借"，D24-E24，E24-D24）
营业外收入	借方发生	=SUMIF（'12 月会计分录'！ $C$3：$C$145，TRIM（A25），'12 月会计分录'！ $E$3：$E$145）
	贷方发生	=SUMIF（'12 月会计分录'！ $C$3：$C$145，TRIM（A25），'12 月会计分录'！ $F$3：$F$145）
	余额	=IF（C25=" 借"，D25-E25，E25-D25）
主营业务成本	借方发生	=SUMIF（'12 月明细汇总表'！ $B$3：$B$62，TRIM（A26），'12 月明细汇总表'！ $C$3：$C$62）
	贷方发生	=SUMIF（'12 月明细汇总表'！ $B$3：$B$62，TRIM（A26），'12 月明细汇总表'！ $D$3：$D$62）
	余额	=IF（C26=" 借"，D26-E26，E26-D26）
其他业务成本	借方发生	=SUMIF（'12 月会计分录'！ $C$3：$C$145，TRIM（A27），'12 月会计分录'！ $E$3：$E$145）
	贷方发生	=SUMIF（'12 月会计分录'！ $C$3：$C$145，TRIM（A27），'12 月会计分录'！ $F$3：$F$145）
	余额	=IF（C27=" 借"，D27-E27，E27-D27）
税金及附加	借方发生	=SUMIF（'12 月会计分录'！ $C$3：$C$145，TRIM（A28），'12 月会计分录'！ $E$3：$E$145）
	贷方发生	=SUMIF（'12 月会计分录'！ $C$3：$C$145，TRIM（A28），'12 月会计分录'！ $F$3：$F$145）
	余额	=IF（C28=" 借"，D28-E28，E28-D28）
销售费用	借方发生	=SUMIF（'12 月会计分录'！ $C$3：$C$145，TRIM（A29），'12 月会计分录'！ $E$3：$E$145）
	贷方发生	=SUMIF（'12 月会计分录'！ $C$3：$C$145，TRIM（A29），'12 月会计分录'！ $F$3：$F$145）
	余额	=IF（C29=" 借"，D29-E29，E29-D29）

表2.5(续)

科目名称	项目	计算公式
管理费用	借方发生	=SUMIF（'12 月会计分录'！ $C$3： $C$145，TRIM （A30），'12 月会计分录'！ $E$3： $E$145）
	贷方发生	=SUMIF（'12 月会计分录'！ $C$3： $C$145，TRIM （A30），'12 月会计分录'！ $F$3： $F$145）
	余额	=IF（C30=" 借"，D30-E30，E30-D30）
财务费用	借方发生	=SUMIF（'12 月会计分录'！ $C$3： $C$145，TRIM （A31），'12 月会计分录'！ $E$3： $E$145）
	贷方发生	=SUMIF（'12 月会计分录'！ $C$3： $C$145，TRIM （A31），'12 月会计分录'！ $F$3： $F$145）
	余额	=IF（C31=" 借"，D31-E31，E31-D31）
营业外支出	借方发生	=SUMIF（'12 月会计分录'！ $C$3： $C$145，TRIM （A32），'12 月会计分录'！ $E$3： $E$145）
	贷方发生	=SUMIF（'12 月会计分录'！ $C$3： $C$145，TRIM （A32），'12 月会计分录'！ $F$3： $F$145）
	余额	=IF（C32=" 借"，D32-E32，E32-D32）
所得税费用	借方发生	=SUMIF（'12 月会计分录'！ $C$3： $C$145，TRIM （A33），'12 月会计分录'！ $E$3： $E$145）
	贷方发生	=SUMIF（'12 月会计分录'！ $C$3： $C$145，TRIM （A33），'12 月会计分录'！ $F$3： $F$145）
	余额	=IF（C33=" 借"，D33-E33，E33-D33）
合计		=SUM（D2：D33）

表 2.5 中各会计科目的单元格公式可以分别通过复制“库存现金”和“应收账款”单元格公式得到，没有明细科目只有总账科目的复制“库存现金”单元格的公式；有明细科目的复制“应收账款”单元格的公式。

四、注意事项

Excel 函数中的各个参数，除中文文字外，均须使用半角字符。

任务 3　编制资产负债表

【任务目标】

通过实训，学生可以了解资产负债表，掌握利用任务 1、任务 2 已经完成的 Excel 中的数据编制资产负债表的方法。

【理论知识】

一、资产负债表

资产负债表是反映企业在某一特定日期（如月末、季末、年末）全部资产、负债和所有者权益情况的会计报表，它表明权益在某一特定日期所拥有或控制的经济资源、所承担的现有义务和所有者对净资产的要求权。它是一张揭示企业在一定时点财务状况的静态报表。资产负债表利用会计平衡原则，将合乎会计原则的“资产、负债、股东权益”交易科目分为“资产”和“负债及股东权益”两大区块，在经过分录、转账、分类账、试算、调整等会计程序后，以特定日期的静态企业情况为基准，浓缩成一张报表。该报表功用除了企业内部除错、明确经营方向、防止出现弊端外，也可让所有阅读者以最短时间了解企业经营状况。

资产负债表是反映企业在一定时期内全部资产、负债和所有者权益的财务报表，是企业经营活动的静态体现，根据“资产=负债+所有者权益”这一平衡公式，依照一定的分类标准和一定的次序，将某一特定日期的资产、负债、所有者权益的具体项目予以适当的排列编制而成。

资产负债表为会计上相当重要的财务报表，最重要的功用在于表现企业的经营状况。就程序而言，资产负债表为簿记记账程序的末端，是集合了登录分录、过账及试算调整后的最后结果与报表。就性质而言，资产负债表则是表现企业或公司资产、负债与股东权益的对比关系，确切反映公司营运状况。

就报表基本组成而言，资产负债表主要包含了报表左边算式的资产部分，以及右边算式的负债与股东权益部分。而作业前端，如果完全依照会计原则记载，并经由正确的会计分录或转账试算过程后，必然会使资产负债表的左右边算式的总金额完全相同。而这个算式终其言就是：资产金额总计=负债金额合计+股东权益金额合计。

二、资产负债表计算等式

（一）资产

货币资金=现金+银行存款+其他货币资金

短期投资=短期投资-短期投资跌价准备

应收票据=应收票据

应收账款=应收账款（借）+预收账款（借）-应计提“应收账款”的“坏账准备”

其他应收款=其他应收款-应计提“其他应收款”的“坏账准备”

存货=各种材料+商品+在产品+半成品+包装物+低值易耗品+委托代销商品等

存货=材料+低值易耗品+库存商品+委托加工物资+委托代销商品+生产成本等-存货跌价准备

材料采用计划成本核算，以及库存商品采用计划成本或售价核算的企业，应按加或减材料成本差异、商品进销差价后的金额填列。

待摊费用=待摊费用［除摊销期限 1 年以上（不含 1 年）的其他待摊费用］

其他流动资产=小企业除以上流动资产项目外的其他流动资产

长期股权投资=长期股权投资［小企业不准备在 1 年内（含 1 年）变现的各种股权性质投资账面金额］

长期债权投资=长期债权投资［小企业不准备在 1 年内（含 1 年）变现的各种债权性质投资的账面余额；长期债权投资中，将于 1 年内到期的长期债权投资，应在流动资产类下“1 年内到期的长期债权投资”项目单独反映］

固定资产原价=固定资产［融资租入的固定资产，其原价也包括在内］

累计折旧=累计折旧［融资租入的固定资产，其已提折旧也包括在内］

工程物资=工程物资

固定资产清理=固定资产清理（借）［“固定资产清理”科目期末为贷方余额，以“-”号填列］

无形资产=无形资产

长期待摊费用=“长期待摊费用”期末余额-“将于 1 年内（含 1 年）摊销的数额”

其他长期资产=小企业除以上资产以外的其他长期资产

（二）负债

预付账款=应付账款（借）+预付账款（借）

短期借款=短期借款

应付票据=应付票据

应付账款=应付账款（贷）+预付账款（贷）

应付工资=应付工资（贷）［“应付工资”科目期末为借方余额，以“-”号填列］

应付福利费=应付福利费

应付利润=应付利润

应交税金=应交税金（贷）［“应交税金”科目期末为借方余额，以“-”号填列］

其他应交款=其他应交款（贷）［“其他应交款”科目期末为借方余额，以“-”号填列］

其他应付款=其他应付款

预提费用=预提费用（贷）［“预提费用”科目期末为借方余额，应合并在“待摊费用”项目内反映］

其他流动负债=小企业除以上流动负债以外的其他流动负债

长期借款=长期借款

长期应付款=长期应付款

预收账款=应收账款（贷）+预收账款（贷）

其他长期负债=反映小企业除以上长期负债项目以外的其他长期负债，包括小企业接受捐赠记入“待转资产价值”科目尚未转入资本公积的余额。本项目应根据有关科目的期末余额填列。

上述长期负债各项目中将于 1 年内（含 1 年）到期的长期负债，应在“1 年内到期的长期负债”项目内单独反映。上述长期负债各项目均应根据有关科目期末余额减去将于 1 年内（含 1 年）到期的长期负债后的金额填列。

（三）所有者权益

资本公积=资本公积

盈余公积=盈余公积

法定公益金=“盈余公积”所属的“法定公益金”期末余额

未分配利润=本年利润+利润分配［未弥补的亏损，在本项目内以“-”号填列］

实收资本=实收资本

应付职工薪酬=应付工资+其他应交款（应付职工工资附加费等支付给个人的款项）+其他应付款（职工教育经费）

三、资产负债表编制方法

会计报表的编制，主要是通过对日常会计核算记录的数据加以归集、整理，使之成为有用的财务信息。企业资产负债表各项目数据主要通过以下几种方式取得：

（一）根据总账科目余额直接填列

资产负债表大部分项目都是根据有关总账账户的余额直接填列，如“应收票据”项目，根据“应收票据”总账科目的期末余额直接填列；“短期借款”项目，根据“短期借款”总账科目的期末余额直接填列。“交易性金融资产”“工程物资”“递延所得税资产”“短期借款”“交易性金融负债”“应付票据”“应付职工薪酬”“应缴税费”“递延所得税负债”“预计负债”“实收资本”“资本公积”“盈余公积”等，都在此项之内。

（二）根据总账科目余额计算填列

如“货币资金”项目，根据“库存现金”“银行存款”“其他货币资金”科目的期末余额合计数计算填列。

（三）根据明细科目余额计算填列

如“应收账款”项目，应根据“应收账款”“预收账款”两个科目所属的有关明细科目的期末借方余额扣除计提的减值准备后计算填列；“应付账款”项目，根据“应付账款”“预付账款”科目所属相关明细科目的期末贷方余额计算填列。

（四）根据总账科目和明细科目余额分析计算填列

如“长期借款”项目，根据“长期借款”总账科目期末余额，扣除“长期借款”科目所属明细科目中反映的、将于一年内到期的长期借款部分，分析计算填列。

（五）根据科目余额减去其备抵项目后的净额填列

如“存货”项目，根据“存货”科目的期末余额，减去“存货跌价准备”备抵科目余额后的净额填列；又如，“无形资产”项目，根据“无形资产”科目的期末余额，减去“无形资产减值准备”与“累计摊销”备抵科目余额后的净额填列。

资产负债表的“年初数”栏内各项数字，根据上年年末资产负债表“期末数”栏内各项数字填列，“期末数”栏内各项数字根据会计期末各总账账户及所属明细账户的余额填列。如果当年度资产负债表规定的各个项目的名称和内容同上年度不相一致，则按编报当年的口径对上年年末资产负债表各项目的名称和数字进行调整，填入本表“年初数”栏内。

资产负债表的编制原理是“资产=负债+所有者权益”会计恒等式。它既是一张平衡报表，反映资产总计（左方）与负债及所有者权益总计（右方）相等；又是一张静态报表，反映企业在某一时点的财务状况，如月末或年末。通过在资产负债表上设立“年初数”和“期末数”栏，也能反映出企业财务状况的变动情况。

资产负债表的编制格式有账户式、报告式和财务状况式三种。其中，账户式资产负债表分为左右两方，左方列示资产项目，右方列示负债及所有者权益项目，左右两方的合计数保持平衡。这种格式的资产负债表应用最广，企业会计制度规定要求采用的就是这种格式的资产负债表。

不论是何种格式的资产负债表，在编制时，首先需要把所有项目按一定的标准进行分类，并以适当的顺序加以排列。世界上大多数国家所采用的就是按流动性排序的资产负债表。它首先把所有项目分为资产、负债、所有者权益三个部分，并按项目的流动性程度来决定其排列顺序。

资产项目按其流动性排列，流动性大的排在前，流动性小的排在后；负债项目按其到期日的远近排列，到期日近的排在前，到期日远的排在后；所用者权益项目按其永久程度高低排列，永久程度高的排在前，永久程度低的排在后。

四、Excel 中 VLOOKUP 函数的使用

VLOOKUP 函数是 Excel 中的一个纵向查找函数，它与 LOOKUP 函数和 HLOOKUP 函数属于同一类函数，VLOOKUP 是按列查找，最终返回该列所需查询列序所对应的值；与之对应的 HLOOKUP 是按行查找的。

（一）语法规则

该函数的语法规则如下：

VLOOKUP（lookup_ value，table_ array，col_ index_ num，range_ lookup）

（二）参数说明

lookup_ value 为需要在数据表第一列中进行查找的数值。lookup_ value 可以为数值、引用或文本字符串。

table_ array 为需要在其中查找数据的数据表。使用对区域或区域名称的引用。

col_ index_ num 为 table_ array 中查找数据的数据列序号（正整数）。col_ index_ num 为 1 时，返回 table_ array 第一列的数值，col_ index_ num 为 2 时，返回 table_ array 第二列的数值，以此类推。如果 col_ index_ num 小于 1，函数 VLOOKUP 返回错误值 #VALUE!；如果 col_ index_ num 大于 table_ array 的列数，函数 VLOOKUP 返回

错误值#REF!。

range_ lookup 为一逻辑值，指明函数 VLOOKUP 查找时是精确匹配，还是近似匹配。如果为 FALSE 或 0，则返回精确匹配，如果找不到，则返回错误值 #N/A。如果 range_ lookup 为 TRUE 或 1，函数 VLOOKUP 将查找近似匹配值，也就是说，如果找不到精确匹配值，则返回小于 lookup_ value 的最大数值。

（三）使用举例

如图 2.3 所示，我们要在 A2：F12 区域中提取工号为 100003、100004、100005、100007、100010 五人的全年总计销量，并对应的输入到 I4：I8 中。

	A	B	C	D	E	F	G	H	I	J
1			年度销量报表							
2	工号	第一季度	第二季度	第三季度	第四季度	全年总计				
3	100001	91	91	68	87	337		工号	全年总计	
4	100002	59	78	69	80	286		100003		
5	100003	71	88	89	70	318		100004		
6	100004	91	60	66	89	306		100005		
7	100005	84	89	86	57	316		100007		
8	100006	86	83	67	63	299		100010		
9	100007	77	90	67	73	307				
10	100008	79	88	74	70	311				
11	100009	74	68	69	74	285				
12	100010	69	89	84	62	304				
13										

图 2.3 VLOOKUP 函数示例

一个一个地手动查找在数据量大的时候十分烦琐，因此这里使用 VLOOKUP 函数演示：

首先在 I4 单元格输入“=VLOOKUP（”，此时 Excel 就会提示 4 个参数。

第一个参数，显然，我们要让 100003 对应的是 H4，这里就输入“H4,”；

第二个参数，这里输入我们要查找的区域（绝对引用），即“$A$2:$F$12,”；

第三个参数，“全年总计”是区域的第六列，所以这里输入“6”，输入“5”就会输入第四季度的项目了；

第四个参数，因为我们要精确查找工号，所以输入“FALSE”或者“0”。

最后补全最后的右括号“）”，得到公式“=VLOOKUP（H4，$A$2：$F$12，6，0）”，使用填充柄填充其他单元格即可完成查找操作。结果如图 2.4 所示。

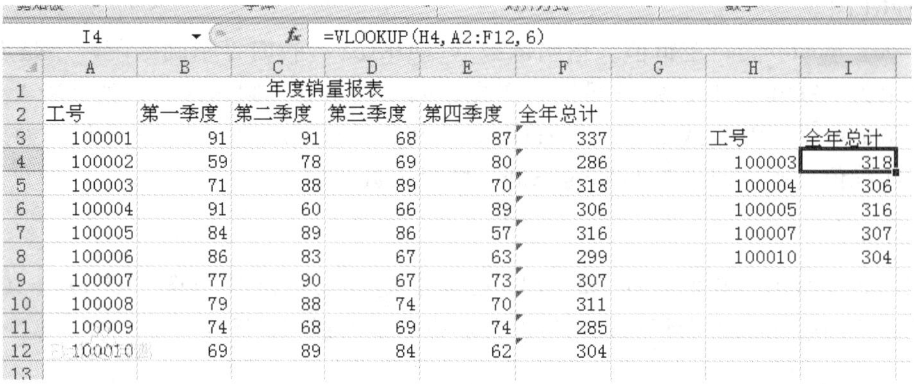

I4 =VLOOKUP(H4,A2:F12,6)

	A	B	C	D	E	F	G	H	I
1			年度销量报表						
2	工号	第一季度	第二季度	第三季度	第四季度	全年总计			
3	100001	91	91	68	87	337		工号	全年总计
4	100002	59	78	69	80	286		100003	318
5	100003	71	88	89	70	318		100004	306
6	100004	91	60	66	89	306		100005	316
7	100005	84	89	86	57	316		100007	307
8	100006	86	83	67	63	299		100010	304
9	100007	77	90	67	73	307			
10	100008	79	88	74	70	311			
11	100009	74	68	69	74	285			
12	100010	69	89	84	62	304			
13									

图 2.4 VLOOKUP 结果演示

（四）VLOOKUP 函数使用注意事项

VLOOKUP 的语法

（1）括号里有四个参数，是必需的。最后一个参数 range_ lookup 是个逻辑值，我们常常输入一个 0 字，或者 FALSE；其实也可以输入一个 1 字，或者 TRUE。两者有什么区别呢？前者表示的是完整寻找，找不到就传回错误值#N/A；后者先是找一模一样的，找不到再去找很接近的值，还找不到也只好传回错误值#N/A。

（2）lookup_ value 是一个很重要的参数，它可以是数值、文字字符串或参照地址。我们常常用的是参照地址。用这个参数时，有三点要特别提醒：

第一，参照地址的单元格格式类别与去搜寻的单元格格式的类别要一致，否则的话有时明明看到有资料，就是使用不了。特别是参照地址的值是数字时，最为明显，若搜寻的单元格格式类别为文字，虽然看起来都是 123，但是就是使用不了。

而且格式类别在未输入数据时就要先确定好，如果数据都输入进去了，发现格式不符，则为时已晚，若还想去用，则需重新输入。

第二，在使用参照地址时，有时需要将 lookup_ value 的值固定在一个单元格内，而又要使用下拉方式（或复制）将函数添加到新的单元格中去，这里就要用到“＄”这个符号了，这是一个起固定作用的符号。比如始终想以 D5 格式来找数据，则可以把 D5 设置成这样：＄D＄5，此时不论你如何下拉、复制，函数始终都会以 D5 的值来找数据。

第三，用“&”连接若干个单元格的内容作为查找的参数。在查找的数据有类似的情况下可以做到事半功倍。

（3）table_ array 是搜寻的范围，col_ index_ num 是范围内的栏。

col_ index_ num 不能小于 1，其实等于 1 也没有什么实际作用的。如果出现一个这样的错误的值#REF!，则可能是 col_ index_ num 的值超过范围的总字段数。选取 table_ array 时一定注意选择区域的首列必须与 lookup_ value 所选取的列的格式和字段一致。比如 lookup_ value 选取了“姓名”中的“张三”，那么 table_ array 选取时第一列必须为“姓名”列，且格式与 lookup_ value 一致，否则便会出现#N/A 的问题。

（4）在使用该函数时，lookup_ value 的值必须在 table_ array 中处于第一列。

VLOOKUP 的错误值处理

如果找不到数据，函数总会传回一个这样的错误值#N/A，这个错误值其实也是很有用的。

例如，如果我们想这样来做处理：如果找到的话，就传回相应的值，如果找不到的话，就自动设定它的值等于 0，则函数可以写成这样：

=if（iserror（vlookup（1，2，3，0）），0，vlookup（1，2，3，0））

在 Excel 2007 以上版本中，以上公式等价于

=IFERROR（vlookup（1，2，3，0），0）

这句话的意思是：如果 VLOOKUP 函数返回的值是个错误值的话（找不到数据），就等于 0，否则，就等于 VLOOKUP 函数返回的值（找到的相应的值）。

这里又用了两个函数：

第一个是 IFERROR 函数。它的语法是 IFERROR（value），即判断括号内的值是否为错误值，如果是，就等于 TRUE，不是，就等于 FALSE。

第二个是 if 函数，这也是一个常用的函数的，后面有机会再跟大家详细讲解。它的语法是 if（条件判断式，结果 1，结果 2）。如果条件判断式是对的，就执行结果 1，否则就执行结果 2。举个例子：=if（D2=" "," 空的"," 有东西"），意思是如 D2 这个格子里是空的值，就显示文字“空的”，否则，就显示“有东西”。（看起来简单吧？其实编程序，也就是这样子判断来判断去的）

在 Excel 2007 以上版本中，可以使用 IFERROR（value，value_ if_ error）代替以上两个函数的组合，该函数判断 value 表达式是否为错误值，如果是，则返回 value_ if_ error，如果不是，则返回 value 表达式自身的值。

实训技能　根据 Excel 中的科目汇总表编制资产负债表

一、实训内容

根据前面已经完成的会计科目汇总表，运用 Excel 表格编制资产负债表。

二、实训方法

在 Excel 中利用“12 月科目汇总表”这张工作表中的数据编制资产负债表。

三、实训步骤

在“会计核算”工作簿中增加一个工作表，并将其重命名为“12 月资产负债表”，格式如表 2.6 所示。表格建立后期初数按照表 2.6 中给出的数据直接录入。

表 2.6　12 月资产负债表

编制单位：佳视达实业公司　　20××年 12 月 31 日　　单位：元

资产	年初数	期末数	负债及所有者权益	年初数	期末数
流动资产：			流动负债：		
货币资金	205 340.00		短期借款	0.00	
交易性金融资产	0.00		交易性金融负债	0.00	
应收票据	0.00		应付票据	0.00	
应收账款	819 000.00		应付账款	491 400.00	
预付账款	0.00		预收账款	0.00	
应收股利	0.00		应付职工薪酬	132 000.00	
应收利息	0.00		应交税费	24 960.00	
其他应收款	5 000.00		应付利息	55 000.00	
存货	1 881 200.00		应付股利	0.00	
其中：消耗性生物资产	0.00		其他应付款	0.00	
一年内到期的非流动资产	0.00		预计负债	0.00	
其他流动资产	0.00		一年内到期的非流动负债	0.00	
流动资产合计	2 910 540.00		其他流动负债	0.00	
非流动资产：			流动负债合计	703 360.00	
可供出售金融资产	0.00		非流动负债：		
持有至到期投资	0.00		长期借款	1 000 000.00	
投资性房地产	0.00		应付债券	0.00	
长期股权投资	0.00		长期应付款	0.00	
长期应收款	0.00		专项应付款	0.00	
固定资产	1 954 400.00		递延所得税负债	0.00	
在建工程	0.00		其他非流动负债	0.00	
工程物资	0.00		非流动负债合计	1 000 000.00	
固定资产清理	0.00		负债合计	1 703 360.00	
生产性生物资产	0.00		所有者权益：		
无形资产	0.00		实收资本（或股本）	2 000 000.00	
研发支出	0.00		资本公积	0.00	
长期待摊费用	260 000.00		盈余公积	719 560.00	
递延所得税资产	0.00		未分配利润	702 020.00	

表2.6(续)

资产	年初数	期末数	负债及所有者权益	年初数	期末数
其他非流动资产	0.00		减：库存股	0.00	
非流动资产合计	2 214 400.00		所有者权益合计	3 421 580.00	
资产总计	5 124 940.00		负债和所有者合计	5 124 940.00	

利用 Excel 工作表之间的数据链接功能，通过设置自动取数公式，可以实现表 2.6（12 月资产负债表）“期末数”的自动计算。

计算原理举例如下：货币资金的本月期末数=年初数+本月借方发生额-本月贷方发生额，上表中取数公式定义详见表 2.7。

表 2.7　12 月资产负债表的单元格公式

项目	取数公式
货币资金	= B5+VLOOKUP（" 库存现金"，'12 月科目汇总表'! $A$1：$F$206，6，FALSE）+VLOOKUP（" 银行存款"，'12 月科目汇总表'! $A$1：$F$206，6，FALSE）+VLOOKUP（" 其他货币资金"，'12 月科目汇总表'! $A$1：$F$206，6，FALSE）
交易性金融资产	= B6+VLOOKUP（" 交易性金融资产"，'12 月科目汇总表'! $A$1：$F$206，6，FALSE）
应收票据	= B7+VLOOKUP（" 应收票据"，'12 月科目汇总表'! $A$1：$F$206，6，FALSE）
应收账款	= B8+VLOOKUP（" 应收账款"，'12 月科目汇总表'! $A$1：$F$206，6，FALSE）-VLOOKUP（" 坏账准备"，'12 月科目汇总表'! $A$1：$F$206，6，FALSE）
预付账款	= B9+VLOOKUP（" 预付账款"，'12 月科目汇总表'! $A$1：$F$206，6，FALSE）
应收股利	= B10+VLOOKUP（" 应收股利"，'12 月科目汇总表'! $A$1：$F$206，6，FALSE）
应收利息	= B11+VLOOKUP（" 应收利息"，'12 月科目汇总表'! $A$1：$F$206，6，FALSE）
其他应收款	= B12+VLOOKUP（" 其他应收款"，'12 月科目汇总表'! $A$1：$F$206，6，FALSE）
存货	=B13+VLOOKUP（" 材料采购"，'12 月科目汇总表'! $A$1：$F$206，6，FALSE）+VLOOKUP（" 在途物资"，'12 月科目汇总表'! $A$1：$F$206，6，FALSE）+VLOOKUP（" 原材料"，'12 月科目汇总表'! $A$1：$F$206，6，FALSE）+VLOOKUP（" 库存商品"，'12 月科目汇总表'! $A$1：$F$206，6，FALSE）+VLOOKUP（" 发出商品"，'12 月科目汇总表'! $A$1：$F$206，6，FALSE）+VLOOKUP（" 委托加工物资"，'12 月科目汇总表'! $A$1：$F$206，6，FALSE）+VLOOKUP（" 周转材料"，'12 月科目汇总表'! $A$1：$F$206，6，FALSE）+VLOOKUP（" 生产成本"，'12 月科目汇总表'! $A$1：$F$206，6，FALSE）-VLOOKUP（" 存货跌价准备"，'12 月科目汇总表'! $A$1：$F$206，6，FALSE）

表2.7(续)

项目	取数公式
其中：消耗性生物资产	= B14+VLOOKUP（" 消耗性生物资产"，'12 月科目汇总表'！ $A$1：$F$206，6，FALSE）
一年内到期的非流动资产	0（根据实际情况分析填列）
其他流动资产	0（根据实际情况分析填列）
流动资产合计	=SUM（C5：C16）
其他权益工具投资	= B19+VLOOKUP（" 其他权益工具投资"，'12 月科目汇总表'！ $A$1：$F$206，6，FALSE）
债权投资	= B20+VLOOKUP（" 债权投资"，'12 月科目汇总表'！ $A$1：$F$206，6，FALSE）
投资性房地产	= B21+VLOOKUP（" 投资性房地产"，'12 月科目汇总表'！ $A$1：$F$206，6，FALSE）
长期股权投资	= B22+VLOOKUP（" 长期股权投资"，'12 月科目汇总表'！ $A$1：$F$206，6，FALSE）
长期应收款	= B23+VLOOKUP（" 长期应收款"，'12 月科目汇总表'！ $A$1：$F$206，6，FALSE）
固定资产	= B24+VLOOKUP（" 固定资产"，'12 月科目汇总表'！ $A$1：$F$206，6，FALSE）-VLOOKUP（" 累计折旧"，'12 月科目汇总表'！$A$1：$F$200，6，FALSE）
在建工程	= B25+VLOOKUP（" 在建工程"，'12 月科目汇总表'！ $A$1：$F$206，6，FALSE）
工程物资	= B26+VLOOKUP（" 工程物资"，'12 月科目汇总表'！ $A$1：$F$206，6，FALSE）
固定资产清理	= B27+VLOOKUP（" 固定资产清理"，'12 月科目汇总表'！ $A$1：$F$206，6，FALSE）
生产性生物资产	= B28+VLOOKUP（" 生产性生物资产"，'12 月科目汇总表'！ $A$1：$F$206，6，FALSE）
无形资产	= B29+VLOOKUP（" 无形资产"，'12 月科目汇总表'！ $A$1：$F$206，6，FALSE）
研发支出	= B30+VLOOKUP（" 研发支出"，'12 月科目汇总表'！ $A$1：$F$206，6，FALSE）
长期待摊费用	= B31+VLOOKUP（" 长期待摊费用"，'12 月科目汇总表'！ $A$1：$F$206，6，FALSE）
递延所得税资产	= B32+VLOOKUP（" 递延所得税资产"，'12 月科目汇总表'！ $A$1：$F$206，6，FALSE）
其他非流动资产	0（根据实际情况分析填列）
非流动资产合计	=SUM（C19：C33）
资产总计	=C17+C34

表2.7(续)

项目	取数公式
短期借款	=E5+VLOOKUP（" 短期借款",'12 月科目汇总表'! $A$1: $F$204, 6, FALSE)
交易性金融负债	=E6+VLOOKUP（" 交易性金融负债",'12 月科目汇总表'! $A$1: $F$204, 6, FALSE)
应付票据	=E7+VLOOKUP（" 应付票据",'12 月科目汇总表'! $A$1: $F$204, 6, FALSE)
应付账款	=E8+VLOOKUP（" 应付账款",'12 月科目汇总表'! $A$1: $F$204, 6, FALSE)
预收账款	=E9+VLOOKUP（" 预收账款",'12 月科目汇总表'! $A$1: $F$204, 6, FALSE)
应付职工薪酬	=E10+VLOOKUP（" 应付职工薪酬",'12 月科目汇总表'! $A$1: $F$204, 6, FALSE)
应交税费	=E11+VLOOKUP（" 应交税费",'12 月科目汇总表'! $A$1: $F$204, 6, FALSE)
应付利息	=E12+VLOOKUP（" 应付利息",'12 月科目汇总表'! $A$1: $F$204, 6, FALSE)
应付股利	=E13+VLOOKUP（" 应付股利",'12 月科目汇总表'! $A$1: $F$204, 6, FALSE)
其他应付款	=E14+VLOOKUP（" 其他应付款",'12 月科目汇总表'! $A$1: $F$204, 6, FALSE)
预计负债	=E15+VLOOKUP（" 预计负债",'12 月科目汇总表'! $A$1: $F$204, 6, FALSE)
一年内到期的非流动负债	0（根据实际情况分析填列）
其他流动负债	0（根据实际情况分析填列）
流动负债合计	=SUM（F5：F17）
长期借款	=E20+VLOOKUP（" 长期借款",'12 月科目汇总表'! $A$1: $F$204, 6, FALSE)
应付债券	=E21+VLOOKUP（" 应付债券",'12 月科目汇总表'! $A$1: $F$204, 6, FALSE)
长期应付款	=E22+VLOOKUP（" 长期应付款",'12 月科目汇总表'! $A$1: $F$204, 6, FALSE)
专项应付款	=E23+VLOOKUP（" 专项应付款",'12 月科目汇总表'! $A$1: $F$204, 6, FALSE)
递延所得税负债	=E24+VLOOKUP（" 递延所得税负债",'12 月科目汇总表'! $A$1: $F$204, 6, FALSE)
其他非流动负债	0（根据实际情况分析填列）
非流动负债合计	=SUM（F20：F25）

表2.7(续)

项目	取数公式
负债合计	=F18+F26
实收资本（或股本）	=E29+VLOOKUP（" 实收资本"，´12 月科目汇总表´！ $A$1： $F$204，6，FALSE）
资本公积	=E30+VLOOKUP（" 资本公积"，´12 月科目汇总表´！ $A$1： $F$204，6，FALSE）
盈余公积	=E31+VLOOKUP（" 盈余公积"，´12 月科目汇总表´！ $A$1： $F$204，6，FALSE）
未分配利润	=E32+VLOOKUP（" 利润分配"，´12 月科目汇总表´！ $A$1： $F$204，6，FALSE）
减：库存股	=E33+VLOOKUP（" 库存股"，´12 月科目汇总表´！ $A$1： $F$204，6，FALSE）
所有者权益合计	=SUM（F29：F33）
负债和所有者合计	=F27+F34

四、注意事项

资产负债表中所使用的会计科目名称必须与科目汇总表中的会计科目名称保持绝对一致，否则计算公式无法识别不一致的科目，将影响科目汇总计算结果的正确性。

任务 4　编制利润表

【任务目标】

通过实训，学生可以了解利润表，掌握利用任务 1、任务 2 已经完成的 EXCEL 中的数据编制利润表的方法。

【理论知识】

利润表是反映企业一定会计期间（如月度、季度、半年度或年度）生产经营成果的会计报表。企业一定会计期间的经营成果既可能表现为盈利，也可能表现为亏损，因此，利润表也被称为损益表。它全面揭示了企业在某一特定时期实现的各种收入，发生的各种费用、成本或支出，以及企业实现的利润或发生的亏损情况。

利润表是根据“收入-费用=利润”的基本关系来编制的，其具体内容取决于收入、费用、利润等会计要素及其内容，利润表项目是收入、费用和利润要素内容的具体体现。从反映企业经营资金运动的角度看，它是一种反映企业经营资金动态表现的报表，主要提供有关企业经营成果方面的信息，属于动态会计报表。

一、利润表与资产负债表的关系

（1）利润表是按照“收入-费用=利润”编制的，它反映的是一个期间会计主体经营活动成果的变动。

（2）资产负债表是按照“资产=负债+所有者权益”编制的，它反映的是某一时点会计主体全部资产的分布状况及其相应来源。

（3）由于等式“收入-费用=利润”的结果既会在利润表中反映，也会在资产负债表中反映。它们之间的联系可以用等式“资产=负债+所有者权益+收入-费用”表示。

（4）资产负债表所有者权益部分的“未分配利润”年初、年末数等于利润及利润分配表利润分配部分的“年初未分配利润”“年末未分配利润”，在一个年度之中，资产负债表所有者权益部分的“未分配利润”期末数等于年初未分配利润与利润表的净利润之和。

二、利润表编制方法

计算利润时，企业应以收入为起点，计算出当期的利润总额和净利润额。其利润总额和净利润额形成的计算步骤为：

（1）以营业收入为基础，计算出企业的营业利润，目的是考核企业生产经营活动的获利能力。

营业利润=营业收入-营业成本-税金及附加-销售费用-管理费用-财务费用-信用减值损失-资产减值损失+公允价值变动收益（-公允价值变动损失）+投资收益（-投资损失）+其他收益+资产处置收益（-资产处置损失）

上述公式的特点是：营业收入减去营业成本、税金及附加、管理费用、销售费用和财务费用后，还要加上投资收益、减去资产减值损失及公允价值变动带来的损益。公式中，将资产减值损失、公允价值变动收益、投资收益等作为营业利润的计算项目，意味着这些业务也属于企业日常的经营活动。

（2）在营业利润的基础上，加上营业外收支净额，计算出当期利润总额，目的是考核企业的综合获利能力。

利润总额=营业利润+营业外收入-营业外支出

（3）在利润总额的基础上，减去所得税，计算出当期净利润额，目的是考核企业的最终获利能力。

净利润=利润总额-所得税费用

多步式利润表的优点在于，便于对企业利润形成的渠道进行分析，明确盈利的主要因素，或亏损的主要原因，使管理更具有针对性。同时也有利于不同企业之间进行比较；还可以预测企业未来的盈利能力。

实训技能　根据 Excel 中的科目汇总表编制利润表

一、实训内容

根据前面已经完成的会计科目汇总表，运用 Excel 表格编制利润表。

二、实训方法

在 Excel 中利用“12 月科目汇总表”这张工作表中的数据编制利润表。

三、实训步骤

已知该公司 11 月利润表数据如表 2.8 所示。

表 2.8　11 月利润表数据

项 目	金额/元
营业收入	3 447 000.00
营业成本	1 955 800.00
营业税费	175 200.00
销售费用	569 800.00
管理费用	147 300.00
财务费用（收益以“-”号填列）	77 500.00

在“会计核算”工作簿中新增两张工作表，并将其分别重命名为“11 月利润表”和“12 月利润表”，设计如表 2.9 所示的表样，并将表 2.8 中项目的金额填入“11 月利润表”本年金额栏。然后在“12 月利润表”中定义如表 2.10 所描述的计算公式。

表 2.9　12 月利润表

编制单位：佳视达实业公司　　　20××年 12 月 31 日　　　单位：元

项目	行次	本期金额	本年金额
一、营业收入	1		
减：营业成本	2		
税费	3		
销售费用	4		
管理费用	5		
财务费用（收益以“-”号填列）	6		
资产减值损失	7		
加：公允价值变动净收益（净损失以“-”号填列）	8		

表2.9(续)

项目	行次	本期金额	本年金额
投资净收益（净损失以“-”号填列）	9		
二、营业利润（亏损以“-”号填列）	10		
加：营业外收入	11		
减：营业外支出	12		
其中：非流动资产处置净损失（净收益以“-”号填列）	13		
三、利润总额（亏损总额以“-”号填列）	14		
减：所得税	15		
四、净利润（净亏损以“-”号填列）	16		
五、每股收益：	17		
（一）基本每股收益	18	×	
（二）稀释每股收益	19	×	

利用 Excel 的数据链接功能，设计自动取数公式，可以实现 12 月利润表“本年金额”栏目的计算。

本月利润表中的本年金额=本期金额+上月利润表中的本年金额

在本例中只要利用 Excel 的数据链接功能将“11 月利润表”的本年金额加上“12 月利润表”的本期金额即可得到 12 月的本年金额。具体公式定义详见表 2.10。

表 2.10　12 月利润表的单元格公式

报表项目	栏次	公式定义
一、营业收入	本期金额	=VLOOKUP（" 主营业务收入"，'12 月科目汇总表'！$A$2：$D$202，4，FALSE）+VLOOKUP（" 其他业务收入"，'12 月科目汇总表'！$A$2：$D$202，4，FALSE）
	本年金额	=C4+'11 月利润表'！D4
减：营业成本	本期金额	=VLOOKUP（" 主营业务成本"，'12 月科目汇总表'！$A$2：$D$202，4，FALSE）+VLOOKUP（" 其他业务成本"，'12 月科目汇总表'！$A$2：$D$202，4，FALSE）
	本年金额	=C5+'11 月利润表'！D5
税费	本期金额	=VLOOKUP（" 税金及附加"，'12 月科目汇总表'！$A$2：$D$202，4，FALSE）
	本年金额	=C6+'11 月利润表'！D6
销售费用	本期金额	=VLOOKUP（" 销售费用"，'12 月科目汇总表'！$A$2：$D$202，4，FALSE）
	本年金额	=C7+'11 月利润表'！D7

表2.10(续)

报表项目	栏次	公式定义
管理费用	本期金额	=VLOOKUP（"管理费用"，'12 月科目汇总表'！$A$2：$D$202，4，FALSE）
	本年金额	=C8+'11 月利润表'！D8
财务费用（收益以"-"号填列）	本期金额	=VLOOKUP（"财务费用"，'12 月科目汇总表'！$A$2：$D$202，4，FALSE）
	本年金额	=C9+'11 月利润表'！D9
资产减值损失	本期金额	=VLOOKUP（"资产减值损失"，'12 月科目汇总表'！$A$2：$D$202，4，FALSE）
	本年金额	=C10+'11 月利润表'！D10
加：公允价值变动净收益（净损失以"-"号填列）	本期金额	=VLOOKUP（"公允价值变动损益"，'12 月科目汇总表'！$A$2：$D$202，4，FALSE）
	本年金额	=C11+'11 月利润表'！D11
投资净收益（净损失以"-"号填列）	本期金额	=VLOOKUP（"投资收益"，'12 月科目汇总表'！$A$2：$D$202，4，FALSE）
	本年金额	=C12+'11 月利润表'！D12
二、营业利润（亏损以"-"号填列）	本期金额	=C4-C5-C6-C7-C8-C9-C10+C11+C12
	本年金额	=D4-D5-D6-D7-D8-D9-D10+D11+D12
加：营业外收入	本期金额	=VLOOKUP（"营业外收入"，'12 月科目汇总表'！$A$2：$D$202，4，FALSE）
	本年金额	=C14+'11 月利润表'！D14
减：营业外支出	本期金额	=VLOOKUP（"营业外支出"，'12 月科目汇总表'！$A$2：$D$202，4，FALSE）
	本年金额	=C15+'11 月利润表'！D15
其中：非流动资产处置净损失（净收益以"-"号填列）	本期金额	0（根据实际情况分析填列）
	本年金额	0（根据实际情况分析填列）
三、利润总额（亏损总额以"-"号填列）	本期金额	=C13+C14-C15
	本年金额	=D13+D14-D15
减：所得税	本期金额	=VLOOKUP（"所得税费用"，'12 月科目汇总表'！$A$2：$D$202，4，FALSE）
	本年金额	=C18+'11 月利润表'！D18
四、净利润（净亏损以"-"号填列）	本期金额	=C17-C18
	本年金额	=D17-D18

案例分析题

一、案例资料

红星公司为增值税一般纳税人，原材料采用实际成本法核算，商品销售成本月末一次结转；适用增值税税率 13%，企业所得税税率 25%，城市维护建设税税率 7%，教育费附加率 3%。红星公司 20××年 12 月各账户期初余额如表 2.11 所示。

表 2.11 红星公司 20××年 12 月各账户期初余额表 单位：元

账户名称	总分类账户		明细分类账户	
	借方余额	贷方余额	借方余额	贷方余额
库存现金	1 000.00			
银行存款	122 000.00			
应收账款	615 000.00			
——G 公司			540 000.00	
——H 公司			75 000.00	
其他应收账款	2 000.00			
——张三			2 000.00	
预付账款	45 000.00			
——E 公司			15 000.00	
——F 公司			30 000.00	
原材料	61 000.00			
——甲材料			45 000.00	
——乙材料			16 000.00	
库存商品	430 000.00			
——丙产品			250 000.00	
——丁产品			180 000.00	
固定资产	2 820 000.00			
累计折旧		545 600.00		
长期待摊费用	600.00			
短期借款		100 000.00		
应付账款		140 000.00		
——A 公司				60 000.00

表2.11(续)

账户名称	总分类账户		明细分类账户	
	借方余额	贷方余额	借方余额	贷方余额
——B 公司				80 000.00
其他应付账款		3 000.00		
——K 公司保证金				3 000.00
预收账款		70 000.00		
——C 公司				50 000.00
——D 公司				20 000.00
应付利息		12 000.00		
应付职工薪酬		26 000.00		
长期借款		500 000.00		
实收资本		2 000 000.00		
资本公积		450 000.00		
盈余公积		200 000.00		
利润分配		50 000.00		
——未分配利润				50 000.00
合计	4 096 600.00	4 096 600.00	—	—

红星公司20××年12月发生的经济业务如下：

（1）12月3日，收到投资者投入不需安装的设备一台，价值为200 000元，增值税税额为26 000元。

（2）12月4日，从银行借入短期借款800 000元，已存入银行。

（3）12月4日，从A公司购入甲材料一批，买价200 000元，增值税26 000元，运杂费1 000元，款项暂欠。

（4）12月5日，从E公司购入乙材料一批，买价30 000元，增值税3 900元，运杂费200元以现金支付。(上月已预付)

（5）12月5日，从B公司购入甲材料一批，买价1 000 000元；购入乙材料一批，买价400 000元。增值税税率13%，未款付。

（6）12月6日，从银行汇出款项200 000元给B公司，汇出300 000元给A公司，归还前欠货款。

（7）12月6日，采购员张三出差回来报销差旅费2 080元，扣除前借款2 000元，余款80元以现金支付。

（8）12月7日，以存款支付下半年报刊杂志订阅费600元，其中车间为100元，厂部为500元。

（9）12月8日，用银行存款归还前欠长期借款本金100 000元。

（10）12 月 8 日，计提本月借款利息 5 500 元，其中短期借款利息为 2 500 元，长期借款（分期付息，到期还本）利息为 3 000 元。

（11）12 月 9 日，购买办公用品一批，价值 620 元，以现金支付，其中车间领用 110 元，管理部门领用 510 元。

（12）12 月 9 日，以存款归还本月到期短期借款本金 100 000 元，利息 4 500 元。（利息之前已预提）

（13）12 月 10 日，向 C 公司销售一批丙产品，价款 500 000 元，增值税 65 000 元；向 D 公司销售一批丁产品，价款 10 000 元，增值税 1 300 元。

（14）12 月 12 日，向 G 公司销售一批丙产品，价款 700 000 元，增值税 91 000 元，款未收，以存款 2 000 元代垫运杂费。

（15）向 H 公司销售一批丁产品，价款 1 000 000 元，增值税 130 000 元，款未收。

（16）12 月 13 日，以存款 30 000 元支付本月产品广告费。

（17）12 月 14 日，销售乙材料，价款 30 000 元，增值税 3 900 元，款存银行。该项材料原账面成本为 25 000 元。

（18）12 月 17 日，接银行通知，收到 G 公司汇来的货款 1 500 000 元，H 公司汇来的货款 1 200 000 元。

（19）12 月 18 日，材料盘亏情况为甲材料盘亏 500 元，乙材料盘亏 100 元，原因待查。

（20）12 月 19 日，因 K 公司已解散，其存入保证金 3 000 元无法支付，经批准，转入“营业外收入”。

（21）12 月 19 日，本月共发生工资费用 285 000 元，其中丙车间工人工资 57 000 元，丁车间工人工资 91 200 元，车间管理人员工资 22 800 元，厂部管理人员工资 114 000元。

（22）12 月 20 日，以银行存款发放本月职工工资。

（23）12 月 21 日，计提本月固定资产折旧 30 000 元，其中车间固定资产折旧为 18 000元，厂部固定资产折旧为 12 000 元。

（24）12 月 21 日，材料盘亏原因已查明，甲材料盘亏 500 元，其中 200 元由保管员李四造成，责令其赔偿，另外 300 元系非常损失，乙材料 100 元属正常损耗。

（25）12 月 22 日，开出支票一张，用于支付本月水电费 15 000 元，其中生产丙产品直接耗用 5 000 元，生产丁产品直接耗用 6 000 元，车间管理部门耗用 680 元，厂部耗用 3 320 元。

（26）12 月 25 日，本月材料发出汇总见表 2. 12。

表 2. 12　红星公司 20××年 12 月材料发出汇总表　　单位：元

领料单位	甲材料金额	乙材料金额	合计
生产车间——丙产品	200 000	100 000	300 000
生产车间——丁产品	120 000	300 000	420 000

表2.12(续)

领料单位	甲材料金额	乙材料金额	合计
车间一般耗用	25 000	—	25 000
厂部	—	5 000	5 000
合计	345 000	405 000	750 000

(27) 12 月 28 日，按工人工资比例计算并分摊本月制造费用。

(28) 12 月 30 日，本月丙产品、丁产品全部完工，计算产成品成本并结转产成品成本。

(29) 12 月 30 日，结转本月产品销售成本 1 080 000 元，其中丙产品 580 000 元，丁产品 500 000 元。

(30) 12 月 31 日，计算并结转本月应缴纳增值税。

(31) 12 月 31 日，计提本月应缴纳城市维护建设税及教育费附加。

(32) 12 月 31 日，将本月有关收入类账户转入“本年利润”。

(33) 12 月 31 日，将本月有关费用类账户转入“本年利润”。

(34) 12 月 31 日，计算应交企业所得税，并结转“本年利润”。

(35) 12 月 31 日，将本月净利润转入利润分配。

(36) 12 月 31 日，股东会决定按本月实现净利润的 10%计提法定盈余公积，20%计提任意盈余公积，30%向投资者分配。

(37) 12 月 31 日，公司决定将资本公积 200 000 元转增资本。

(38) 12 月 31 日，年末结转“本年利润”“利润分配”与”利润分配——未分配利润”账户余额。

二、题目

(1) 根据案例资料编制会计分录，并在 Excel 中按照表 2.13 的格式列出所有会计分录，作为后续会计处理的基础。

表 2.13　会计分录表

日期	凭证号	会计科目	摘要	借方	贷方

(2) 根据各账户期初余额表及当期会计分录表，运用 Excel 结算出各有关总账和明细账余额本期发生额和期末余额，按照表 2.14 的格式编制试算平衡表。(在汇总一级会计科目时，对于存在明细科目的一级科目要先汇总明细科目，具体方法见“任务 2 编制会计科目汇总表”中的“实训技能 1”)

表 2.14 试算平衡表

编制单位：红星公司　　　　20××年 12 月　　　　单位：元

科目名称	期初余额		本期发生		期末余额	
	借方	贷方	借方	贷方	借方	贷方
库存现金						
银行存款						
其他货币资金						
交易性金融资产						
应收票据						
应收账款						
预付账款						
应收股利						
应收利息						
其他应收款						
坏账准备						
材料采购						
在途物资						
原材料						
周转材料						
委托加工物资						
发出商品						
库存商品						
存货跌价准备						
债权投资						
长期股权投资						
其他权益工具投资						
投资性房地产						
固定资产						
累计折旧						
固定资产减值准备						
在建工程						
工程物资						
无形资产						

表2.14(续)

科目名称	期初余额		本期发生		期末余额	
	借方	贷方	借方	贷方	借方	贷方
无形资产减值准备						
长期待摊费用						
递延所得税资产						
待处理财产损溢						
短期借款						
应付票据						
应付账款						
预收账款						
应付职工薪酬						
应交税费						
应付利息						
应付股利						
其他应付款						
递延收益						
长期借款						
应付债券						
递延所得税负债						
实收资本						
资本公积						
盈余公积						
本年利润						
利润分配						
库存股						
生产成本						
制造费用						
主营业务收入						
其他业务收入						
公允价值变动损益						
投资收益						
营业外收入						

表2.14(续)

科目名称	期初余额		本期发生		期末余额	
	借方	贷方	借方	贷方	借方	贷方
主营业务成本						
其他业务成本						
税金及附加						
销售费用						
管理费用						
财务费用						
资产减值损失						
营业外支出						
所得税费用						
合计						

(3) 根据试算平衡表各有关收入、费用账户的发生额利用 Excel 按照表 2.15 的格式编制本月利润表。(上期金额不用填)

表 2.15　利润表

编制单位：红星公司　　　　20××年 12 月　　　　单位：元

项目	本期金额	上期金额
一、营业收入		
减：营业成本		
税金及附加		
销售费用		
管理费用		
财务费用		
资产减值损失		
加：公允价值变动收益（损失以“－”号填列）		
投资收益（损失以“－”号填列）		
其中：对联营企业和合营企业的投资收益		
二、营业利润（亏损以“－”号填列）		
加：营业外收入		
减：营业外支出		
其中：非流动资产处置损失		
三、利润总额（亏损总额以“－”号填列）		

表2.15(续)

项目	本期金额	上期金额
减：所得税费用		
四、净利润（净亏损以“－”号填列）		
五、每股收益：		
（一）基本每股收益		
（二）稀释每股收益		
六、其他综合收益		
七、综合收益总额		

（4）根据试算平衡表及各账户期初余额表运用 Excel 按照表 2.16 的格式编制本月资产负债表。

表 2.16　资产负债表

编制单位：红星公司　　20××年 12 月 31 日　　单位：元

资产	期末余额	年初余额	负债和所有者权益（或股东权益）	期末余额	年初余额
流动资产：			流动负债：		
货币资金			短期借款		
交易性金融资产			交易性金融负债		
衍生金融资产			衍生金融负债		
应收票据			应付票据		
应收账款			应付账款		
应收款项融资			预收款项		
预付款项			合同负债		
其他应收款			应付职工薪酬		
存货			应交税费		
合同资产			其他应付款		
持有待售资产			持有待售负债		
一年内到期的非流动资产			一年内到期的非流动负债		
其他流动资产			其他流动负债		
流动资产合计			流动负债合计		
非流动资产：			非流动负债：		
债权投资			长期借款		
其他债权投资			应付债券		

表2.16(续)

资产	期末余额	年初余额	负债和所有者权益（或股东权益）	期末余额	年初余额
长期应收款			租赁负债		
长期股权投资			长期应付款		
其他权益工具投资			预计负债		
其他非流动金融资产			递延收益		
投资性房地产			递延所得税负债		
固定资产			其他非流动负债		
在建工程			非流动负债合计		
生产性生物资产			负债合计		
油气资产			所有者权益（或股东权益）：		
使用权资产			实收资本（或股本）		
无形资产			其他权益工具		
开发支出			资本公积		
商誉			减：库存股		
长期待摊费用			其他综合收益		
递延所得税资产			盈余公积		
其他非流动资产			未分配利润		
非流动资产合计			所有者权益（或股东权益）合计		
资产总计			负债和所有者权益（或股东权益）总计		

模块三　Excel 在理财规划中的应用

【模块概述】

理财规划是针对个人或家庭发展的不同时期，依据收入、支出状况的变化，制订财务管理的具体方案，包括现金规划、消费支出规划、教育规划风险管理与退休养老规划等，借以实现各个阶段的目标和理想。通过 Excel 的财务函数和电子方案表格，可进行货币的时间价值规划，即规划个人或家庭如何由现状达到未来的财务目标。

【模块教学目标】

（1）掌握基本的养老金规划模型的 Excel 建模；
（2）掌握教育规划模型的 Excel 建模；
（3）掌握贷款等额本金还款计划的 Excel 建模；
（4）掌握贷款等额本息还款计划的 Excel 建模；
（5）掌握租房与买房评价模型的 Excel 建模。

【知识目标】

（1）养老金规划制订的基本步骤；
（2）教育规划制订的基本步骤；
（3）等额本金还款方式和等额本息还款方式的优、缺点；
（4）租房与买房的优、缺点。

【技能目标】

（1）掌握养老金规划模型和教育规划模型的 Excel 建模；
（2）掌握 Excel 控件在理财规划方案中的运用；
（3）熟悉等额本金还款方式、等额本息还款方式的计算公式；
（4）掌握贷款等额本金、等额本息还款方案的 Excel 建模；
（5）掌握租房和买房净现值的计算方法。

【素质目标】

（1）培养学生形成科学的理财观念；

（2）使学生能够根据目前的财务状况，运用 Excel 制订适合自己及家庭的科学理财规划，以达成未来的目标。

任务 1 养老规划模型的 Excel 实现

【案例导入】

王先生今年 40 岁，已经连续缴纳了 10 年的社保。等他 65 岁退休时，社保给他提供的养老金每月不到 2 000 元，再加上通货膨胀的影响，货币购买力下降，养老金不足以满足他的养老生活。

每个人都会步入老年人的行列，也会遇到和王先生同样的养老问题。试想：如果我们不未雨绸缪，不结合自身的财务、身体等状况提前制订退休养老规划，那么我们怎能安度晚年？

思考：

（1）我们怎样才能制定合理的退休养老方案以保证退休后的生活？

（2）假设我们自身退休目标或外界经济因素发生了变化，与当前假设情况存在明显差异时，应当怎样调整养老规划方案？

【任务目标】

通过实训，学生应能够运用 Excel 的财务函数制订养老规划解决方案，并运用 Excel 控件及时调整养老规划解决方案。

【理论知识】

一、退休养老规划的必要性

退休养老规划，就是协调即期消费与延期消费的关系。退休养老规划主要包括：退休后的消费、其他需求及如何满足这些需求。

个人在退休后面临的不确定因素增多，例如，预期寿命的延长，提前退休的需求，退休后医疗费用增加，生活费增长，通货膨胀，市场利率波动，社会保障和医疗保险制度变化。因此只有及早、合理地设计个人的退休理财规划，才能承担退休后生活的各项支出，维持原有的生活品质。

二、退休养老规划制订的基本步骤

（一）确定退休目标

（1）确定退休年龄。
（2）退休后生活质量要求。

（二）预测养老资金需求

（1）预估退休第一年的需求。
（2）测算退休养老资金的总需求。

（三）预测退休后的收入

（1）养老金。
（2）商业保险。
（3）个人储蓄和投资收入。
（4）兼职收入。

（四）计算养老资金缺口

养老资金缺口=资金需求（折现）-退休收入（折现）-已有资金积累（终值）

（五）制订详细的退休计划，测算每年需要投入的资金

（1）个人储蓄及投资。
（2）商业保险。

（六）调整退休养老规划方案

影响退休养老规划方案实现的因素主要包括：
（1）退休目标变化。
（2）收入发生变动。
（3）利率变化。
（4）通货膨胀率提高。
（5）资产的变动。
此时，要根据上述因素的变化适时调整养老规划方案。

实训技能 1　基于 Excel 函数的养老规划解决方案

一、实训内容

王先生现年 40 岁，他希望 65 岁退休，预期寿命为 85 岁。目前每年的生活费用为 4 万元，考虑通货膨胀的因素，估计每年的生活费用会以 3%的速度增长。当前王先生退休养老金账户已备有 5 万元，今后王先生每年都要提取 1 万元到养老金账户，王先

生的投资回报率为 5%。请问王先生目前的养老金规划能否保证他顺利实现退休养老目标？如果不能，那么应做出怎样的调整？

二、实训方法

（1）设置退休目标基准点，以便确定基准点前后资金收入和支出的变化情况。考虑养老金规划模型的三个时点：

①当前年龄 40 岁：资产状况和人力资本。

②退休时点 65 岁：养老需求和资产状况。

③预期寿命 85 岁：老年财富和消费规划。

（2）在 Excel 中构建解决方案，利用 Excel 内置的财务函数计算王先生每年还要储蓄多少钱才能满足退休后的基本生活需求。

三、实训步骤

（1）新建一个 Excel 文档，编写表格，把所需数据填入其中，构建养老规划模型，如图 3.1 所示。

	A	B
1	**养老规划模型**	
2	现在年龄 / 岁	40
3	期望退休年龄 / 岁	65
4	距离退休年限 / 年	
5	预期寿命 / 岁	85
6	退休后生活年限 / 年	
7	目前每年生活费 / 元	¥40 000.00
8	通货膨胀率	3%
9	退休时每年生活费 / 元	
10	退休后投资回报率	5%
11	退休时所需养老金总额 / 元	
12	现有养老金账户金额 / 元	¥50 000.00
13	每年提取额 / 元	¥10 000.00
14	退休时养老金账户金额 / 元	
15	退休当年养老金缺口 / 元	
16	每年应存入金额 / 元	

图 3.1　养老规划模型设置

（2）在明确王先生的退休目标后，计算当前年龄距离退休年龄的年限，在单元格 B4 输入公式“=B3-B2”。

（3）计算王先生退休后生活年限，在单元格 B6 输入公式“=B5-B3”。

（4）利用 Excel 的 FV 财务函数，根据目前每年生活费及通货膨胀率，估算退休时每年所需生活费，在单元格 B9 输入公式“=FV（B8，B4，0，-B7，0）”。

（5）利用 Excel 的 PV 财务函数计算退休时所需养老金总额，在单元格 B11 输入公式“= PV（B10，B6，-B9，0，1）”。

（6）预测退休后收入，根据给出的信息，王先生退休后没有任何收入。

（7）利用 Excel 的 FV 财务函数计算退休时养老金账户金额，在单元格 B14 输入公式“=FV（B10，B4，-B13，0，0）”。

（8）计算退休当年养老金缺口，养老金缺口=退休时所需养老金总额（折现）-退休收入（折现）-已有资金积累（终值），在 B15 输入公式“=B11-B14”。

由计算结果可知养老金存在较大缺口，表明王先生目前的养老金规划不能保证他顺利实现退休养老目标，还需要进行储蓄投入。

（9）利用 Excel 的 PMT 财务函数计算王先生每年还需要存入的金额，在单元格 B16 输入公式“=PMT（B10，B4，-B12，B15，1）”。

该模型计算结果如图 3.2 所示。

	A	B
1	**养老规划模型**	
2	现在年龄/岁	40
3	期望退休年龄/岁	65
4	距离退休年限/年	25
5	预期寿命/岁	85
6	退休后生活年限/年	20
7	目前每年生活费/元	¥40 000.00
8	通货膨胀率	3%
9	退休时每年生活费/元	¥83 751.12
10	退休后投资回报率	5%
11	退休时所需养老金总额/元	¥1 095 910.24
12	现有养老金账户金额/元	¥50 000.00
13	每年提取额/元	¥10 000.00
14	退休时养老金账户金额/元	¥477 270.99
15	退休当年养老金缺口/元	¥618 639.25
16	每年应存入金额/元	¥-8 966.09

图 3.2

表明王先生从现在开始，每年年初还需要额外存入 8 966.09 元，才能保证退休后的生活。

四、注意事项

PMT 函数语法参数 type 为数字 0 或 1，用以指定各期的付款时间是在期初还是在期末。1 代表期初，不输入或输入 0 代表期末。

实训技能 2　Excel 控件在养老规划解决方案中的运用

一、实训内容

在上面的案例中，假设通货膨胀率、投资报酬率、退休目标等因素发生变化，王先生应当怎样调整养老规划方案？此时，可运用 Excel 窗体控件数值调节钮根据实际情况来对上述某个单一因素或多个因素变动进行调整，进而调整原有的养老规划方案。

二、实训方法

（1）构建养老规划模型。

（2）运用 Excel 窗体控件数值调节钮改变输入项的数值，从而获得新的养老金规划方案。

三、实训步骤

（1）构建如图 3.1 所示的养老规划模型。

（2）假定其他因素不变，王先生预期未来投资回报率可能发生变动，且变动范围在 3%~7%。

（3）在单元格 B10 插入一个关于投资回报率的数值调节钮控件。

①点击“Excel 选项”，进入“常用”菜单，勾选“在功能区显示‘开发工具’选项卡”，如图 3.3 所示。

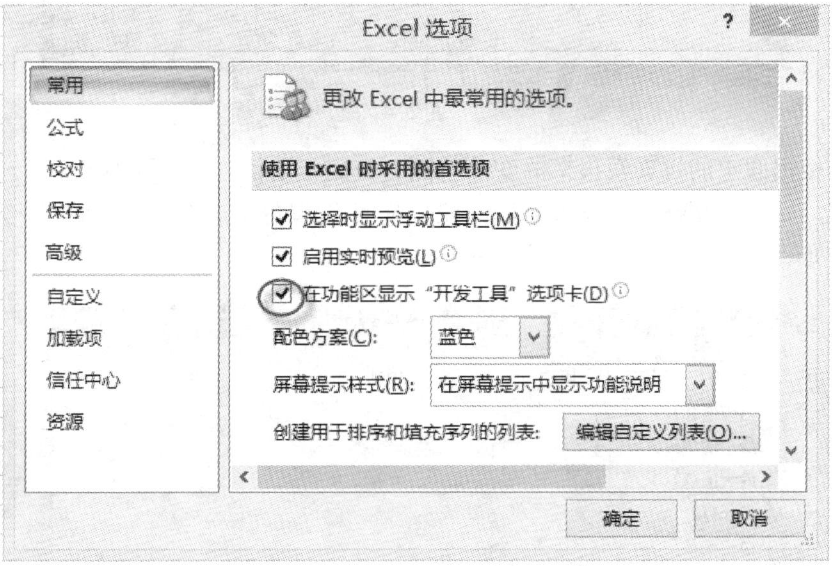

图 3.3

②依次点击“开发工具”“插入”命令，在系统弹出的“表单控件”工具栏上，单击“数值调节钮”，此时鼠标的形状变成黑色十字，然后移至单元格 B10，在需要放置数值调节钮的左上角处按住鼠标左键并拖至右下角处，松开鼠标左键，即插入关于投资回报率的数值调节钮控件。

（4）对该控件的属性进行设置，右键单击控件，从弹出的菜单中选择“设置控件格式”选项，然后在弹出的“设置控件格式”对话框中选择“控制”选项。

未经过设置的控件属性如图 3.4 所示，可对它们逐个进行修改，以达到我们想要的效果。

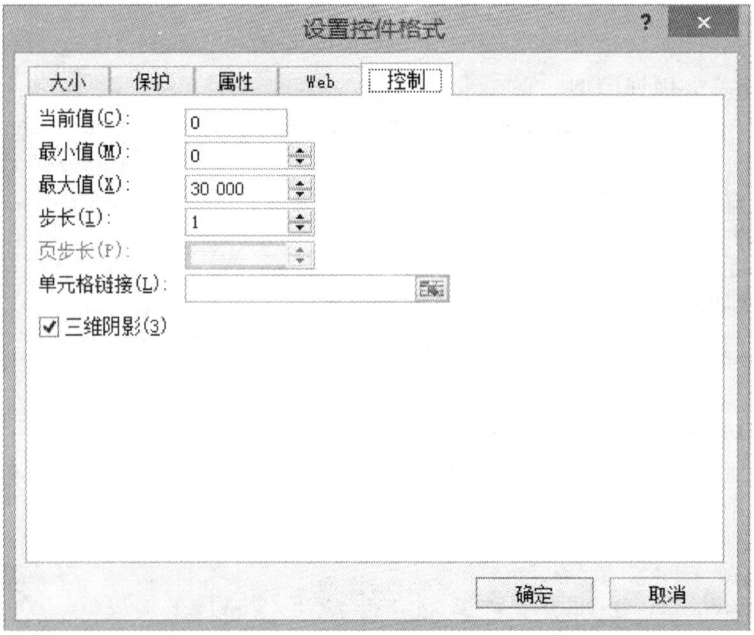

图 3.4

（5）根据假定的投资回报率的变动范围，设定当前值为 3，最小值为 3，最大值为 7，步长为 1，单元格链接为 $B$10。控件属性设置好后，单击“确定”完成设置，如图 3.5 所示。

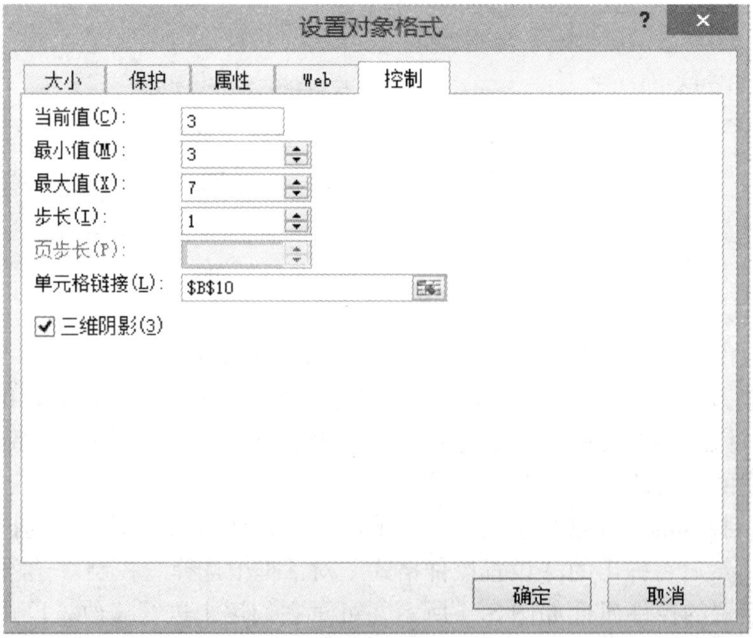

图 3.5

（6）当我们点击 B10 单元格中的数据调节钮控件向上或者向下箭头，则单元格

B10 的数值按步长为 1 的方式增加或减少，并且变化范围在 3~7。为了使用方便，我们可以将数据调节钮的输出结果按比例进行适当的缩小，以得到投资回报率的百分比数值。将单元格 B10 数据调节钮的控件输出结果链接在单元格 C10 中，并在单元格 B10 输入公式“=C10/100”，使 B10 单元格中的数值与 C10 单元格中控件返回数值间建立关联关系，则单元格 B10 显示的是投资回报率的百分比数值。具体如图 3.6 所示。

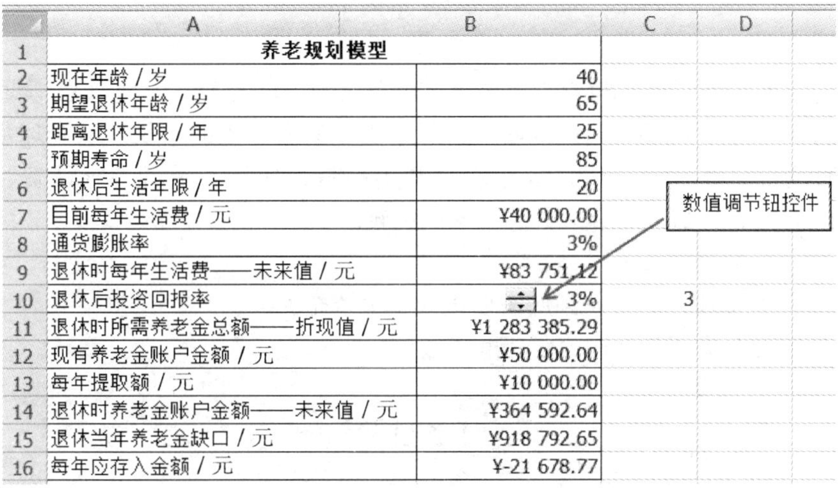

	A	B	C	D
1	养老规划模型			
2	现在年龄 / 岁	40		
3	期望退休年龄 / 岁	65		
4	距离退休年限 / 年	25		
5	预期寿命 / 岁	85		
6	退休后生活年限 / 年	20		
7	目前每年生活费 / 元	¥40 000.00		
8	通货膨胀率	3%		
9	退休时每年生活费——未来值 / 元	¥83 751.12		
10	退休后投资回报率	3%	3	
11	退休时所需养老金总额——折现值 / 元	¥1 283 385.29		
12	现有养老金账户金额 / 元	¥50 000.00		
13	每年提取额 / 元	¥10 000.00		
14	退休时养老金账户金额——未来值 / 元	¥364 592.64		
15	退休当年养老金缺口 / 元	¥918 792.65		
16	每年应存入金额 / 元	¥-21 678.77		

图 3.6　养老规划动态模型

（7）此时单击 B10 单元格中的数据调节钮控件向上或者向下箭头，单元格 B10 中的投资回报率就会相应增加或减少 1%。相应地，单元格 B16 的计算结果即每年存入的资金也会随之减少或增加。

王先生可通过数值调节钮控件调整投资回报率，从而对养老金规划进行相应的调整，以此构建养老规划动态模型。

利用数据调节钮控件对输入项的调节功能，将可能变动的因素作为输入项，观察当某一因素或某几个因素同时变化时对于养老规划方案的影响，考虑以下情况：

①资产的变动：当王先生增加或减少当前养老金账户的投入，每年需要存入的资金将如何变化？

②退休目标变化：退休后王先生由于身体原因，计划将退休年龄提前或延后，每年需要存入的资金将如何变化？

③当通货膨胀率增加或降低时，每年需要存入的资金将如何变化？

④退休后生活费支出增加或减少，每年需要存入的资金将如何变化？

⑤当上述某几个因素同时变化，对于养老金规划方案的影响是什么？

以上问题留给读者。

任务 2　教育规划模型的 Excel 实现

【案例导入】

经济的发展带来了家庭教育支出的迅速增长。自 20 世纪 90 年代以来，我国家庭的教育支出以平均每年 29.3%的速度增长，明显快于家庭收入的增长。从全球范围来看，知识、教育的价格在逐年上升。现在教育费用昂贵，如果涉及各种补课费、择校费、住宿费、生活费等，则可能会大大超出家庭的预算。

思考：

（1）培养子女到大学毕业到底需要投入多少资金？

（2）这笔资金应当从何时开始筹集？

【任务目标】

通过实训，学生应能够运用 Excel 内置的财务函数制订子女教育规划解决方案，并运用 Excel 控件及时调整教育规划解决方案。

【理论知识】

一、教育规划的必要性

（1）教育规划是指为子女将来的教育费用进行计划和投资。

（2）教育规划的主要特点：

①时间弹性小。子女到了一定年龄（18 岁左右）就要接受本科教育，这不像购房规划，若财力不足可延后几年，也不像退休规划，若储备的养老金不足可以延后退休。

②没有费用弹性。教育规划与退休规划生活水平或购房规划房价水平的选择弹性比较不同：退休规划若储备不足，可适当降低退休后的生活水平；购房规划若财力不足，可选择房价较低的区位。但子女高等教育的学费相对固定，而且这些费用对每一个学生基本都是相同的，不会因为家庭富有与否而有差异。总之，因为没有费用弹性，所以为子女准备足额的高等教育基金一定要早做打算。

③子女的资质无法事先预测。在子女教育方面，最终需要多少财务资源，比起可以由自己完全决定的退休规划与购房规划更难掌握。子女出生时很难知道子女在独立前会花掉父母多少钱，这与子女的资质、注意力与学习能力有关，所以应该从宽，至少以普通大学学费、住宿费为准来规划子女未来所需的教育经费。

由于教育支出的必要性和长期性，在家庭中建立教育基金成为家庭理财的一项重要内容，子女教育规划应该及早行动。

二、教育规划制订的基本步骤

（1）明确子女未来接受教育的目标，以实现高等教育为目标，包括完成本科及研究生阶段教育；

（2）估算实现教育目标未来所需学费和其他相关费用；

（3）设定投资期间及期望报酬率；

（4）估算子女教育资金缺口，确定教育投资方案；

（5）坚持专款专用，定期做出调整。

实训技能 1　基于 Excel 函数的教育规划解决方案

一、实训内容

王先生的女儿目前 10 岁，他的子女教育规划目标是在女儿 18 岁上大学时能积累足够的大学本科教育费用。目前大学每年学费为 1.2 万元，学费成长率为 3%，投资报酬率为 5%。现在王先生已经准备了 2 万元的教育金。请问他每年还需投入多少专项教育金才能保证女儿顺利完成本科教育？

二、实训方法

（1）设置教育目标基准点为 18 岁，以便确定基准点前后资金收入和支出的变化情况。

（2）在 Excel 中构建解决方案，利用 Excel 内置的财务函数计算王先生需要投入的教育资金。18 岁以前为教育投资阶段，使用终值财务函数来计算。18 岁后为高等教育费用支出阶段，使用现值财务函数来计算。

（3）通过构建教育收支情况表来验证王先生每年投入的教育资金能否满足其女儿的高校教育支出。

三、实训步骤

（1）新建一个 Excel 文档，编写表格，把所需数据填入其中，构建子女教育规划模型，如图 3.7 所示。

	A	B
1	子女教育规划模型	
2	目前年龄/岁	10
3	距离大学年限/年	
4	学费成长率	3%
5	目前每年学费/元	¥12 000.00
6	8年后每年学费/元	
7	投资报酬率	5%
8	18岁时应准备大学学费总额/元	
9	目前教育准备金/元	¥20 000.00
10	每年储蓄教育金/元	
11	每月储蓄教育金/元	

图 3.7

（2）假设大学入学年龄为 18 岁，计算当前距离大学年限，在单元格 B3 中输入“=18-B2”。

（3）利用 Excel 的 FV 财务函数估算 8 年后每年的大学费用，在单元格 B6 中输入公式“=FV（B4，B3，0，-B5，0）”。

（4）利用 Excel 的 PV 财务函数计算 18 岁时应准备的大学学费总额，在单元格 B8 中输入公式“=PV（B7，4，-B6，0，1）”。

（5）利用 Excel 的 PMT 财务函数计算王先生每年应储蓄的教育资金，在单元格 B10 中输入公式“=PMT（B7，B3，-B9，B8，1）”。

（6）如果王先生计划改变为每月进行教育储蓄，则在单元格 B11 中输入公式“=PMT（B7/12，B3＊12，-B9，B8，1）”，即可得到每月的储蓄金额。

该模型计算结果如图 3.8 所示，表明王先生从女儿 10 岁开始每年还需要投入 2 697.72元的专项教育资金，才能使女儿顺利完成大学学业。

	A	B
1	子女教育规划模型	
2	目前年龄/岁	10
3	距离大学年限/年	8
4	学费成长率	3%
5	目前每年学费/元	¥12 000.00
6	8年后每年学费/元	¥15 201.24
7	投资报酬率	5%
8	18岁时应准备大学学费总额/元	¥56 597.99
9	目前教育准备金/元	¥20 000.00
10	每年储蓄教育金/元	¥-2 697.72
11	每月储蓄教育金/元	¥-226.56

图 3.8

（7）在上述步骤的基础上，在表格中继续添加内容，构建子女教育收支情况表，可反映王先生女儿的教育储蓄账户的收支明细变化。“存入”表明储蓄账户资金的增加，用“+”号表示，此处省略。“支取”表明储蓄账户资金的减少，用“-”号，具体如图 3.9 所示。

	A	B	C	D	E	F
1	**子女教育规划模型**					
2	目前年龄 / 岁	10				
3	距离大学年限 / 年	8				
4	学费成长率	3%				
5	目前每年学费 / 元	¥12 000.00				
6	8年后每年学费 / 元	¥15 201.24				
7	投资报酬率	5%				
8	18岁时应准备大学学费总额 / 元	¥56 597.99				
9	目前教育准备金 / 元	¥20 000.00				
10	每年储蓄教育金 / 元	¥-2 697.72				
11	每月储蓄教育金 / 元	¥-226.56				
12						
13	**子女教育收支情况**					
14	利率	5%				
15	存款年限 / 年	8				
16	每年存款 / 元	¥2 697.72				
17	年龄 / 岁	存入	支取	年初金额 / 元	当年利息 / 元	年末金额 / 元
18	10	¥22 697.72		¥22 697.72	¥1 134.89	¥23 832.61
19	11	¥2 697.72		¥26 530.33	¥1 326.52	¥27 856.85
20	12	¥2 697.72		¥30 554.57	¥1 527.73	¥32 082.30
21	13	¥2 697.72		¥34 780.02	¥1 739.00	¥36 519.02
22	14	¥2 697.72		¥39 216.74	¥1 960.84	¥41 177.58
23	15	¥2 697.72		¥43 875.30	¥2 193.77	¥46 069.07
24	16	¥2 697.72		¥48 766.79	¥2 438.34	¥51 205.13
25	17	¥2 697.72		¥53 902.85	¥2 695.14	¥56 597.99
26	取款年限 / 年	4				¥56 597.99
27	每年取款 / 元	¥15 201.24				
28	18		¥-15 201.24	¥41 396.75	¥2 069.84	¥43 466.59
29	19		¥-15 201.24	¥28 265.35	¥1 413.27	¥29 678.61
30	20		¥-15 201.24	¥14 477.37	¥723.87	¥15 201.24
31	21		¥-15 201.24	(¥0.00)	(¥0.00)	(¥0.00)
32						¥0.00

图 3.9

第一阶段：10 岁至 17 岁，王先生每年向女儿的教育储蓄账户存入等额的教育资金。

（1）根据上面案例计算出的每年存款金额，在单元格 B16 中输入公式“=-B10”，即为 18 岁前每年的存款金额，只是为了在教育储蓄账户中表现为资金的增加，所以用“+”表示，此处省略。

（2）计算从 10 岁至 17 岁的每年存款金额，在单元格 B18 中输入公式“=$B$16+20 000”，可计算出 10 岁当年的存款金额，在单元格 B19 中输入公式“=$B$16”，为 11 岁当年的存款金额，将上述公式复制到单元格区域 B20：B25，即为从 12 岁至 17 岁每年的存款金额。

（3）计算 10 岁时教育储蓄账户的年初金额，在单元格 D18 中输入公式“=B18”。

（4）计算 10 岁当年获得的利息的收益，在单元格 E18 中输入公式“=D18*$B$14”。

（5）计算 10 岁时教育储蓄账户的年末金额，在单元格 F18 中输入公式“=D18+E18”。

（6）计算 11 岁时教育储蓄账户的年初金额，在单元格 D19 中输入公式“=B19+F18”。

将公式复制到单元格区域 D20：D25，即可计算出从 12 岁至 17 岁每年年初的教育储蓄账户金额。

（7）计算 11 岁至 17 岁的利息收入，将单元格 E18 公式复制到单元格区域 E19：E25。

（8）计算 11 岁至 17 岁时教育储蓄账户的年末金额，将单元格 F18 公式复制到单元格区域 F19：F25。

也可通过 FV 函数计算，在单元格 F26 中输入公式"=FV（B14，B15，-B16，-20 000，1）"。

第二阶段：18 岁至 22 岁，王先生女儿每年从教育储蓄账户支取学费。

（1）在单元格 B27 中输入公式"=B6"，即为本科每年所需学费。

（2）计算 18 岁时教育储蓄账户的支出费用，在单元格 C28 中输入公式"=-$B$27"。因为支取意味着教育储蓄账户余额的减少，用"-"号表示，复制到单元格区域 C29：C31，即为 19 岁至 21 岁每年支取的费用。

（3）计算 18 岁时教育储蓄账户的年初金额，在单元格 D28 中输入公式"=C28+F25"，将公式复制到单元格区域 D29：D31，可计算出从 19 岁至 21 岁每年年初的教育储蓄账户金额。

（4）计算 18 岁时教育储蓄账户的利息收入，在单元格 E28 中输入公式"=D28*$B$14"，将公式复制到单元格区域 E29：E31，即可计算出从 19 岁至 21 岁每年教育储蓄账户的利息收入。

（5）计算 18 岁教育储蓄账户的年末金额，在单元格 F28 中输入公式"=D28+E28"，将公式复制到单元格区域 F29：F31，即可计算出从 19 岁至 21 岁教育储蓄账户的年末金额。

由计算结果可知，在 21 岁支取完最后一笔学费后，教育储蓄账户金额为 0。这表明王先生的教育规划方案是合理的，能够保证女儿顺利完成学业。

实训技能 2　Excel 控件在教育规划解决方案中的运用

一、实训内容

在上面的案例中，假设通货膨胀率、投资报酬率、高校学费等因素发生变化，王先生应当怎样调整女儿的教育规划方案？此时，运用 Excel 窗体控件滚动条，根据实际情况来对上述某个单一因素或多个因素变动进行相应调整，进而调整原有的教育规划方案。

二、实训方法

（1）构建子女教育规划模型。

（2）运用 Excel 窗体控件滚动条改变输入项的数值，从而获得新的教育规划方案。

三、实训步骤

（1）构建如图 3.7 所示的子女教育规划模型。

（2）假设目前高校学费因学校的不同教育水平、地理位置而存在明显差异，王先生尚不确定女儿未来就读的高校及学费，此时可假定学费变化范围为每学年 8 000~15 000元。可通过设置滚动条控件，观察学费变化后对每年教育储蓄的影响。

（3）在单元格 B5 中插入一个关于目前学费的滚动条控件。

①点击“Excel 选项”，进入“常用”菜单，勾选“在功能区显示‘开发工具’选项卡”。

②依次点击“开发工具”“插入”命令，在系统弹出的“表单控件”工具栏点击“滚动条”，此时鼠标的形状变成黑色十字，然后移至单元格 B5，在需要放置数值调节钮的左上角处按住鼠标左键并拖至右下角处，松开鼠标左键，即插入关于学费的滚动条控件。

③对控件的属性进行设置，右键单击控件，单击“设置控件格式”，在弹出的“设置控件格式”对话框中选择“控制”选项。

未经过设置的控件属性如图 3.10 所示，可对它们逐个进行修改，以达到我们想要的效果。

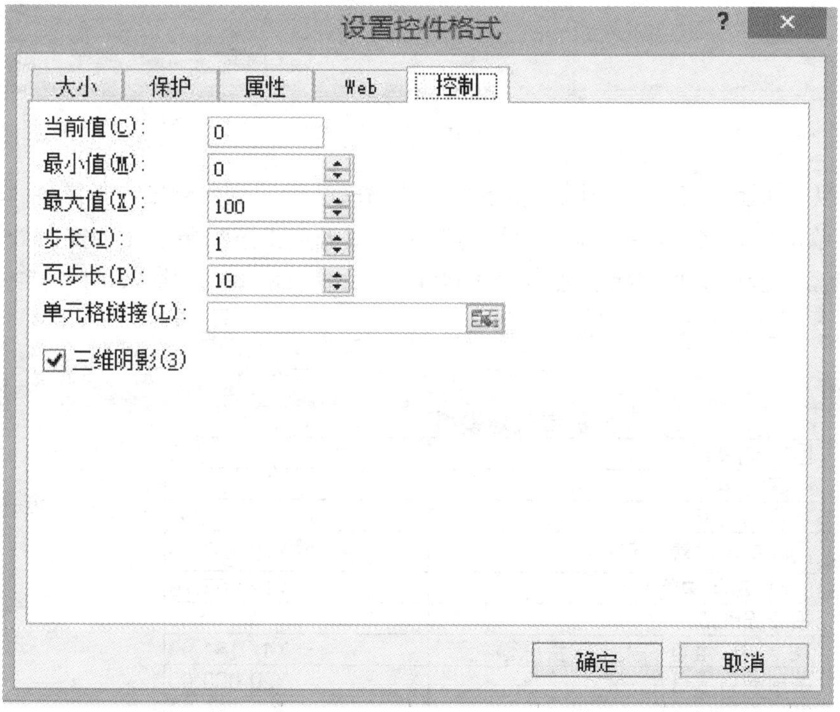

图 3.10

（4）根据假定的学费的变动范围，设定当前值为 8 000，最小值为 8 000，最大值为 15 000，步长为 1 000，页步长为 1 000，单元格链接为 $B$5。控制属性设置好后，单击“确定”完成设置，如图 3.11 所示。

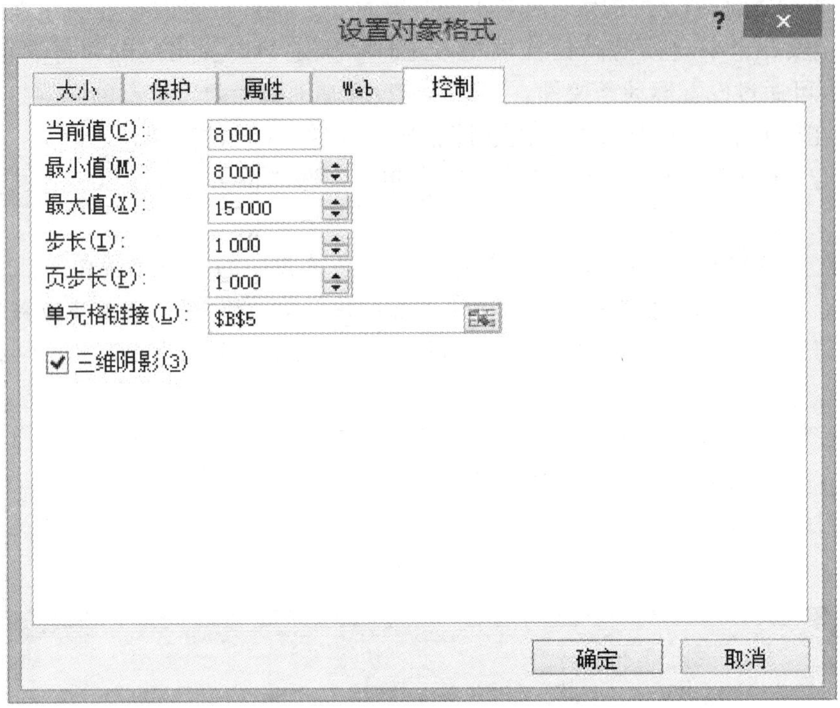

图 3. 11

通过以上步骤，完成了利用滚动条来调节当前学费的变化额度，如图 3. 12 所示。

（5）单击单元格 B5 中滚动条两端的三角形或者点击滚动条上面的空白处，单元格 B5 中的学费金额就会相应增加或减少 1 000 元。相应地，单元格 B10 计算结果即每年存入的资金也会随之发生变化。

	A	B	C	D
1	子女教育规划模型			
2	目前年龄 / 岁	10		
3	距离大学年限 / 年	8	滚动条	
4	学费成长率	3%		
5	目前每年学费 / 元	¥10 000.00		
6	8年后每年学费 / 元	¥12 667.70		
7	投资报酬率	5%		
8	18岁时应准备的大学学费总额 / 元	¥47 164.99		
9	目前教育准备金 / 元	¥20 000.00		
10	每年教育储蓄资金 / 元	¥-1 756.92		
11	每月教育储蓄资金 / 元	¥-146.77		

图 3. 12

本例中王先生可通过点击滚动条控件调整当前学费金额，进而调整教育规划，增加或减少教育储蓄资金的投入。

利用滚动条控件对输入项的调节功能，可将其他因素作为输入项，观察当某一因素或某几个因素同时变化时对于教育规划方案的影响。例如：

（1）当通货膨胀率增加或降低时，教育储蓄资金将如何变化？

（2）当投资报酬率增加或降低时，教育储蓄资金将如何变化？

（3）假设当前积累的教育准备金增加或减少时，教育储蓄资金将如何变化？

（4）当上述几个因素同时变化，对于教育规划方案的影响？

请读者为王先生提供解决方案。

四、注意事项

鼠标点击滚动条两端的三角形是步长在起作用，点击滚动条上面的空白处，是页步长在起作用。一般步长设置小一些，页步长设置大一些，方便快速滚动。

任务 3　住房规划模型的 Excel 实现

【案例导入】

王先生大学毕业后，一直在租房，计划在未来购买一套房产。由于购置房产是一项十分重大的投资，日后王先生将面临贷款偿还的问题，所以应该提前做好财务规划，合理安排购房资金并随时关注房地产的市场变化。

思考：

（1）如果打算贷款买房，哪种还款方式对王先生更有利？

（2）到底是租房划算还是买房划算？

【任务目标】

通过实训，学生应能够运用 Excel 构建住房贷款还款模型，并构建租房与买房的评价模型。

【理论知识】

一、住房贷款常见的两种还款方式

（一）等额本息还款方式

这种还款方式就是将按揭贷款的本金总额与利息总额相加，然后平均分摊到每个还款期。作为还款人，每个还款期还给银行固定金额，但每个还款额中的本金比重逐期递增，利息比重逐期递减。

等额本息还款方式的优、缺点：

（1）优点：方便，还款压力小。每期还款额相等，便于购房者计算和安排每期的资金支出。因为平均分摊了还款金额，所以还款压力也平均分摊，特别适合前期收入较低、经济压力大、每月还款负担较重的人士。

（2）缺点：利息总支出高。在每期还款金额中，前期利息占比较大，后期本金还款占比逐渐增大。总体计算下来，利息总支出是所有还款方式中最高的。

（二）等额本金还款方式

等额本金还款，又称利随本清、等本不等息还款方式，贷款人将本金分摊到每个还款期内，同时付清上一交易日至本次还款日之间的利息。这种还款方式相对等额本息而言，总的利息支出较低，但是前期支付的本金和利息较多，还款负担逐期递减。

等额本金还款方式的优、缺点：

（1）优点：可以节省大量利息支出。

（2）缺点：还款开始阶段还款额较高。

（三）等额本金和等额本息还款法的计算公式

等额本息计算公式：

每期还款本息=［贷款本金×利率×（1+利率）^还款期数］÷［（1+利率）^还款期数-1］

等额本金计算公式：

每期还款金额=（贷款本金÷还款期数）+（本金-累计已还款本金）×利率

式中：

累计已还款本金=贷款本金÷总还款期数×已还款期数

这两个公式的最大不同在于计算利息的方式不同。前者采用的是复合方式计算利息（本金和利息都要产生利息），后者采用简单方式计算利息（只有本金产生利息）。

在其他贷款条件相同的情况下，等额本息贷款很明显地要比等额本金贷款多出很多利息。另外，等额本息贷款计算出的每期还款金额都相等；而等额本金贷款计算出的每期还款金额则不同，从还款前期到后期，金额逐渐减少。

（四）适用人群比较

1. 等额本息还款法

一般来讲，等额本息还款法便于借款人合理安排每月的生活和进行理财（如以租养房等），适用于现期收入少、负担人口少、预期收入将稳定增加的借款人，一般为青年人，特别适合刚开始工作的年轻人，以避免初期太大的供款压力。对于精通投资、擅长“以钱生钱”的人来说，这也是较为不错的选择。

2. 等额本金还款法

这种方法在贷款初期还款压力最大，以后逐期下降，适合现在收入处于高峰期的人士，特别是预期以后收入会减少或是家庭经济负担会加重的（如养老、看病、孩子读书等），一般为中老年人。

二、租房或买房的决策

（一）租房的优、缺点

1. 租房的优点

（1）比较能够应对家庭收入的变化；

（2）资金较自由，可寻找更有利的运用渠道；

（3）有较大的迁徙自由度；

（4）瑕疵或毁损风险由房东负担；

（5）不用考虑房价下跌风险。

2. 租房的缺点

（1）非自愿搬离的风险；

（2）房租可能增加；

（3）无法运用财务杠杆追求房价差价利益；

（4）无法通过买房强迫自己储蓄。

（二）买房的优、缺点

1. 买房的优点

（1）对抗通货膨胀；

（2）强迫储蓄，累积实质财富；

（3）提高居住质量；

（4）信用增强效果；

（5）提供居住效用与资本增值的机会。

2. 买房的缺点

（1）缺乏流动性，要换房或是变现时，若要顾及流动性可能要被迫降价出售；

（2）维持成本高，投入装潢虽可提高居住品质，也代表较高的维持成本；

（3）赔本损失的风险，包括房屋毁损风险、房屋市场价格整体下跌的系统风险与所居住社区管理不善造成房价下跌的个别风险。

（三）租房或买房的决策方法

采用净现值法（NPV），考虑在一个固定的居住期间内，将租房及买房的现金流量还原成现值，比较租房和购房的净现值，净现值高的更为划算。

实训技能 1　基于 Excel 函数的住房按揭贷款的还款解决方案

一、实训内容

王先生目前 28 岁，打算购买一套 75 万元的 2 居室房屋，首付需要 40 万元，剩余 35 万元向银行贷款，商定 30 年还清，该笔贷款的年利率为 7%，可采用等额本息或等额本金还款法。如果用等额本息法，会把贷款总额的本息之和平均分摊到整个还款期，每年年末等额还款；如果用等额本金法，将贷款额的本金平均分摊到整个还款期限内每年归还，同时付清上一交易日到本次还款日之间的贷款利息。请问哪种还款方式更适合王先生？

二、实训方法

（1）在 Excel 构建等额本息还款模型，利用 Excel 内置的财务函数计算每期的应付利息和本金偿还额。

（2）在 Excel 构建等额本金还款模型，利用 Excel 内置的财务函数计算每期的应付利息和本金偿还额。

（3）比较两种还款方式的差别，结合王先生目前的收支状况，选择最优的一种还款方式。

三、实训步骤

（1）新建一个 Excel 文档，编写表格，把所需数据填入其中，构建等额本息还款模型，如图 3.13 所示。为了方便显示，图 3.13 中隐藏从第 6 期至第 24 期还款明细情况。

	A	B	C	D	E	F
1	等额本息还款方式					
2						
3	总贷款额 / 元			350 000		
4	年利率			7%		
5	贷款年限 / 年			30		
6	等额本息还贷表					
7	还款期数	期初本金余额 / 元	每期还款额 / 元	归还利息 / 元	归还本金 / 元	期末剩余本金 / 元
8	1					
9	2					
10	3					
11	4					
12	5					
32	25					
33	26					
34	27					
35	28					
36	29					
37	30					

图 3.13

①第 1 期期初本金余额等于总贷款额，在单元格 B8 中输入公式“=D3”。

②利用 Excel 的 PMT 财务函数计算该笔贷款的每期还款额，在单元格 C8 中输入公式“=PMT（$D$4，$D$5，-$D$3，0，0）”，可得到第 1 期还款额，将上述公式复制到单元格区域 C9：C37，即可计算出剩余各期的还款额。

③计算每期的应付利息，第 n 期利息支付额=第 n 期期初未归还的贷款本金余额×贷款利率，在单元格 D8 中输入公式“=B8＊$D$4”，即为第 1 期的应付利息，将公式复制到单元格区域 D9：D37，可计算出剩余各期的应付利息。

④计算每期的本金偿还额，第 n 期本金偿还额 = 每期还款额-第 n 期利息支付额，在单元格 E8 中输入公式“=C8-D8”，可得到第 1 期的本金偿还额，将公式复制到单元格 E9：E37，可计算出剩余各期的本金偿还额。

⑤计算每期期末尚未归还的本金余额，第 n 期期末尚未偿还本金余额=第 n 期期初未归还的本金余额-第 n 期偿还的本金金额，在单元格 F8 中输入公式“=B8-E8”，可得到第 1 期期末剩余本金，将公式复制到单元格区域 F9：F37，可计算出剩余各期期末本金余额。

⑥计算第 2 期至第 30 期期初本金余额，也就是上一期每期期末尚未偿还的贷款本金余额，在单元格 B9 中输入公式“=F8”，即可得到第 2 期期初余额，将公式复制到单元格区域 B10：B37，可得到剩余各期的期初本金余额。

通过以上步骤，我们已经完成了等额本息还款模型的构建，模型的计算结果如图 3.14 所示。

	A	B	C	D	E	F
1–2	等额本息还款方式					
3	总贷款额/元			350 000		
4	年利率			7%		
5	贷款年限/年			30		
6	等额本息还贷表					
7	还款期数	期初本金余额/元	每期还款额/元	归还利息/元	归还本金/元	期末剩余本金/元
8	1	¥350 000.00	¥28 205.24	¥24 500.00	¥3 705.24	¥346 294.76
9	2	¥346 294.76	¥28 205.24	¥24 240.63	¥3 964.61	¥342 330.15
10	3	¥342 330.15	¥28 205.24	¥23 963.11	¥4 242.13	¥338 088.02
11	4	¥338 088.02	¥28 205.24	¥23 666.16	¥4 539.08	¥333 548.94
12	5	¥333 548.94	¥28 205.24	¥23 348.43	¥4 856.82	¥328 692.12
32	25	¥134 441.40	¥28 205.24	¥9 410.90	¥18 794.34	¥115 647.06
33	26	¥115 647.06	¥28 205.24	¥8 095.29	¥20 109.95	¥95 537.11
34	27	¥95 537.11	¥28 205.24	¥6 687.60	¥21 517.64	¥74 019.47
35	28	¥74 019.47	¥28 205.24	¥5 181.36	¥23 023.88	¥50 995.59
36	29	¥50 995.59	¥28 205.24	¥3 569.69	¥24 635.55	¥26 360.04
37	30	¥26 360.04	¥28 205.24	¥1 845.20	¥26 360.04	(¥0.00)

图 3.14

由图 3.14 可知，在第 30 期完成还款后，期末本金余额降为 0，表明该笔贷款已全部还清。

⑦根据所获得的数据，画出相应的图表。

a. 选定每期还款额、归还利息、归还本金数据所在的单元格区域，分别为 C7：C37，D7：D37，E7：E37。

b. 点击 Excel 窗口菜单的“插入”，选择“折线图”之“带数据标记的折线图”，点击“确定”之后，即可得到等额本息还款方式下的每期还款额、归还利息、归还本金的变化趋势图，完成图表后再对图表进行美化编辑，最终得到的图表如图 3.15 所示。

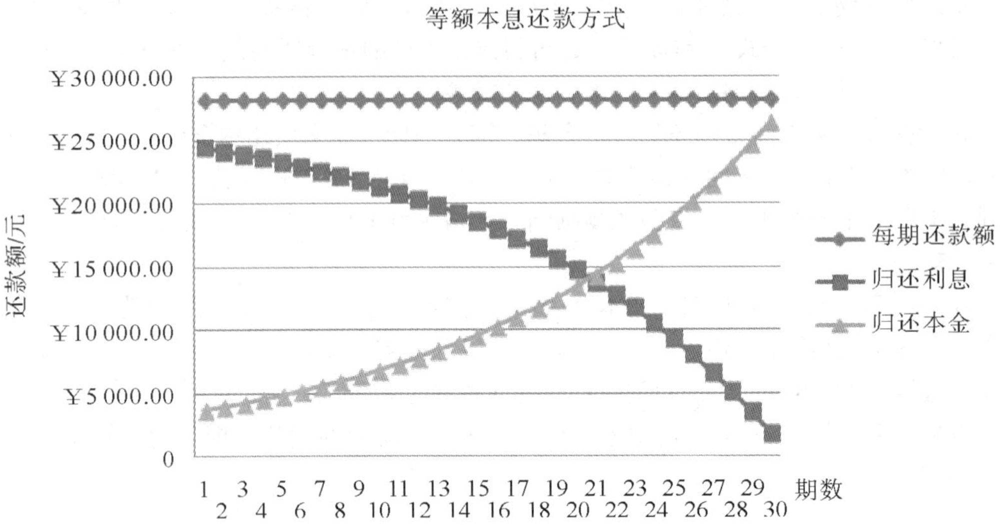

图 3.15

⑧对画出的图表进行解读。

由图 3.15 可知，在等额本息还款方式下，从第 1 期至第 30 期每期还款额是固定不变的，但每期还款额中归还本金比重逐期递增，归还利息比重逐期递减。

（2）新建一个 Excel 文档，编写表格，把所需数据填入其中，构建等额本金还款模型，如图 3.16 所示。为了方便显示，图 3.16 中隐藏从第 6 期至第 24 期的还款明细情况。

	A	B	C	D	E	F
1	等额本金还款方式					
2						
3	总贷款额 /元			350 000		
4	年利率			7%		
5	贷款年限 /年			30		
6	等额本金还贷表					
7	还款期数	期初本金余额 /元	每期还款额 /元	归还利息 /元	归还本金 /元	期末剩余本金 /元
8	1					
9	2					
10	3					
11	4					
12	5					
32	25					
33	26					
34	27					
35	28					
36	29					
37	30					

图 3.16

①第 1 期期初本金余额等于总贷款额，在单元格 B8 中输入公式“=D3”。

②计算每期偿还的贷款本金，在单元格 E8 中输入公式“=$D$3/$D$5”，将上述公式复制到单元格区域 E9：E37，即可计算出每年需偿还的本金。在等额本金还款方式下每年偿还本金都相等，因此在引用公式时需要采用绝对引用。

③计算每期的应付利息，第 n 期利息支付额=第 n 期期初未归还的贷款本金余额×贷款利率，在单元格 D8 中输入公式“=B8 * $D$4”，可得到第 1 期的应付利息，将公式复制到单元格区域 D9：D37，可得到剩余各期应支付的利息金额。

④计算每期还款金额，每期还款金额=归还利息+本金，在单元格 C8 中输入公式“=D8+E8”，可得到第 1 期还款金额，将公式复制到单元格区域 C9：C37，可计算出剩余各期还款金额。

⑤计算各期期末尚未偿还的本金余额，期末尚未偿还的本金余额=第 n 期期初未偿还的本金余额-第 n 期偿还的本金金额，在单元格 F8 中输入公式“=B8-E8”，可得到第 1 期期末尚未偿还的本金余额，将公式复制到单元格区域 F9：F37，可计算出剩余各期期末尚未偿还的本金余额。

⑥计算各期期初本金余额，第 2 期至第 30 期期初本金余额，等于上一期每期期末尚未偿还的贷款本金余额。在单元格 B9 中输入公式“=F8”，即可得到第 2 期期初本金余额，将公式复制到单元格区域 B10：B37，可得到剩余各期的期初本金余额。

通过以上步骤，我们已经完成了等额本金还款模型的构建，模型的计算结果如图 3.17 所示。

	A	B	C	D	E	F
1–2	等额本金还款方式					
3	总贷款额/元			350 000		
4	年利率			7%		
5	贷款年限/年			30		
6	等额本金还贷表					
7	还款期数	期初本金余额/元	每期还款额/元	归还利息/元	归还本金/元	期末剩余本金/元
8	1	¥350 000.00	¥36 166.67	¥24 500.00	¥11 666.67	¥338 333.33
9	2	¥338 333.33	¥35 350.00	¥23 683.33	¥11 666.67	¥326 666.67
10	3	¥326 666.67	¥34 533.33	¥22 866.67	¥11 666.67	¥315 000.00
11	4	¥315 000.00	¥33 716.67	¥22 050.00	¥11 666.67	¥303 333.33
12	5	¥303 333.33	¥32 900.00	¥21 233.33	¥11 666.67	¥291 666.67
32	25	¥70 000.00	¥16 566.67	¥4 900.00	¥11 666.67	¥58 333.33
33	26	¥58 333.33	¥15 750.00	¥4 083.33	¥11 666.67	¥46 666.67
34	27	¥46 666.67	¥14 933.33	¥3 266.67	¥11 666.67	¥35 000.00
35	28	¥35 000.00	¥14 116.67	¥2 450.00	¥11 666.67	¥23 333.33
36	29	¥23 333.33	¥13 300.00	¥1 633.33	¥11 666.67	¥11 666.67
37	30	¥11 666.67	¥12 483.33	¥816.67	¥11 666.67	(¥0.00)

图 3.17

由图 3.17 可知，在第 30 期完成还款后，期末本金余额降为 0，表明该笔贷款已全部还清。

⑦根据所获得的数据，画出相应的图表。

a. 选定每期还款额、归还利息、归还本金数据所在的单元格区域，分别为 C7：C37，D7：D37，E7：E37。

b. 点击 Excel 窗口菜单的“插入”，选择“折线图”之“带数据标记的折线图”，点击“确定”之后，即可得到等额本金还款方式下每期还款额、归还利息、归还本金的变化趋势图，完成图表后再对图表进行美化编辑，最终得到的图表如图 3.18 所示。

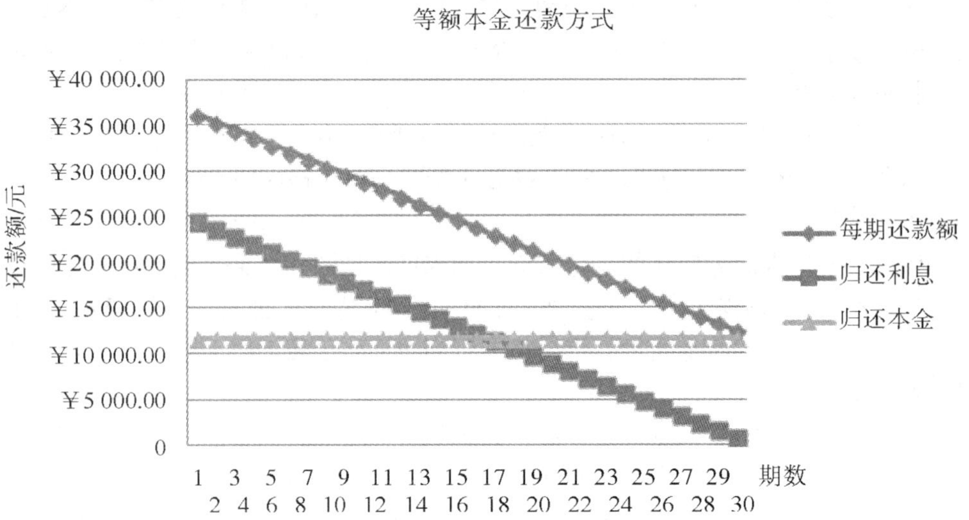

图 3.18

⑧对画出的图表进行解读。

由图 3.18 可知，在等额本金还款方式下，从第 1 期至第 30 期每期归还本金是固定不变的，归还利息逐期递减，每期还款额递减。

（3）比较等额本息、等额本金还款方式的区别。

①计算在等额本息还款方式下的利息支付总额，在单元格 D39 中输入公式"=SUM（D8：D37）"。

②计算在等额本息还款方式下的总还款额，在单元格 D40 中输入公式"=SUM（C8：C37）"，计算结果如图 3.19 所示。

	A	B	C	D	E	F
1	等额本息还款方式					
2						
3	总贷款额/元			350 000		
4	年利率			7%		
5	贷款年限/年			30		
6	等额本息还贷表					
7	还款期数	期初本金余额/元	每期还款额/元	归还利息/元	归还本金/元	期末剩余本金/元
8	1	¥350 000.00	¥28 205.24	¥24 500.00	¥3 705.24	¥346 294.76
9	2	¥346 294.76	¥28 205.24	¥24 240.63	¥3 964.61	¥342 330.15
10	3	¥342 330.15	¥28 205.24	¥23 963.11	¥4 242.13	¥338 088.02
11	4	¥338 088.02	¥28 205.24	¥23 666.16	¥4 539.08	¥333 548.94
12	5	¥333 548.94	¥28 205.24	¥23 348.43	¥4 856.82	¥328 692.12
32	25	¥134 441.40	¥28 205.24	¥9 410.90	¥18 794.34	¥115 647.06
33	26	¥115 647.06	¥28 205.24	¥8 095.29	¥20 109.95	¥95 537.11
34	27	¥95 537.11	¥28 205.24	¥6 687.60	¥21 517.64	¥74 019.47
35	28	¥74 019.47	¥28 205.24	¥5 181.36	¥23 023.88	¥50 995.59
36	29	¥50 995.59	¥28 205.24	¥3 569.69	¥24 635.55	¥26 360.04
37	30	¥26 360.04	¥28 205.24	¥1 845.20	¥26 360.04	(¥0.00)
38						
39	利息支付总额			¥496 157.24		
40	总还款额			¥846 157.24		

图 3.19

③计算在等额本金还款方式下的利息支付总额，在单元格 D39 中输入公式“=SUM（D8：D37）”。

④计算在等额本金还款方式下的总还款额，在单元格 D40 中输入公式“=SUM（C8：C37）”，计算结果如图 3.20 所示。

	A	B	C	D	E	F
1	等额本金还款方式					
2						
3	总贷款额/元			350 000		
4	年利率			7%		
5	贷款年限/年			30		
6	等额本金还贷表					
7	还款期数	期初本金余额/元	每期还款额/元	归还利息/元	归还本金/元	期末剩余本金/元
8	1	¥350 000.00	¥36 166.67	¥24 500.00	¥11 666.67	¥338 333.33
9	2	¥338 333.33	¥35 350.00	¥23 683.33	¥11 666.67	¥326 666.67
10	3	¥326 666.67	¥34 533.33	¥22 866.67	¥11 666.67	¥315 000.00
11	4	¥315 000.00	¥33 716.67	¥22 050.00	¥11 666.67	¥303 333.33
12	5	¥303 333.33	¥32 900.00	¥21 233.33	¥11 666.67	¥291 666.67
32	25	¥70 000.00	¥16 566.67	¥4 900.00	¥11 666.67	¥58 333.33
33	26	¥58 333.33	¥15 750.00	¥4 083.33	¥11 666.67	¥46 666.67
34	27	¥46 666.67	¥14 933.33	¥3 266.67	¥11 666.67	¥35 000.00
35	28	¥35 000.00	¥14 116.67	¥2 450.00	¥11 666.67	¥23 333.33
36	29	¥23 333.33	¥13 300.00	¥1 633.33	¥11 666.67	¥11 666.67
37	30	¥11 666.67	¥12 483.33	¥816.67	¥11 666.67	(¥0.00)
38						
39	利息支付总额			¥379 750.00		
40	总还款额			¥729 750.00		

图 3.20

比较两种还款方式，可以发现在总贷款额、贷款利率、贷款年限相同的条件下，等额本息还款方式所支付的总利息比等额本金还款方式多，因此导致第一种还款方式下总还款额也高于第二种还款方式。而且贷款期限越长，利息相差越大。

如果仅考虑到利息成本支出，王先生会选择等额本金还款方式。

但结合贷款人自身的实际收支情况考虑，对比图 3.15 和图 3.18，可得出以下结论：

（1）等额本金还款方式在贷款初期还款压力最大，以后逐渐下降，适用于现在收入处于高峰期的人士，特别是预期以后收入会减少或是家庭经济负担会加重的人群，一般为中老年人。

（2）等额本息还款方式适用于现期收入少，但预期收入将稳定增加的借款人，一般为青年人，以避免初期过大的还款压力。

本案例中，王先生目前 28 岁，收入中等，但随着工作年限增加，预期收入会逐渐增多，因此，王先生更适合采用等额本息方式归还房贷。

实训技能 2　租房与买房的比较

一、实训内容

假设王先生有意向购买的房屋也可租赁。如果租赁的话，月租金为 2 500 元，月租金每年增加 300 元，以存款利率 3%为折现率，第五年年底可将押金 2 500 元收回。如果买房的话，维护成本第一年为 1 500 元，以后每年提高 1 500 元，估计居住 5 年后，仍能够按照原价出售。

二、实训方法

（1）采用净现值法（NPV）来判断，首先测算租房与买房每年的成本支出，将租房及购房的现金流量还原成现值，最后比较租房和购房的净现值。

（2）在 Excel 中构建解决方案，利用 Excel 内置的财务函数来计算租房与买房的净现值。

三、实训步骤

（1）新建一个 Excel 文档，编写表格，把所需数据填入其中，构建租房与买房的评价模型，如图 3.21 所示。

	A	B	C	D
1	租房与买房的评价模型			
2	租房		买房	
3	存款利率	3%	贷款利率	7%
4	年数/年	5	年数/年	5
5	每月租金/元	¥-2 500.00	首付金额/元	¥-400 000.00
6	月租金年增加额/元	¥-300.00	贷款金额/元	¥350 000.00
7	押金 /元	¥-2 500.00	维护成本/元	¥-1 500.00
8			每年贷款额/元	
9			5年后房贷余额/元	
10				
11	租房现金流		买房现金流	
12	期初现金流 /元			
13	第一年现金流/元			
14	第二年现金流/元			
15	第三年现金流/元			
16	第四年现金流/元			
17	第五年现金流/元			
18				
19	租金净现值/元			
20	最佳方案			

图 3.21

（2）计算租房净现值，假定租金每年支付一次，期初支付。

①计算租房期初的现金流，租房期初现金流=押金+第一年租金，在单元格 B12 中

输入公式“=B7+B5 * 12”。

②计算第一年现金流，在单元格 B13 中输入公式“=($B$5+ $B$6) * 12”。

③计算第二年现金流，在单元格 B14 中输入公式“=($B$5+2 * $B$6) * 12”。

④计算第三年现金流，在单元格 B15 中输入公式“=($B$5+3 * $B$6) * 12”。

⑤计算第四年现金流，在单元格 B16 中输入公式“=($B$5+4 * $B$6) * 12”。

⑥计算第五年现金流，在单元格 B17 中输入公式“=-B7”，在第五年年末可收回期初支付的押金。

⑦ 利用 Excel 的 NPV 财务函数计算租房的净现值，在单元格 B19 中输入公式“=NPV（B3，B13：B17）+B12”。

（3）计算买房净现值，假定首付款期初支付，购房的房贷本利为每年还一次，期末支付，维修成本也在期末支付。

①利用 Excel 的 PMT 财务函数计算每年的贷款金额，在单元格 D8 中输入公式“=PMT（D3，30，D6）”。

②利用 Excel 的 PV 财务函数计算五年后剩余的房贷金额，在单元格 D9 中输入公式“=PV（D3，25，D8）”。

③计算期初现金流，即为购房的首付款，在单元格 D12 中输入公式“=D5”。

④计算第一年现金流，在年末需要支付第一年的贷款及第一年的维修成本，在单元格 D13 中输入公式“= $D$7+ $D$8”。

⑤计算第二年现金流，在年末需要支付第二年的“贷款及第二年”的维修成本，在单元格 D14 中输入公式“= $D$7+2 * $D$8”。

⑥计算第三年现金流，在年末需要支付第三年的贷款与第三年的维修成本，在单元格 D15 中输入公式“= $D$7+3 * $D$8”。

⑦计算第四年现金流，在年末需要支付第四年的贷款与第四年的维修成本之和，在单元格 D16 中输入公式“= $D$7+4 * $D$8”。

⑧计算第五年现金流，年末需要支付第五年贷款与第五年维护成本之和，在出售房屋获得房款的同时，需要偿还剩余的房贷，在单元格 D17 中输入公式“= $D$7+5 * $D$8+750 000-D9”。

⑨利用 Excel 的 NPV 财务函数计算买房的净现值，在单元格 D19 中输入公式“=NPV（D3，D13：D17）+D12”。

（4）比较租房与买房的净现值，在合并单元格 B20 中输入公式“=IF（B19>D19," 租房"," 购房" ）”，运行结果如图 3. 22 所示。

	A	B	C	D
1	**租房与买房的评价模型**			
2	租房		买房	
3	存款利率	3%	贷款利率	7%
4	年数/年	5	年数/年	5
5	每月租金/元	¥-2 500.00	首付金额/元	¥-400 000.00
6	月租金年增加额/元	¥-300.00	贷款金额/元	¥350 000.00
7	押金/元	¥-2 500.00	维护成本/元	¥-1 500.00
8			每年贷款额/元	¥-28 205.24
9			5年后房贷余额/元	¥328 692.12
10				
11	租房现金流		买房现金流	
12	期初现金流/元	¥-32 500.00	期初现金流/元	¥-400 000.00
13	第一年现金流/元	¥-33 600.00	第一年现金流/元	¥-29 705.24
14	第二年现金流/元	¥-37 200.00	第二年现金流/元	¥-31 205.24
15	第三年现金流/元	¥-40 800.00	第三年现金流/元	¥-32 705.24
16	第四年现金流/元	¥-44 400.00	第四年现金流/元	¥-34 205.24
17	第五年现金流/元	¥2 500.00	第五年现金流/元	¥385 602.63
18				
19	租金净现值/元	¥-174 816.01	买房净现值/元	¥-232 880.66
20	最佳方案	租房		

图 3.22

以上计算结果表明，租房的净现值更高，对于王先生来说，租房为最优方案。

四、注意事项

一个好的理财规划模型的构建需要事先对理论模型很熟悉，并且掌握具体问题中相关变量之间的关系，然后再在 Excel 里面创建资金时间价值模型。总之，理财规划模型的创建是一个综合性很强，理论与实践联系紧密的工作，书本上所学的知识与 Excel 软件的操作技巧缺一不可。

案例分析题

（1）A 现在有 20 万元资金，如果投资债券型基金，能够每年赚 3.5%，请问 5 年后，这笔资金会增值为多少钱？如果现在不投资，但每年年底投入 5 万元储蓄，假设每年利率为 3.5%，5 年后会有多少钱？如果整笔投资与每年年底投资同时进行，可累积多少投资收益？

（2）A 希望在 5 年后，能累积 25 万元资金买车，如果他能每年维持 5%的报酬率。A 现在应单笔存多少钱？或者每年年底或每月底存多少钱？

（3）A 贷款 35 万元，假设贷款利率为 5.88%，20 年还清，本利平均摊还，A 应还月供额多少？第 100 期本金与利息各多少？如果采用本金平均摊还，第 100 期本金与利息各多少？

（4）A 现有资产 20 万元，年投资额为 1 万元，报酬率为 4.6%，A 几年后可以累计 100 万元资产退休?

（5）A 计划 10 年后累积资金 100 万元，现有资产 20 万元，年投资额 5 万元，求 A 达成理财目标应有的报酬率是多少?

（6）投资房地产每年可收租金 2 万元，5 年后出售可回收 50 万元，在 3.5%的折现率下的合理房价是多少?

（7）A 目前有 15 万元资金，每年可储蓄 2 万元，打算 5 年后购房，投资报酬率 5%，贷款 25 年，利率 4%，试分析其购房能力，假设房价水平和收入不变。

（8）假设 A 在 5 年后购房目标终值为 55 万元，20 年后子女教育金目标终值为 20 万元，30 年后退休金目标终值为 100 万元，投资报酬率 6.5%，房贷利率 5.88%，贷款 20 年，贷款六成，则 A 在往后的人生阶段，各需要多少净现金流量投入额，才能完成所有目标?

（9）A 计划 5 年后购房，所需资金为 40 万元，20 后年子女教育所需资金为 25 万元，30 年后退休所需资金为 100 万元，假定报酬率为 6%，房贷利率为 5%，贷款 20 年，A 现有净资产 6 万元，年储蓄 3.4 万元，A 能否达成所有目标?

模块四　Excel 在金融投资分析中的应用

【模块概述】

金融投资分析是一项与数据打交道的工作。不管是股票和债券，还是证券投资基金和理财产品，这些金融产品或投资工具，都涉及各类资金流的运行，其价值（价格）的决定及其变化规律，无不体现在若干指标与数据上。通过构建金融资产价值模型，对金融数据进行定量分析，我们可以更准确地认识金融资产的价值规律，提高金融投资分析的有效性。

通过 Excel 内置的函数与工具，我们可以方便快捷地构建各类金融投资模型，或做描述性展示，或做价值评估，或做预测性分析。

【模块教学目标】

（1）了解股票定价模型的基本内容；
（2）了解债券价值决定模型的基本内容；
（3）掌握股票和债券价值决定模型的 Excel 建模；
（4）掌握证券投资组合的基本应用；
（5）掌握股票行情数据的 Excel 统计分析。

【知识目标】

（1）股票定价模型；
（2）债券价值决定模型；
（3）股票贝塔系数；
（4）债券久期与凸性；
（5）最优证券投资组合。

【技能目标】

（1）掌握股票与债券价值决定模型的 Excel 建模；
（2）掌握股票贝塔系数的计算与应用；

（3）掌握债券久期与凸性的计算与应用；
（4）掌握最优证券投资组合的创建方法。

【素质目标】

（1）培养学生理解金融投资问题的能力；
（2）培养学生利用 Excel 来解决金融投资问题的能力。

任务 1　股票价值分析

【案例导入】

2014 年 11 月底，王先生看到沪深股市涨势喜人，于是决定入市炒股。开立账户之后，王先生面对数千只股票，一时间不知道该如何下手。到底该买哪些股票呢？如果未来股市继续上涨，那么哪些股票现在是被低估的，将来会涨得更多一点呢？这些问题困扰着王先生，但同时也是每个证券投资者共同面临的问题。

思考：
（1）金融产品的价值到底是如何决定的呢？
（2）如何根据现有的数据资料来挑选股票呢？

【任务目标】

通过实训，学生应掌握股票定价模型的含义，学会计算股票贝塔系数，并运用贝塔系数来做简单的选股决策。

【理论知识】

一、股票定价模型概述

股票定价理论是资本市场理论的核心内容。目前股票定价理论中各种不同的理论及其股票定价过程，从定价机制角度来划分，大致可分为内在因素价格机制和均衡价格机制两种。传统股票定价理论是通过寻找影响股票内在价值的因素，借助贴现和类比等方法对股票价格进行估价。因素模型、套利定价模型（APT）则是从影响证券的各种因素中找原因，建立模型，再通过模型预测证券价格或收益，然后进行比较分析，进而决定投资行为。资本资产定价模型（CAPM）等则是根据现代证券组合理论，或运用证券组合手段，比较证券价格，一旦发现收益和风险不对称的价格，就进行相应的买卖，直到各种证券的价格达到均衡状态为止。

从理论上讲，传统现金流贴现模型估算股票内在价值是相当准确的，但问题是，要准确预测公司未来的每股股利、自由现金流及贴现率几乎是不太可能的。相对估价法（比如市盈率法）只考虑静态时点上的情况，很少顾及股票的价值变动，缺乏现金流概念，对亏损公司和 IT 等行业很难运用。总的来看，传统股票定价理论只重视股票的内在价值对股价的决定作用，而忽视了其他因素对股价的影响，尤其是没有充分考虑风险因素，因此具有一定的片面性。

现代证券组合理论（MPT）本身隐含的某些假设前提与现实存在着一定的偏差，而且证券预期收益、方差或标准差，以及各种证券间的协方差等计算相当复杂和烦琐，不仅使一般投资者难以完成，就连专门投资机构也望而却步。因此，严格来说，马科维茨的 MPT 只是一个关于投资者最优资产选择行为的纯理论模型，不能直接用于指导投资及股票定价。而目前已被投资者广泛运用的 CAPM 的假定性则更强，如它假设所有投资者都符合理性经济人假定；市场是完备的、有效的；所有投资者对证券收益率具有同质期望等。显然，这与现实存在较大的偏差。因素模型和 APT 虽然简化了 MPT，并进一步将其推向实用阶段，但该模型的假设同样仍显严格，因而影响其实际效果。另外，选择哪些经济变量作为模型中的因素目前尚未定论。

总的来说，各种股票定价理论都存在一定的缺陷和不足，然而，现金流贴现模型、因素模型及 APT 仍然是目前国际上，尤其是在市场化程度较高的国家，对股票进行定价的主要理论。

二、股票贝塔系数

贝塔系数（β）是起源于资本资产定价模型（CAPM）的一个统计指标，反映的是某一证券或证券组合相对于大盘指数的表现情况。

根据投资理论，全体市场本身的 β 系数为 1，个股 β 值越高，意味着股票相对于基准指数（通常是大盘指数）的波动性越大。β 值大于 1，则股票的波动性大于基准指数的波动性；反之亦然。

如果 β 为 1，则大盘指数上涨 10%，股价上涨 10%；大盘指数下滑 10%，股价相应下滑 10%。如果 β 为 1.1，大盘指数上涨 10%时，股价上涨 11%；大盘指数下滑 10%时，股价下滑 11%。如果 β 为 0.9，大盘指数上涨 10%时，股价上涨 9%；大盘指数下滑 10%时，股价下滑 9%。

在现实中，一般用单个股票资产的历史收益率对同期大盘指数收益率进行回归，回归系数就是贝塔系数。为了运算简单，回归模型可设定如下：

$$R_i = \alpha + \beta R_m + u$$

式中：R_i 为单个证券或证券组合的收益率；

R_m 为大盘指数的收益率；

α 为常数项；

β 为贝塔系数；

u 为随机干扰项。

我们可以采用普通最小二乘法对上面的模型进行回归，即可得到贝塔系数的估计值，然后根据所得到的贝塔系数来做相应的分析，得出一定结论，为证券投资决策提供参考。

实训技能 1 股票贝塔系数的计算

一、实训内容

选取任意一只股票作为研究对象，然后选择任意一段时间作为样本数据采集期，计算该股票在该期间的贝塔系数。

本次实训选取的股票为华泰证券（601688），选择的样本数据采集期为 2014 年 1 月 1 日至 2014 年 11 月 30 日。（股市休市日没有行情数据，自然剔除）

二、实训方法

在 Excel 中收集股票数据，并利用回归分析方法来求解股票贝塔系数。

三、实训步骤

（一）创建贝塔系数的计量模型

$$R = \alpha + \beta R_m + u$$

式中：R 为华泰证券的收益率，我们称之为因变量；

R_m 为大盘指数的收益率，我们称之为自变量（或解释变量）；

β 为华泰证券的贝塔系数；

α 为常数项，u 为随机干扰项。

在这里，我们所指的价格是收盘价，然后用收盘价变化率来表示收益率，也就是不考虑个股分红派息的情况，只考虑价格变化所带来的资本利得。另外，我们选择上证指数作为反映整个市场走势的大盘指数。

（二）收集样本数据

（1）自助手工操作的方法：对于华泰证券和上证指数的每日收盘价，我们可以从股票行情软件里查找出来，也可以从一些财经网站上获取，然后把这些价格一一复制并存放在 Excel 文档里。很显然，这种手工操作是一件相当烦琐的工作，如果时间跨度大，股票数量多，耗费的时间是很多的。因此，如果想要提升工作效率，我们必须求助于专门的辅助工具，如下一种方法所示。

（2）Excel VBA 程序自动下载的方法：我们可以利用新浪财经、雅虎财经等网站提供的股票行情查询接口，然后在 Excel 中编写相应的 VBA 程序，帮助我们快速下载并保存任意一只股票的历史行情数据。这种方法既节省了操作时间，又提高了准确度，因此是我们收集股票历史数据的最佳选择。

（三）处理样本数据

1. 清洗数据

我们使用股票行情数据下载工具获取了华泰证券和上证指数在 2014 年 1 月 1 日至 2014 年 11 月 30 日之间的收盘价之后，把数据存放在一个新建的 Excel 文档里，如图 4.1 所示。

	A	B	C	D	E	F	G	H
1	日期	上证指数	日期	华泰证券				
2	2014/1/2	2 109.387	2014/1/2	8.85				
3	2014/1/3	2 083.136	2014/1/3	8.6				
4	2014/1/6	2 045.709	2014/1/6	8.75				
5	2014/1/7	2 047.317	2014/1/7	8.64				
6	2014/1/8	2 044.34	2014/1/8	8.67				
7	2014/1/9	2 027.622	2014/1/9	8.54				
8	2014/1/10	2 013.298	2014/1/10	8.49				
9	2014/1/13	2 009.564	2014/1/13	8.5				
209	2014/11/10	2 473.673	2014/11/10	12.34				
210	2014/11/11	2 469.673	2014/11/11	12.25				
211	2014/11/12	2 494.476	2014/11/12	12.93				
212	2014/11/13	2 485.606	2014/11/13	12.87				
213	2014/11/14	2 478.824	2014/11/14	12.66				
214	2014/11/17	2 474.009	2014/11/26	13.93				
215	2014/11/18	2 456.366	2014/11/27	15.32				
216	2014/11/19	2 450.986	2014/11/28	16.85				
217	2014/11/20	2 452.66						
218	2014/11/21	2 486.791						
219	2014/11/24	2 532.879						
220	2014/11/25	2 567.597						
221	2014/11/26	2 604.345						
222	2014/11/27	2 630.486						
223	2014/11/28	2 682.835						
224								

图 4.1

注：在图 4.1 所示的表格中，为了把结果显示在一个页面上，已经把第 10~208 行隐藏。

从图 4.1 中我们可以看到，截至 2014 年 11 月 24 日，华泰证券与上证指数的日期都是一一对应，保持一致的，但随后从 2014 年 11 月 17 日至 2014 年 11 月 25 日，华泰证券停盘，没有交易数据。为了让因变量与自变量的样本采集期保持一致，要对上面的数据进行清洗，清洗的意思是把无效数据剔除，剩下有用的数据。因此，我们把上证指数在华泰证券停盘期（2014 年 11 月 17 日至 2014 年 11 月 25 日）的所有数据剔除，得到的结果如图 4.2 所示。

	A	B	C	D	E	F	G
1	日期	上证指数	日期	华泰证券			
2	2014/1/2	2 109.387	2014/1/2	8.85			
3	2014/1/3	2 083.136	2014/1/3	8.6			
4	2014/1/6	2 045.709	2014/1/6	8.75			
5	2014/1/7	2 047.317	2014/1/7	8.64			
6	2014/1/8	2 044.34	2014/1/8	8.67			
7	2014/1/9	2 027.622	2014/1/9	8.54			
8	2014/1/10	2 013.298	2014/1/10	8.49			
9	2014/1/13	2 009.564	2014/1/13	8.5			
209	2014/11/10	2 473.673	2014/11/10	12.34			
210	2014/11/11	2 469.673	2014/11/11	12.25			
211	2014/11/12	2 494.476	2014/11/12	12.93			
212	2014/11/13	2 485.606	2014/11/13	12.87			
213	2014/11/14	2 478.824	2014/11/14	12.66			
214	2014/11/26	2 604.345	2014/11/26	13.93			
215	2014/11/27	2 630.486	2014/11/27	15.32			
216	2014/11/28	2 682.835	2014/11/28	16.85			
217							

图 4.2

从图 4.2 中我们可以看到，现在上证指数与华泰证券的采集日期已经完全保持一致了，完成了数据清洗工作。

2. 加工数据

由于模型的因变量和自变量都是价格变化率，因此上面的数据不可以直接使用，还需要我们把上证指数和华泰证券在样本采集期的价格变化率计算出来。

现在我们分别在上证指数和华泰证券两列的后面插入一列，作为计算和存放价格变化率之用。然后，我们在新增的两列中输入计算价格变化率的公式，即可得到所需要的结果，如图 4.3 所示。这里需要说明的是，由于第一期没有上一期数据，因此，价格变化率是从第二期才开始有的。

	A	B	C	D	E	F	G	H
1	日期	上证指数	价格变化率	日期	华泰证券	价格变化率		
2	2014/1/2	2 109.387		2014/1/2	8.85			
3	2014/1/3	2 083.136	=(B3-B2)/B2	2014/1/3	8.6	-2.82%		
4	2014/1/6	2 045.709	-1.80%	2014/1/6	8.75	1.74%		
5	2014/1/7	2 047.317	0.08%	2014/1/7	8.64	-1.26%		
6	2014/1/8	2 044.34	-0.15%	2014/1/8	8.67	0.35%		
7	2014/1/9	2 027.622	-0.82%	2014/1/9	8.54	-1.50%		
8	2014/1/10	2 013.298	-0.71%	2014/1/10	8.49	-0.59%		
9	2014/1/13	2 009.564	-0.19%	2014/1/13	8.5	0.12%		
209	2014/11/10	2 473.673	2.30%	2014/11/10	12.34	8.34%		
210	2014/11/11	2 469.673	-0.16%	2014/11/11	12.25	-0.73%		
211	2014/11/12	2 494.476	1.00%	2014/11/12	12.93	5.55%		
212	2014/11/13	2 485.606	-0.36%	2014/11/13	12.87	-0.46%		
213	2014/11/14	2 478.824	-0.27%	2014/11/14	12.66	-1.63%		
214	2014/11/26	2 604.345	5.06%	2014/11/26	13.93	10.03%		
215	2014/11/27	2 630.486	1.00%	2014/11/27	15.32	9.98%		
216	2014/11/28	2 682.835	1.99%	2014/11/28	16.85	9.99%		
217								

图 4.3

在实际操作中，我们通常是在图 4.3 中用红圈圈起来的 C3 单元格里输入价格变化率的计算公式，然后通过下拉该单元格来自动填充后面的单元格，Excel 会自动更改公式，使之正好符合我们的意愿。

具体操作如下：先用鼠标单击 C3 单元格，即可选中它，然后把鼠标移到该单元格的右下角，鼠标的形状由较粗的空心十字变成较细的实心黑色十字，就在此时，按住鼠标左键并往下拉动鼠标，则后面的单元格将随着鼠标的拉动，一一自动填充好内容。填充完毕之后，我们双击后面的任意一个单元格，进去查看其内容，发现其自动更改的公式正好都是对应的价格变化率计算公式。比如：C4 单元格的公式是“=(B4-B3) /B3”，C5 单元格的公式是“=(B5-B4) /B4”。

细心的读者通过自己动手实践之后，不难发现 Excel 自动填充公式的规律，往下拉的时候，列标不会变，但行号会依次自动加 1，也就是公式里的 B3 和 B2 会变成 B4 和 B3，以此类推。往右拉的话，行号不会变，但列标会自动加 1，比如 B3 变成 C3，C3 变成 D3，以此类推。

上证指数的价格变化率（C 列）通过输入公式并采用自动填充技巧快速计算出来之后，对于华泰证券的价格变化率（F 列）的计算，我们可以采用前面同样的方法，但读者不妨也可以试试下面的方法：

选中 C3 到 C216 的区域，点击右键选择复制，然后粘贴到 F3 单元格，读者将发现，从 F3 到 F216 的所有单元格都自动填充了公式，其计算结果也是正确的。从 C 列复制单元格粘贴到 F 列，其间跨越了 3 列，而每一行都是一一对应的，如果没有跨越，那么公式里面的行号列标在自动填充的时候，将会记住这一特征，对公式中涉及的行号列标做相应的更改。由于 E、F 两列与 B、C 两列的逻辑结构是一致的，因而自动填充的结果正好符合我们的意愿。

Excel 自动填充的功能，如果熟练掌握的话，可以极大地提升我们的工作效率。掌握这一技能不是很难，只要读者肯亲自动手实践，仔细思考，并加以总结，慢慢就熟能生巧了。

（四）运用回归分析来计算贝塔系数的估计值

至此为止，我们已经得到了计算贝塔系数估计值的最终数据（直接可用的数据）。因变量的数据区域为 F3：F216，自变量的数据区域为 C3：C216。下面我们将利用 Excel 提供的数据分析工具（如图 4.4 所示）来计算华泰证券的贝塔系数估计值。

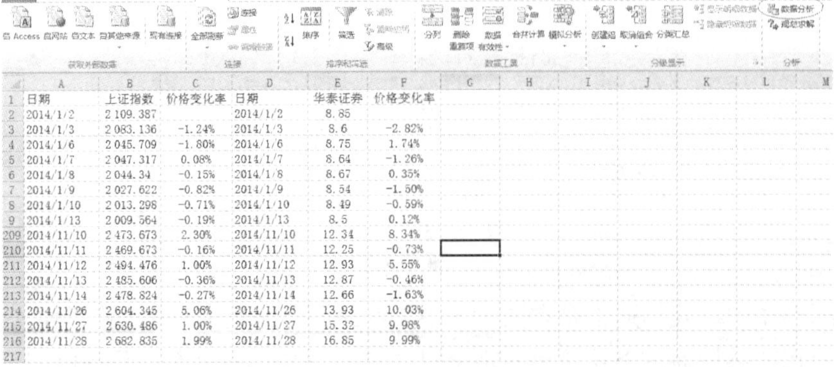

	A	B	C	D	E	F
1	日期	上证指数	价格变化率	日期	华泰证券	价格变化率
2	2014/1/2	2 109.387		2014/1/2	8.85	
3	2014/1/3	2 083.136	-1.24%	2014/1/3	8.6	-2.82%
4	2014/1/6	2 045.709	-1.80%	2014/1/6	8.75	1.74%
5	2014/1/7	2 047.317	0.08%	2014/1/7	8.64	-1.26%
6	2014/1/8	2 044.34	-0.15%	2014/1/8	8.67	0.35%
7	2014/1/9	2 027.622	-0.82%	2014/1/9	8.54	-1.50%
8	2014/1/10	2 013.298	-0.71%	2014/1/10	8.49	-0.59%
9	2014/1/13	2 009.564	-0.19%	2014/1/13	8.5	0.12%
209	2014/11/10	2 473.673	2.30%	2014/11/10	12.34	8.34%
210	2014/11/11	2 469.673	-0.16%	2014/11/11	12.25	-0.73%
211	2014/11/12	2 494.476	1.00%	2014/11/12	12.93	5.55%
212	2014/11/13	2 485.606	-0.36%	2014/11/13	12.87	-0.46%
213	2014/11/14	2 478.824	-0.27%	2014/11/14	12.66	-1.63%
214	2014/11/26	2 604.345	5.06%	2014/11/26	13.93	10.03%
215	2014/11/27	2 630.486	1.00%	2014/11/27	15.32	9.98%
216	2014/11/28	2 682.835	1.99%	2014/11/28	16.85	9.99%
217						

图 4.4

点击数据分析之后，将会弹出一个窗口，选择“回归”项，点击确定，如图 4.5 所示。

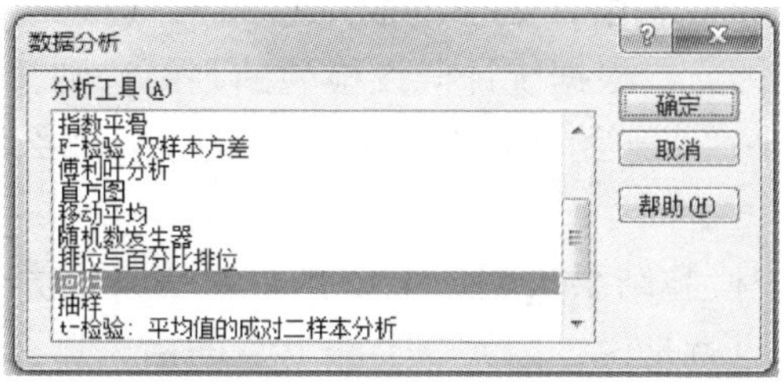

图 4.5

点击“确定”之后，将会弹出回归分析的设置窗口，如图 4.6 所示。接下来，我们要在该窗口下设置回归分析所需的数据、参数及其他选项。

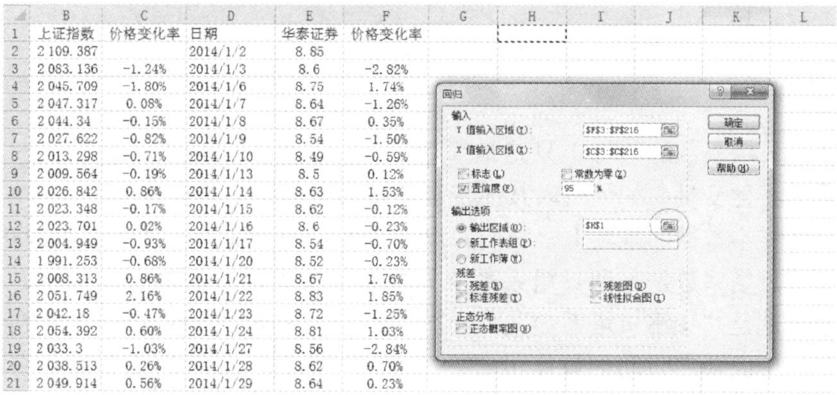

图 4.6

首先，在“Y 值输入区域”设置因变量（华泰证券价格变化率）的样本数据所在区域 \$F\$3：\$F\$216。其次，在“X 值输入区域”设置自变量（上证指数价格变化率）的样本数据所在区域 \$C\$3：\$C\$216。选择“置信度”，设置为想要的大小，比如 95%。最后，选择“输出选项”为“输出区域”，点击圆圈标出的“参数设置按钮”，然后选中想要的单元格（比如 \$H\$1）作为输出区域的起始单元格。当然，也可以手动在文本框里录入 \$H\$1，效果是一样的。

设置完毕之后，点击“确定”，即可得到回归结果，如图 4.7 所示。

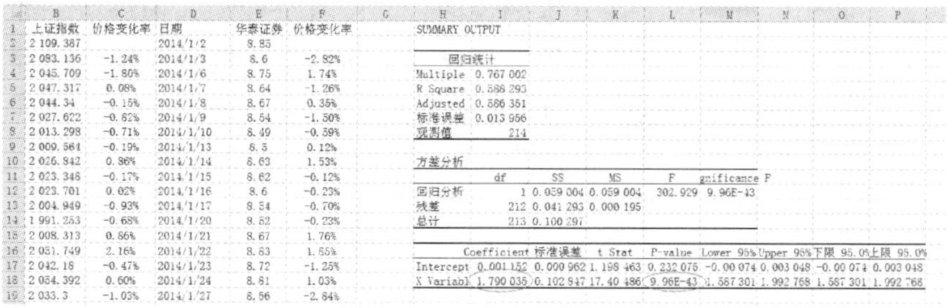

图 4.7

在图 4.7 所示的回归结果中，第一个用圆圈标出来的值是 *X* 变量的系数估计值，也就是本题所求的贝塔系数的估计值，其值为 1.790 035。第二个用圆圈标出来的指标是 P 值，其值为 9.96E-43（科学计数法的表示形式），远远小于通常所用的显著性水平（1%、5%或 10%）。因此，根据统计假设检验的判断法则，在回归模型中，一旦某个自变量对应的 P 值很小，小于给定的显著性水平的话，那么即可认为该自变量对因变量的影响是显著的。

对于本题而言，这一检验结果表明，上证指数对华泰证券价格的影响在统计上是显著的，是 1.790 035。也就是说，当大盘上涨 10%的话，那么华泰证券估计会上涨大约 17.003 5%。当然，这种影响并不是绝对的，只是根据所选样本数据来估计的话，大概是这么多而已。如果相对较近的未来，市场发展态势没有较大的变化，那么大盘波动对华泰证券这只个股的影响是比较接近贝塔系数的；如果市场形势变化较大，那么这种影响也会随之发生较大的变化，估计出来的贝塔系数对未来发展态势进行预测的有效性就大打折扣了。

四、注意事项

本训练中贝塔系数的估算，只是最简单的一元线性回归模型，并没有考虑影响个股价格变化的其他变量，如果引入其他变量，将会增强模型的有效性。

另外，在样本数据的采集上，我们并没有对大盘的上涨阶段和下跌阶段进行区分，因此所得到的贝塔系数是普通贝塔系数。如果只考虑上涨阶段的样本数据，则估算出来的贝塔系数就是“上涨贝塔系数”；反之，就是“下跌贝塔系数”。大盘在上涨或下跌的过程中，个股随之而动的规律可能是不同的，因此，如果想要获取具有较强针对性的结果的话，对上涨和下跌分开来考虑，以考察其不同的规律，是很有必要的。

最后，关于规律的延续性。在选择样本采集期的时候，时间跨度到底多大比较合适呢？样本数据的采集期太长的话，在这么长的期间内，个股价格的变化规律或许已经发生了翻天覆地的变化，比如主力已经更换了，其操作手法自然就不同；还有，个股的公司背景、经营环境、管理水平等也都会在长期内发生各种变化。所以，太长的采集期虽然增加了样本数量，但是规律的延续性特征也会遭到较大的破坏，会导致估算出来的结果对未来的预测能力受到稀释。但是，采集期很短的话，样本数量的不足就导致了结果的随意性增加，结论自然不具备说服力。

由此可见，贝塔系数的估算及其应用，是较为复杂的问题。另外，本题中涉及的回归分析技术，我们也只是做了最基本的说明，并没有全面深入地分析。如果读者想进一步研究贝塔系数和回归分析技术的话，建议去学习中高级计量经济学和量化投资策略与技术，并且要熟练掌握至少一门编程语言和一种统计分析软件。

在接下来的训练中，我们将介绍贝塔系数选股有效性的检验方法。

实训技能 2 贝塔系数选股有效性的检验

一、实训内容

本次实训延续上一次实训，所不同的是，这次实训旨在检验上一次实训中所估计的贝塔系数，在后续的市场发展变化中的有效性。

贝塔系数有效性的检验，需要选择一段检验期。该期间必须位于估算贝塔系数的样本采集期之后，也即用未来的发展检验过去的判断是否准确。

在本例中，我们选择 2014 年 12 月 1 日至 2015 年 1 月 30 日作为检验期。

二、实训方法

关于有效性，有两种检验方法：第一种是对于单个股票而言，考察个股在检验期的涨幅是否接近大盘涨幅乘上贝塔系数，越接近，说明有效性越强，估计的值越准确。第二种是考察若干只股票（样本股票越多越好，最好是普查）在未来的检验期间，从整体上来讲（平均来讲）是不是贝塔系数越大的，其涨幅也越大。

为什么要说“平均来讲”，因为这一规律并不是绝对的，对于任意个股而言，可能不遵循贝塔系数越大，涨幅就越大的规律，但整体而言，这一规律或许能够成立。因此，我们关心的不是单只股票的特殊表现，而是所有股票的整体规律性，或者说是平均表现。

在本次训练中，考虑到操作的复杂度，我们只选择第一种方法来检验。对于第二种方法，由于股票数量太多，工程量太大，留给读者作为学完本书之后继续研究的目标。

三、实训步骤

（1）下载检验期华泰证券和上证指数的收盘价数据，存入 Excel 表格中。在同一个表中，编写一个简单的表格，记录上一次实训中得到的贝塔系数值以及其他项目，如图 4.8 所示。

	A	B	C	D	E	F	G
1	日期	华泰证券	日期	上证指数			
2	2014/12/1	18.54	2014/12/1	2 680.155			
3	2014/12/31	24.47	2014/12/31	3 234.677			
4							
5	贝塔系数	1.79					
6	大盘涨幅	20.69%	=(3 234.677-2 680.155)/2 680.155×100%				
7	个股实际涨幅	31.98%	=(24.47-18.54)/18.54×100%				
8	个股理论涨幅	37.03%	=20.69%×1.79				
9							
10							

图 4.8

（2）在图 4.8 所示的表格中，在对应的单元格里填入公式（图中有提示），即可得到相应的结果。解释如下：

①贝塔系数。该系数乃是上一次实训得到的计算结果，直接填入即可。

②大盘涨幅。在检验期，大盘从 2 680.155 点涨到 3 234.677 点，涨幅是（3 234.677−2 680.155）/2 680.155×100%＝20.69%。

③个股实际涨幅。在检验期，华泰证券从 18.54 元涨到 24.47 元，涨幅是（24.47−18.54）/18.54×100%＝31.98%。

④个股理论涨幅。在检验期，大盘涨了 20.69%，而个股的贝塔系数为 1.79，那么从理论上讲，个股估计会涨 20.69%×1.79＝37.03%。

从上面的检验可知，华泰证券在检验期估计会涨 37.03%，但实际上涨了 31.98%，虽然有一定的偏差，但还是较为接近的。

四、注意事项

关于贝塔系数选股有效性的检验，是一件复杂的工作，需要用足够多的股票，最好是沪、深两市所有股票作为样本，才能得到一个总体的结论。并且，在检验中，需要考虑股票的分类，因为不同行业或板块的股票，在特定的时期，受到的行业利好或利空的影响是不同的，其整体行情特性或许就表现不同，因而其个股贝塔系数的有效性与其他行业个股自然有较大的差异。最后，在不同的大盘阶段，比如熊市延续期、牛市初期、牛市中期等，个股的贝塔系数也会呈现出不同的特征。

如果想构建以贝塔系数作为指标的选股系统，为选股决策提供有操作性的参考建议，那么必须要全面、深入地研究不同类别的贝塔系数，检验其有效性，并构建一套与之相适应的投资组合，才能获得较好的收益。

任务 2　债券价值分析

【案例导入】

在证券市场上可以很方便地购买各种债券，债券投资的特点是，其收益率和风险相对股票而言，具有较强的稳定性。但是，就债券市场而言，不同债券也呈现出不同的收益率水平和风险特征。虽然债券发行人都承诺了在既定的时间发放既定的利息，但也不是毫无损失的可能。什么债券相对来说更有投资价值？在给定收益率预期的前提下，组建什么样的债券组合才是最保险的？这些问题都是本任务需要解决的。

思考：

（1）债券价值如何决定？

（2）如何构建债券投资组合？

【任务目标】

通过实训，学生应掌握债券价值决定模型的含义，学会估算债券的价值、久期和凸性，并运用免疫策略来设计简单的债券投资组合。

【理论知识】

一、债券价值决定模型概述

（一）定价方法

由于债券承诺了在未来给债券持有人发放一定的利息，因此债券定价方法一般采用收入资本化法。该方法认为任何资产的内在价值（intrinsic value）取决于投资者对持有该资产预期的未来现金流的现值。

根据资产的内在价值与市场价格是否一致，可以判断该资产是否被低估或高估，从而帮助投资者进行正确的投资决策。所以，决定债券的内在价值成为债券价值分析的核心。

接下来，我们将对不同的债券种类分别使用收入资本化法进行价值分析。

（二）不同债券的定价模型

1. 贴现债券

贴现债券，又称零息票债券（zero-coupon bond），是一种以低于面值的贴现方式发行，不支付利息，到期按债券面值偿还的债券。其定价公式为：

$$V=\frac{A}{(1+y)^{T}}$$

式中，V 代表债券的内在价值，A 代表面值，y 是该债券的预期收益率，T 是债券到期时间。

2. 定息债券

定息债券即固定利息债券，按照票面金额计算利息，票面上可附有作为定期支付利息凭证的息票，也可不附息票，是最普遍的债券形式。其定价公式为：

$$V=\frac{c}{(1+y)}+\frac{c}{(1+y)^{2}}+\frac{c}{(1+y)^{3}}+\cdots+\frac{c}{(1+y)^{T}}+\frac{A}{(1+y)^{T}}$$

式中，V 代表债券的内在价值，A 代表面值，y 是该债券的预期收益率，T 是债券到期时间，c 是债券每期支付的利息。

3. 统一公债

统一公债是一种没有到期日的特殊的定息债券。最典型的统一公债是英格兰银行在 18 世纪发行的英国统一公债（English consols），英格兰银行保证对该公债的投资者永久期地支付固定的利息。优先股实际上也是一种统一公债。统一公债的定价公式为：

$$V=\frac{c}{(1+y)}+\frac{c}{(1+y)^{2}}+\frac{c}{(1+y)^{3}}+\cdots+\frac{c}{y}$$

式中，V 代表债券的内在价值，y 是该债券的预期收益率，c 是债券每期支付的利息。

二、债券定价原理

马尔基尔（Malkiel，1962）最早系统性地提出了债券定价的五个原理。

（一）原理一

债券的价格与债券的收益率成反比例关系。换句话说，当债券价格上升时，债券的收益率下降；反之，债券的收益率上升。

（二）原理二

当市场预期收益率变动时，债券的到期时间与债券价格的波动幅度成正比关系。换言之，到期时间越长，价格波动幅度越大；反之，价格波动幅度越小。

（三）原理三

随着债券到期时间的临近，债券价格的波动幅度减少，并且是以递增的速度减少；反之，债券价格波动幅度增加，并且是以递减的速度增加。

原理二和原理三不仅适用于不同债券之间的价格波动的比较，而且可以解释同一债券的到期时间长短与其价格波动之间的关系。

（四）原理四

对于期限既定的债券，由收益率下降导致的债券价格上升的幅度大于同等幅度的收益率上升导致的债券价格下降的幅度。换言之，对于同等幅度的收益率变动，收益率下降给投资者带来的利润大于收益率上升给投资者带来的损失。

（五）原理五

对于给定的收益率变动幅度，债券的息票率与债券价格的波动幅度成反比关系。换言之，息票率越高，债券价格的波动幅度越小。原理五不适用于一年期的债券和以统一公债为代表的无限期债券。

三、债券的久期与凸性

（一）马考勒久期

马考勒久期由马考勒（F. R. Macaulay，1938）提出，即使用加权平均数的形式计算债券的平均到期时间。其计算公式为：

$$D=\frac{\sum_{t=1}^{T}\frac{c_t}{(1+y)^{t}}\times t}{P}=\sum_{t=1}^{T}\left[\frac{c_t/(1+y)^{t}}{P}\times t\right]=\sum_{t=1}^{T}\left[\frac{PV(c_t)}{P}\times t\right]$$

式中，D 是马考勒久期，P 是债券当前的市场价格，c_t 是债券未来第 t 次支付的现金流（利息或本金），T 是债券在存续期内支付现金流的次数，c_t 是第 t 次现金流支付的时间，y 是债券的到期收益率，PV（c_t）代表债券第 t 期现金流用债券到期收益率贴现的现值。

（二）债券组合的马考勒久期

计算公式：

$$D_p = \sum_{i=1}^{k} W_i D_i$$

式中，D_p 表示债券组合的马考勒久期，W_i 表示债券 i 的市场价值占该债券组合市场价值的比重，D_i 表示债券 i 的马考勒久期，k 表示债券组合中债券的个数。

（三）修正久期

当收益率采用一年计一次复利的形式时，人们常用修正的久期（modified duration，用 D^* 表示）来代替马考勒久期。修正久期的计算公式为：

$$D^* = \frac{D}{1+y}$$

式中，D^* 表示修正的久期（一年一次复利下的久期），D 表示连续复利下的久期，y 表示债券的到期收益率。

（四）债券久期的应用

可以推导出债券价格变化率与到期收益率变动幅度之间的关系式：

$$\frac{\Delta P}{P} \approx -D^* \cdot \Delta y$$

根据上式，可以发现久期的应用价值有以下几方面：

（1）当利率发生变化时，知道久期可以对债券价格变化或债券资产组合的价值变化做出估计。

（2）当预期利率将要下跌时（意味着债券价格上涨），此时应买入具有较长久期的债券；反之，就应转向购买较短久期的债券。

（3）债券免疫策略。当投资者需要获取某种特定收益率的债券资产组合目标的时候，可以持有其久期等于投资期的债券组合，那么该组合的收益率将不受利率市场变动的影响，从而让债券组合达到风险免疫的效果。

（五）债券的凸性或凸度

凸度（convexity）是指债券价格变动率与收益率变动关系曲线的曲度。如果说马考勒久期等于债券价格对收益率一阶导数的绝对值除以债券价格，我们可以把债券的凸度（C）类似地定义为债券价格对收益率二阶导数除以价格。即：

$$C = \frac{1}{P}\frac{\partial^2 P}{\partial y^2}$$

在现实生活中，债券价格变动率和收益率变动之间的关系并不是线性关系，而是非线性关系。如果只用久期来估计收益率变动与价格变动率之间的关系，那么收益率上升或下跌一个固定的幅度时，价格下跌或上升的幅度是一样的。显然这与事实不符。

当收益率下降时，价格的实际上升率高于用久期计算出来的近似值，而且凸度越大，实际上升率越高；当收益率上升时，价格的实际下跌比率却小于用久期计算出来的近似值，且凸度越大，价格的实际下跌比率越小。这说明：

（1）当收益率变动幅度较大时，用久期近似计算的价格变动率就不准确，需要考虑凸度调整；

（2）在其他条件相同时，人们应该偏好凸度大的债券。

实训技能 1　债券价值决定模型的 Excel 建模

一、实训内容

某公司以 8%的息票利率发行 5 年期的附息债券，票面面值为 100 元，每年支付一次利息，到期收益率为 6%。请计算该附息债券的理论发行价格。

二、实训方法

（1）采用收入资本化法构建定价公式。

（2）在 Excel 中构建解决方案，利用 Excel 内置的财务函数计算债券的价值。

三、实训步骤

（1）写出该附息债券（属于定息债券）的定价公式：

$$P = \frac{100 \times 8\%}{1 + 6\%} + \frac{100 \times 8\%}{(1 + 6\%)^2} + \frac{100 \times 8\%}{(1 + 6\%)^3} + \frac{100 \times 8\%}{(1 + 6\%)^4} + \frac{100 \times 8\%}{(1 + 6\%)^5} + \frac{100}{(1 + 6\%)^5}$$

（2）新建一个 Excel 文档，编写表格，把所需数据填入其中，如图 4.9 所示。

	A	B	C
1	债券面值/元	100	
2	息票率	8%	
3	债券期限/年	5	
4	到期收益率	6%	
5	债券价值/元		
6			

图 4.9

在图 4.9 所示的表格中，除了最后一项“债券价值”之外，其他项都有给定的数值，接下来，我们将在“债券价值”对应的单元格 B5 里输入计算公式，获取计算结果。

（3）输入计算公式，得出结果。

根据定息债券的计算公式，我们知道这是一个根据年金和终值来求现值的问题。已知项如下：

年金：100×8%＝8

终值：100

期限：5

到期收益率：6%

在 B5 单元格里，我们输入公式“= -PV（B4，B3，B1 * B2，B1，0）”，按回车键即可得到结果 108.42。这就是该债券的内在价值，如图 4.10 所示。

	A	B	C
1	债券面值/元	100	
2	息票率	8%	
3	债券期限/年	5	
4	到期收益率	6%	
5	债券价值/元	108.42	
6			

图 4.10

（4）公式解析。

PV 函数是 Excel 内置的计算现值的财务函数。当我们在单元格里输入“= PV（）”并把光标停在括号内的时候，Excel 会自动提示需要输入的参数项有哪些。参数间须用半角的逗号隔开。

①第一个参数 rate 是到期收益率（贴现率），其值为 6%，在 B4 单元格中。

②第二个参数 nper 是期限，其值为 5，在 B3 单元格中。

③第三个参数 pmt 是年金（定期等额发生的现金流），其值为 100×8%，为 B1 单元格与 B2 单元格的乘积。

④第四个参数 fv 是终值，其值为面值 100，在 B1 单元格中。

⑤第五个参数 type 表示年金发生的类型，是期初还是期末。0 表示期末，1 表示期初。在本例中，利息都是在每一期的期末发生的，因而填入 0。

四、注意事项

在编辑 Excel 公式的时候，要特别注意输入参数的顺序，如果把顺序输入错了，那么其计算结果将是错误的，而 Excel 显然是不会自动对顺序做出判断的。Excel 只能自动判断用户输入的参数在格式和范围上是否正确，如果有错误，会自动给出提示。但无法识别任何人为的错误。

实训技能 2　债券定价原理的直观验证

一、实训内容

债券定价原理有五个，对于这些原理，如果光凭文字解读，需要一定的理解与想象能力。文字描述总是不够直观，为了能够直观易懂地解释债券定价的原理，我们不妨通过 Excel 来描绘能够展现这些原理的图表，通过图表我们将加深对债券定价原理的认识。

在本训练中，我们将对债券定价的前三个原理，通过构建相应的图表来对其做直观的解释。后两个原理，留给读者自行完成。

二、实训方法

首先，构造模拟数据；其次，根据模拟数据构建图表；最后，从图表中直观认识债券定价原理。

三、实训步骤

（一）构造数据表格，设定假想的参数

（1）假定面值为 100 元，每年利息为 6 元，每年年末付息一次；

（2）假定债券的期限有 1~30 年共 30 种情况；

（3）假定债券的到期收益率变化情况有 0. 01~0. 15 共 15 种情形。

根据上述假定，我们在 Excel 中可以构建如图 4. 11 所示的表格。

（二）根据假定的条件，完成相应的计算操作，获得最终的数据结果

根据假定的条件，我们将可以获得 465 种不同情形下的债券，每种债券的价值都可以运用 PV 函数计算出来，最终得到的结果亦如图 4. 11 所示。

每期利息	6
面值	100

债券价格/元 期限 \ 预期收益率	0.01	0.02	0.03	0.04	0.05	0.06	0.07	0.08	0.09	0.1	0.11	0.12	0.13	0.14	0.15
0	100.0	100.0	100.0	100.0	100.0	100.0	100.0	100.0	100.0	100.0	100.0	100.0	100.0	100.0	100.0
1	105.0	103.9	102.9	101.9	101.0	100.0	99.1	98.1	97.2	96.4	95.5	94.6	93.8	93.0	92.2
2	109.9	107.8	105.7	103.8	101.9	100.0	98.2	96.4	94.7	93.1	91.4	89.9	88.3	86.8	85.4
3	114.7	111.5	108.5	105.6	102.7	100.0	97.4	94.8	92.4	90.1	87.8	85.6	83.5	81.4	79.5
4	119.5	115.2	111.2	107.3	103.5	100.0	96.6	93.4	90.3	87.3	84.5	81.8	79.2	76.7	74.3
5	124.3	118.9	113.7	108.9	104.3	100.0	95.9	92.0	88.3	84.8	81.5	78.4	75.4	72.5	69.8
6	129.0	122.4	116.3	110.5	105.1	100.0	95.2	90.8	86.5	82.6	78.8	75.3	72.0	68.9	65.9
7	133.6	125.9	118.7	112.0	105.8	100.0	94.6	89.6	84.9	80.5	76.4	72.6	69.0	65.7	62.6
8	138.3	129.3	121.1	113.5	106.5	100.0	94.0	88.5	83.4	78.7	74.3	70.2	66.4	62.9	59.6
9	142.8	132.6	123.4	114.9	107.1	100.0	93.5	87.5	82.0	77.0	72.3	68.0	64.1	60.4	57.1
10	147.4	135.9	125.6	116.2	107.7	100.0	93.0	86.6	80.7	75.4	70.6	66.1	62.0	58.3	54.8
11	151.8	139.1	127.8	117.5	108.3	100.0	92.5	85.7	79.6	74.0	69.0	64.4	60.2	56.4	52.9
12	156.3	142.3	129.9	118.8	108.9	100.0	92.1	84.9	78.5	72.7	67.5	62.8	58.6	54.7	51.2
13	160.7	145.4	131.9	120.0	109.4	100.0	91.6	84.2	77.5	71.6	66.3	61.5	57.1	53.3	49.8
14	165.0	148.4	133.9	121.1	109.9	100.0	91.3	83.5	76.6	70.5	65.1	60.2	55.9	52.0	48.5
15	169.3	151.4	135.8	122.2	110.4	100.0	90.9	82.9	75.8	69.6	64.0	59.1	54.8	50.9	47.4
16	173.6	154.3	137.7	123.3	110.8	100.0	90.6	82.3	75.1	68.7	63.1	58.2	53.8	49.9	46.4
17	177.8	157.2	139.5	124.3	111.3	100.0	90.2	81.8	74.4	67.9	62.3	57.3	52.9	49.0	45.6
18	182.0	160.0	141.3	125.3	111.7	100.0	89.9	81.3	73.7	67.2	61.5	56.5	52.1	48.3	44.8
19	186.1	162.7	143.0	126.3	112.1	100.0	89.7	80.8	73.1	66.5	60.8	55.8	51.4	47.6	44.2
20	190.2	165.4	144.6	127.2	112.5	100.0	89.4	80.4	72.6	65.9	60.2	55.2	50.8	47.0	43.7
21	194.3	168.0	146.2	128.1	112.8	100.0	89.2	80.0	72.1	65.4	59.6	54.6	50.3	46.5	43.2
22	198.3	170.6	147.8	128.9	113.2	100.0	88.9	79.6	71.7	64.9	59.1	54.1	49.8	46.1	42.8
23	202.3	173.2	149.3	129.7	113.5	100.0	88.7	79.3	71.3	64.5	58.7	53.7	49.4	45.7	42.4
24	206.2	175.7	150.8	130.5	113.8	100.0	88.5	78.9	70.9	64.1	58.3	53.3	49.0	45.3	42.1
25	210.1	178.1	152.2	131.2	114.1	100.0	88.3	78.7	70.5	63.7	57.9	52.9	48.7	45.0	41.8
26	214.0	180.5	153.6	132.0	114.4	100.0	88.2	78.4	70.2	63.4	57.6	52.6	48.4	44.8	41.6
27	217.8	182.8	155.0	132.7	114.6	100.0	88.0	78.1	69.9	63.1	57.3	52.3	48.1	44.5	41.4
28	221.6	185.1	156.3	133.3	114.9	100.0	87.9	77.9	69.7	62.8	57.0	52.1	47.9	44.3	41.2
29	225.3	187.4	157.6	134.0	115.1	100.0	87.7	77.7	69.4	62.5	56.7	51.9	47.7	44.1	41.0
30	229.0	189.6	158.8	134.6	115.4	100.0	87.6	77.5	69.2	62.3	56.5	51.7	47.5	44.0	40.9

图 4. 11

（三）根据所获得的数据，画出相应的图表

通过图 4. 11，我们不难看出，可以画出 31 条“债券价格与到期收益率的平滑散点图”的曲线。散点图通常用来展现两个变量之间的变化关系，也即，当 X 轴上的变量从小到大，或从大到小变化的时候，Y 轴上的变量的相应变化。因此，散点图又称为

“变量关系图”。

虽然我们可以画出多达 31 条的平滑散点图曲线，但在同一个画面上呈现那么多散点图，看上去将是密密麻麻的一堆线条，影响我们清晰直观地把握图像背后所呈现出来的规律。因此，简单起见，我们只选取 0 年、10 年、20 年和 30 年这四种期限（以 10 年等距）来画“债券价格与到期收益率的平滑散点图”。

画图的步骤如下：

（1）点击 Excel 窗口菜单的“插入”，选择“散点图”之“带平滑线的散点图”，如图 4.12 所示。

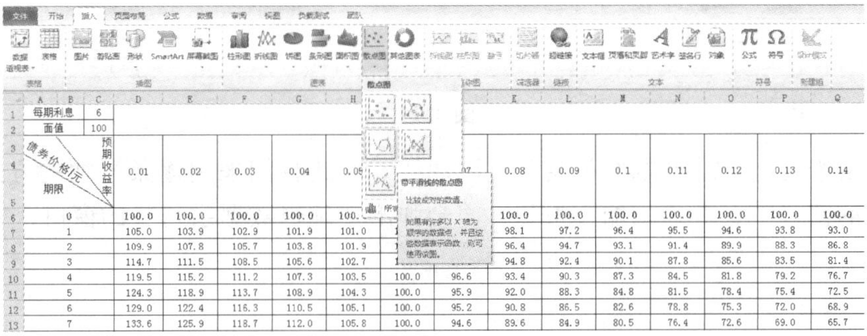

图 4.12

（2）在弹出来的空白图表区域，鼠标右键点出选择菜单，然后点击“选择数据”这一项，如图 4.13 所示。

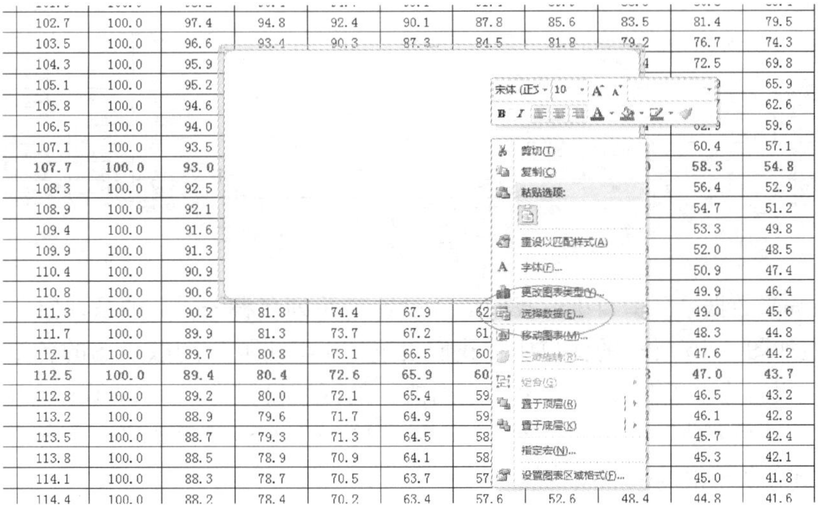

图 4.13

（3）点击“选择数据”之后，将会弹出“选择数据源”窗口，如图 4.14 所示。

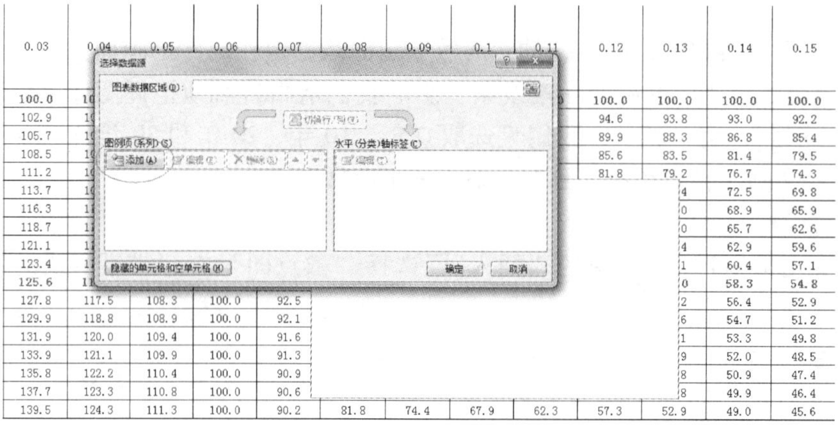

图 4. 14

（4）由于我们只需要描绘 4 条散点图曲线，因此我们采用逐条添加的方式，在图 4. 14 所示的窗口中点击“添加”按钮，将会弹出“编辑数据系列”的窗口，如图 4. 15 所示。

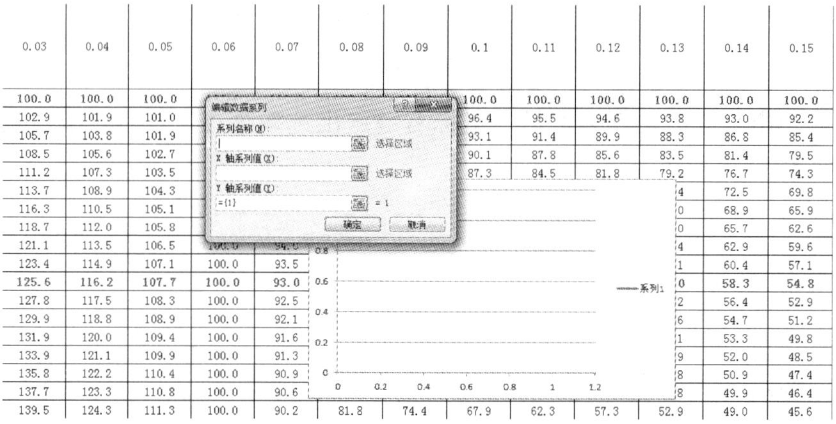

图 4. 15

（5）在编辑数据系列窗口中，我们依次设置“系列名称”“X 轴系列值”和“Y 轴系列值”。在如图 4. 16 所示的窗口中，我们设置“0 年期限”的散点图的各个选项，把“系列名称”设置为“0 年”，把“X 轴系列值”的区域设置为“ =Sheet1！ $D$3： $R$5”，把“Y 轴系列值”的区域设置为“ =Sheet1！ $D$6： $R$6”，点击“确定”之后，即可得到一条平滑的散点图曲线。

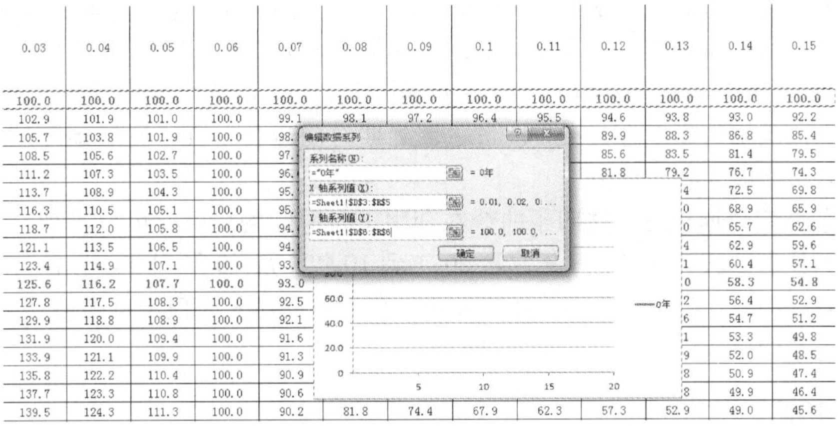

图 4.16

(6) 按照上面的方法，我们依次向图表区域添加四条散点图曲线，如图 4.17 所示。添加完毕之后，我们可以选中整个图表进行缩小和放大，还可以选中其中任意一个组件，点击右键之后修改其格式以及进行其他操作。请读者自行尝试这些功能，比如，可以给每条曲线设定自己喜欢的颜色，可以给整个图表添加标题。

由于书本内容的印刷颜色通常为黑白两色，为了让读者清晰地识别四条曲线分别对应哪一个期限，在图 4.17 中，我们把四条曲线都设置为黑色，然后通过设置不同的粗细来对曲线加以区分。由粗到细，它们分别代表 0 年、10 年、20 年和 30 年四种期限所对应的散点图。

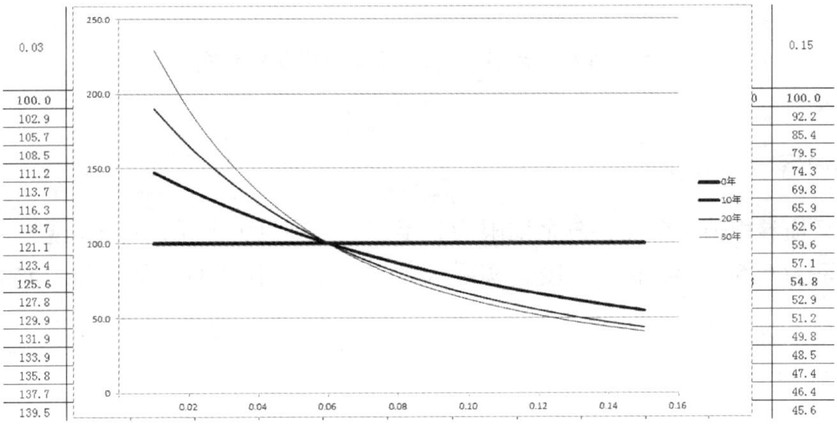

图 4.17

(四) 对画出的图表进行解读

至此为止，四条曲线已经呈现在图表上了。通过对这四条曲线变化特征的剖析，我们可以验证上面介绍过的前三个债券定价原理。

(1) 债券定价原理一：显而易见，每一条曲线都是呈现递减趋势的。这表明，随着到期收益率的提高，不管是何种期限的债券，其价格都是随着到期收益率的提高而降低的。由此可见，债券到期收益率与债券价格是成反比关系的。

（2）债券定价原理二：从图 4.17 可以看出，假定市场预期收益率从 0.06 变化到 0.01，对于到期时间为 0 年的债券来说，债券价格毫无变化，但当随着到期时间为 10 年、20 年直到 30 年时，债券价格上涨的幅度依次上升。由此可得，债券的到期时间与债券价格的波动幅度成正比关系。换言之，到期时间越长，价格波动幅度越大；到期时间越短，价格波动幅度越小。

（3）债券定价原理三：这四条曲线在期限上是等距的，由此可以发现，随着债券到期时间的临近，从 30 年到 20 年，从 20 年到 10 年，从 10 年到 0 年，债券价格的波动幅度是减小的，并且是以递增的速度减小；到期时间越长，债券价格波动幅度增大，并且是以递减的速度增大。

四、注意事项

首先，通过本次训练，我们发现 Excel 可以帮助我们以直观图表的形式来理解经济变量之间在数量上的关系。但在 Excel 中构造模拟图线的时候，我们不必把所有情形都画上去，只需画出具有代表性的数据，能够说明问题的本质就可以了。如果把所有的图线都画上去，反而让画面变得凌乱，效果适得其反。

其次，在 Excel 里需要完成的任务所涉及的多数操作，其实都不止一种途径，本书只是列举了通常的方式。比如：当我们需要在单元格里输入公式的时候，有的人通常习惯于双击单元格，然后手动输入等号以及函数的名称；而有的人习惯点击窗口菜单里的“插入”选项，选择插入“公式”。两种方法，效果是一样的。类似的地方还有很多，这里不一一列举，请读者参考关于 Excel 操作的书籍，或自行摸索。

实训技能 3　债券久期的计算

一、实训内容

已知某债券面值 100 元，剩余期限为 3 年，息票利息为 3 元，每年付息一次，当前到期收益率为 6.5%，假定一年按“实际天数/360 天”作为日计数基准。请计算该债券的久期。

二、实训方法

（一）Excel 函数操作

本案例利用 Excel 配套的财务函数 DURATION 来计算债券的久期，采用 MDURATION 来计算修正久期。

（二）DURATION 函数与 MDURATION 函数介绍

表达式：

久期 DURATION（settlement，maturity，coupon，yld，frequency，basis）

修正久期 MDURATION（settlement，maturity，coupon，yld，frequency，basis）

参数：

settlement 为证券的结算日。结算日是在发行日之后，证券卖给购买者的日期。

maturity 为有价证券的到期日。到期日是有价证券有效期截止时的日期。

coupon 为有价证券的年息票利率。

yld 为有价证券的年收益率。

frequency 为年付息次数。如果按年支付，frequency = 1；按半年期支付，frequency = 2；按季支付，frequency = 4。

basis 为日计数基准类型。0 或省略，表示“US（NASD）30/360”；1 表示“实际天数/实际天数”；2 表示“实际天数/360”；3 表示“实际天数/365”；4 表示“欧洲 30/360”。

特别说明：应使用 DATE 函数输入日期，或者将函数作为其他公式或函数的结果输入。例如，使用函数 DATE（2008，5，23）输入“2008 年 5 月 23 日”。如果日期以文本形式输入，则会出现问题。

三、实训步骤

（1）新建一个 Excel 文档，构造一个简单的表格，填入相关内容，如图 4.18 所示。

	A	B	C	D
1	债券面值/元	100		
2	剩余期限	5		
3	年息票利息	3		
4	到期收益率	6.50%		
5	债券久期			
6				
7				

图 4.18

（2）运用 Excel 函数 DURATION，计算债券的久期。

①操作说明。

当我们在 B5 单元格里输入“=duration（）”，并把光标停留在括号里的话，Excel 会自动提示函数所需参数，如图 4.19 所示。

	A	B	C	D	E	F	G
1	债券面值/元	100					
2	剩余期限	5					
3	年息票利息	3					
4	到期收益率	6.50%					
5	债券久期	=duration()					
6		DURATION(**settlement**, maturity, coupon, yld, frequency, [basis])					
7							
8							
9							

图 4.19

②设置参数。

settlement：由于题目没有告诉债券具体的购买日期和到期日期。因此，我们可以任意假定一个日期作为购买日期，比如 2000 年 1 月 1 日，然后到期日期在此基础上增加 3 年即可，也就是 2003 年 1 月 1 日。于是，我们可以把 settlement 参数设置为 date（2000，1，1）。

maturity：根据上面的假定，我们把该参数设置为 date（2000+B2，1，1）。

coupon：息票率为 B3/B1。

yld：到期收益率为 B4。

frequency：付息次数一年一次，该参数即为 1。

basis：根据假定，日计数基准类型为 2。

③输入函数及参数，得出结果。

在 B5 单元格里输入完整函数："= DURATION（DATE（2000，1，1），DATE（2000+B2，1，1），B3/B1，B4，1，2）"。

计算结果：

该债券的久期为 4.69 年，如图 4.20 所示。

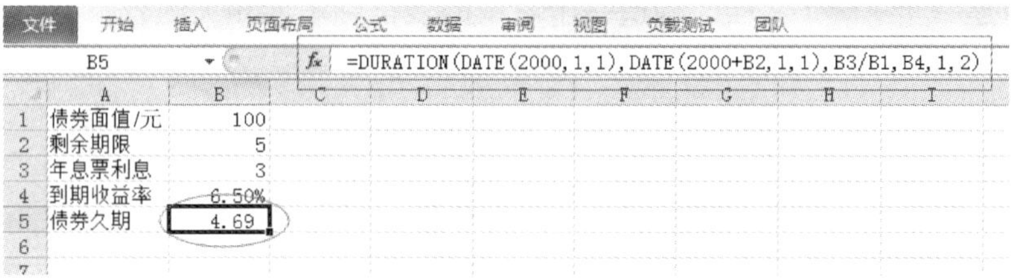

图 4.20

四、注意事项

首先，本次实训操作虽然比较简单，但需要注意的是，由于参数个数较多，而且 DURATION 函数里面还嵌套了 DATE 函数，因此，函数的括号要注意保持成对出现，否则 Excel 将提示错误。不妨养成一个习惯，每输入一个函数，都先把前后括号输入完毕，然后再输入参数，以保证万无一失，且便于检查。

其次，本次实训只操作了 DURATION 函数，如果要计算修正久期，则要输入 MDURATION 函数。根据前面我们在理论知识部分介绍的公式，修正久期可以通过久期和到期收益率来计算，因此，读者不妨在 Excel 里自行加以验证，两种方法计算的结果是否一致。具体如图 4.21 所示。

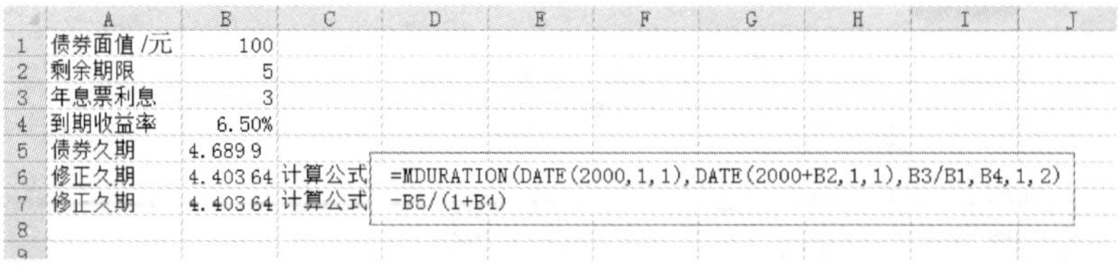

图 4.21

最后，虽然Excel建模的很多基本操作都是很简单的，但读者也应重视每一个小细节，任何庞大和复杂的解决方案，都是从细节下手的。希望读者朋友能够从诸多细小的案例里，勤于动手，不懈思考，去粗存精，把所学到的知识和技能融会贯通，并能够举一反三，最终才可以创造性地解决复杂的问题。

实训技能4 债券久期免疫策略的应用

一、实训内容

某投资者计划投资100万元于债券市场，拟定投资期为3年，在投资期结束之时，持有期收益率（平均年化收益率）要能够达到6.5%。请为该投资者构建一个债券组合，并且在未来三年内，根据市场变化为之做相应的调整，使得三年之后，年化收益率能够保证为6.5%。候选债券为A和B，相关条件如图4.22所示。

	A	B	C	D	E
1					
2		初始投资金额/元		1 000 000	
3		投资期/年		3	
4		目标最终收益率		6.50%	
5					
6		A债券面值/元		100	
7		A债券息票利息/元		3	
8		A债券剩余期限/年		4	
9		A债券初始到期收益率		6.50%	
10					
11		B债券面值/元		100	
12		B债券息票利息/元		5	
13		B债券剩余期限/年		3	
14		B债券初始到期收益率		6.50%	
15					

图4.22

其他条件为：在0时点上（也就是现在），当投资者构建债券组合之后，市场利率瞬间发生较大幅度变化，导致A、B债券的到期收益率当日即变为7%。一年之后，A、B债券的到期收益率涨到7.5%，两年之后，A、B债券的到期收益率涨到8%，三年之后A、B债券的到期收益率涨到8.5%。

注1：简单起见，本例不考虑交易费用，并且可购买非整数张债券。

注2：债券利息的再投资方式，是把利息投资于A、B债券，而不是其他资产。

二、实训方法

（一）涉及的Excel函数

本例需要用到函数DURATION来计算久期，用现值函数PV来计算债券价格，以及用幂函数 POWER 来计算持有期收益率。

（二）涉及的 Excel 工具

本例题需要用到 Excel 规划求解工具，用来解方程，求出债券组合中 A、B 债券的投资比例。

三、实训步骤

（1）新建一个 Excel 文档，然后创建如图 4.22 所示的表格，把所需数据全部填入其中，以便后续使用。

（2）在第一步的基础上，在表格中继续添加内容，使之成为如图 4.23 所示的样子。

初始投资金额 / 元	1 000 000
投资期 / 年	3
目标最终收益率	6.50%

A债券面值 / 元	100
A债券息票利息 / 元	3
A债券剩余期限 / 年	4
A债券初始到期收益率	6.50%

B债券面值 / 元	100
B债券息票利息 / 元	5
B债券剩余期限 / 年	3
B债券初始到期收益率	6.50%

投资组合方案及调整策略如下：

		A债券							B债券							债券组合			
时期	到期收益率	剩余期限	价格 / 元	久期	新增债券	债券总数	债券市值 / 元	权重 X_A	剩余期限	价格 / 元	久期	新增债券	债券总数	债券市值 / 元	权重 X_B	组合总市值 / 元	组合久期	剩余投资期	持有期收益率

图 4.23

（3）在图 4.23 所示的表格中，填入初始 0 时刻的相关数值（时期、到期收益率、剩余期限、剩余投资期、组合总市值等），并计算出 A、B 债券的价格和久期，如图 4.24 所示。

投资组合方案及调整策略如下：

		A债券							B债券							债券组合			
时期	到期收益率	剩余期限	价格 / 元	久期	新增债券	债券总数	债券市值 / 元	权重 X_A	剩余期限	价格 / 元	久期	新增债券	债券总数	债券市值 / 元	权重 X_B	组合总市值 / 元	组合久期	剩余投资期	持有期收益率
0	6.50%	4	88.01	3.816					3	96.03	2.856					1 000 000.00		3.000	

图 4.24

（4）在“0 时点”上初建投资组合。

①构建求解投资比例的方程。

在 0 时点，我们要确定 A、B 债券的投资比例（市值所占总市值比重），也就是各买多少的问题。到底各买多少呢？根据债券久期免疫思想，必须保证 A、B 债券构造出来的债券组合，其组合久期等于剩余投资期。对于 0 时点而言，剩余投资期为 3 年，因此，在 0 时点上债券组合的久期必须等于 3；否则将违背免疫思想，给未来的投资回报增加利率风险。

为此，我们设 A 债券的投资比重为 X_A（图 4.24 所示表格中的权重 X_A），B 债券的

投资比重为 X_B（图 4.24 所示表格中的权重 X_B）。建立如下方程，即可解得 A、B 债券各自的投资比例。

方程式为：

$$\begin{cases} 3.816X_A + 2.856X_B = 3 \\ X_A + X_B = 1 \end{cases}$$

注：从图 4.24 所示表格的计算结果可知，3.816 与 2.856 分别是 A 债券与 B 债券在 0 时点（6.5%到期收益率下）的久期。

接下来，我们利用 Excel 内置的规划求解工具来求解这一方程，求解结果自然应保证正好存入图 4.24 所示的对应单元格之中。

②设置“组合久期”单元格（将进行的规划求解的“目标单元格”）的公式。

用鼠标双击单元格 S19，写入公式“=F19 * J19+M19 * Q19”，如图 4.25 所示。目标单元格公式的值是 A、B 债券组合的久期，也即 $3.816X_A + 2.856X_B$。由于此时 A、B 债券的权重还没有求解出来，因此目标单元格在输入公式，点击“确定”之后，其值为 0。

投资组合方案及调整策略如下：

		A债券							B债券							债券组合			
时期	到期收益率	剩余期限	价格/元	久期	新增债券	债券总数	债券市值/元	权重 X_A	剩余期限	价格/元	久期	新增债券	债券总数	债券市值/元	权重 X_B	组合总市值/元	组合久期	剩余投资期	持有期收益率
0	6.50%	4	88.01	3.816					3	96.03	2.856					1 000 000.00	=F19*J19+M19*Q19	3.000	

图 4.25

注：在规划求解中，目标单元格（目标函数）必须是公式，且包含可变单元格（也就是方程的变量，变量发生变化，目标单元格的值就随之发生变化）。

③点击 Excel 窗口菜单项“数据”，然后选择“规划求解”，进入“规划求解参数”窗口，如图 4.26 所示。

首先，我们设置目标为 $S$19 单元格（在 Excel 2003 版本中，称其为“目标单元格”），然后选择“目标值”选项，设定其值为 3（0 时点的剩余投资期）。

其次，设置可变单元格为“$J$19，$Q$19”，可变单元格之间用半角逗号隔开。$J$19 和 $Q$19 分别是 A 债券和 B 债券的投资权重。

再次，添加约束条件：$J$19=1-$Q$19。权重加起来正好等于 1。

最后，选择“使无约束变量为非负数”，保证求解结果大于零，有经济意义。另外，选择求解方法为“单纯线性规划”。

设定完毕之后，点击“求解”，会弹出“规划求解结果”窗口（如图 4.27 所示），提示用户是否找到可行解（在本例中，会显示“规划求解找到一解，可满足所有的约束及最优状况”），点击“确定”即可。

至此，权重 X_A 与 X_B 的值已经通过“规划求解”解出，分别是 0.149 8 与 0.850 2，并且会自动存入相应的单元格中，如图 4.28 所示。

规划求解参数
设置目标：(T) $S$19
到： 最大值(M) 最小值(N) 目标值：(V) 3
通过更改可变单元格：(B)
$J$19,$Q$19
遵守约束：(U)
$J$19 = 1-$Q$19
添加(A)
更改(C)
删除(D)
全部重置(R)
装入/保存(L)
使无约束变量为非负数(K)
选择求解方法：(E) 单纯线性规划
选项(P)
求解方法
为光滑非线性规划求解问题选择 GRG 非线性引擎。为线性规划求解问题选择单纯线性规划引擎，并为非光滑规划求解问题选择演化引擎。
帮助(H) 求解(S) 关闭(O)

图 4. 26

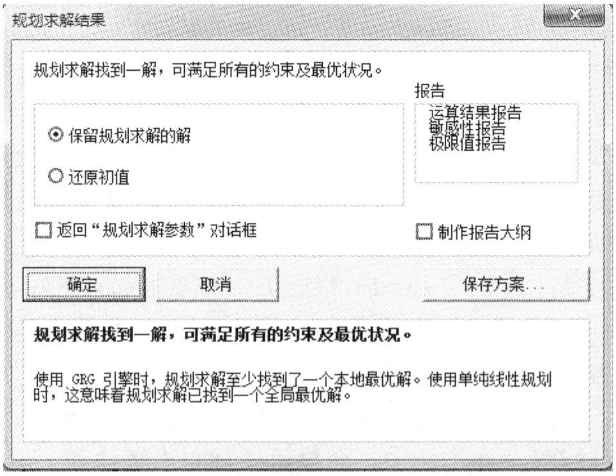
规划求解结果
规划求解找到一解，可满足所有的约束及最优状况。
报告
运算结果报告
敏感性报告
极限值报告
保留规划求解的解
还原初值
返回"规划求解参数"对话框
制作报告大纲
确定 取消 保存方案...
规划求解找到一解，可满足所有的约束及最优状况。
使用 GRG 引擎时，规划求解至少找到了一个本地最优解。使用单纯线性规划时，这意味着规划求解已找到一个全局最优解。

图 4. 27

投资组合方案及调整策略如下：

		A债券							B债券							债券组合			
时期	到期收益率	剩余期限	价格/元	久期	新增债券	债券总数	债券市值/元	权重 X_A	剩余期限	价格/元	久期	新增债券	债券总数	债券市值/元	权重 X_B	组合总市值/元	组合久期	剩余投资期	持有期收益率
0	6.50%	4	88.01	3.816				0.149 8	3	96.03	2.856				0.850 2	1 000 000.00	3.000	3.000	

图 4.28

④根据 A、B 债券的权重，计算各自的投资金额（也就是 0 时点上 A、B 债券的市值），从而可得各自的投资数量。公式如下：

A 债券的市值（I19 单元格）= R19 * J19

A 债券的数量（H19 单元格）= I19/E19

同理可得 B 债券的市值和数量，请读者自行写出公式，并填入表格。

最后得到的结果如图 4.29 所示。

投资组合方案及调整策略如下：

		A债券							B债券							债券组合			
时期	到期收益率	剩余期限	价格/元	久期	新增债券	债券总数	债券市值/元	权重 X_A	剩余期限	价格/元	久期	新增债券	债券总数	债券市值/元	权重 X_B	组合总市值/元	组合久期	剩余投资期	持有期收益率
0	6.50%	4	88.01	3.816		1 701.83	149 777.60	0.149 8	3	96.03	2.856		8 853.97	850 222.40	0.850 2	1 000 000.00	3.000	3.000	

图 4.29

（5）“0 时点”上的调整。

①根据题目条件，在 0 时点上，当创建完毕投资组合之后，市场利率随即上调，导致 A、B 债券的到期收益率变为 7%，从而债券价格和久期都将发生变化。为此，我们必须重新计算组合久期，看是否满足免疫原则，也就是看其值是否等于剩余投资期。

②我们在图 4.29 所示表格的基础上，在原来的 0 时点之后增加一个 0 时点（图中所示表格的第 20 行），表示紧接着发生的状态，然后把新时点上对应的各项数值计算出来，如图 4.30 所示。

投资组合方案及调整策略如下：

		A债券							B债券							债券组合			
时期	到期收益率	剩余期限	价格/元	久期	新增债券	债券总数	债券市值/元	权重 X_A	剩余期限	价格/元	久期	新增债券	债券总数	债券市值/元	权重 X_B	组合总市值/元	组合久期	剩余投资期	持有期收益率
0	6.50%	4	88.01	3.816		1 701.83	149 777.60	0.149 8	3	96.03	2.856		8 853.97	850 222.40	0.850 2	1 000 000.00	3.000	3.000	
0	7.00%	4	86.45	3.814		1 701.83	149 777.60	0.149 8	3	94.75	2.855		8 853.97	850 222.40	0.850 2	1 000 000.00	2.999	3.000	

图 4.30

③从图 4.30 所示的表格中，可以发现，新的 0 时点上，债券 A、B 的久期都发生了变化（减少了），因此组合久期也发生了变化，变成了 2.999，不再等于 3。根据免疫思想，债券组合的久期应等于剩余投资期，但由于 2.999 与 3 相差不大，不调整的话，对结果的影响也是很小的，因此我们决定不做调整。

（6）“1 时点”上的调整。

时间过了一年，到了“1 时点”上。此时，A、B 两个债券都产生了一年的利息，根据题目条件，我们要把利息再投资于原来的债券，因此，在“1 时点”就有了新增债券这一项。

①根据债券利息，计算新增债券的数量。把 A、B 债券的数量乘上各自的年息票利息，即可得到两种债券的利息总额，然后用各自的利息购买各自的债券，即可得到新增债券的数量。原来的债券数量加上新增数量，即新的债券总数。

②在“1 时点”上，其他指标的数值也都发生了变化，比如到期收益率、剩余期限、剩余投资期等。我们把“1 时点”的各项指标计算出来，即可得到如图 4.31 所示的表格。

投资组合方案及调整策略如下：

		A债券							B债券							债券组合			
时期	到期收益率	剩余期限	价格/元	久期	新增债券	债券总数	债券市值/元	权重 X_A	剩余期限	价格/元	久期	新增债券	债券总数	债券市值/元	权重 X_B	组合总市值/元	组合久期	剩余投资期	持有期收益率
0	6.50%	4	88.01	3.816		1 701.83	149 777.60	0.149 8	3	96.03	2.856		8 853.97	850 222.40	0.850 2	1 000 000.00	3.000	3.000	
0	7.00%	4	86.45	3.814		1 701.83	149 777.60	0.149 8	3	94.75	2.855		8 853.97	850 222.40	0.850 2	1 000 000.00	2.999	3.000	
1	7.50%	3	88.30	2.907	57.82	1 759.65	155 373.10	0.148 6	2	95.51	1.951	463.50	9 317.47	889 921.82	0.851 4	1 045 294.92	2.093	2.000	

图 4.31

在这里，我们列举“1 时点”上要用到的部分计算公式给读者参考，其他未列出的公式，请读者自行填写。

A 债券的新增债券数量（G21 单元格）= H20 * D7÷E21

A 债券的最新债券总数（H21 单元格）= H20+G21

A 债券的最新市值（I21 单元格）= E21 * H21

同理可得 B 债券的新增债券数量、最新债券总数和最新市值，从而可以得到新的组合市值，其公式=I21+P21。

得到新的组合市值，于是就可以得到 A、B 债券各自的权重。

A 债券的权重（J21）= I21÷R21

B 债券的权重（Q21）= P21÷R21

A、B 债券的权重得到后，就可以计算出组合久期。

组合久期（S21）= F21 * J21+M21 * Q21

由于 A、B 债券的数量与价格都发生了变化，因而各自市值也发生了变化，从而各自市值所占总市值的比重也与原来不一样了。

③从图 4.31 可见，此时债券组合的久期为 2.093 年，与剩余投资期（2 年）不相等，为了保证免疫效果，我们将做出投资比例的调整，以保证组合久期等于剩余投资期。

为此，我们在 1 时点的后面新增一行（第 22 行），也标为“1 时点”，表示在同一时点上接着发生的状态。

然后，我们在新增的“1 时点”上（第 22 行），把剩余期限、债券价格、久期、债券总市值、剩余投资期等指标填上，与前一个“1 时点”保持一致，如图 4.32 所示。

投资组合方案及调整策略如下：

		A债券							B债券							债券组合			
时期	到期收益率	剩余期限	价格/元	久期	新增债券	债券总数	债券市值/元	权重 X_A	剩余期限	价格/元	久期	新增债券	债券总数	债券市值/元	权重 X_B	组合总市值/元	组合久期	剩余投资期	持有期收益率
0	6.50%	4	88.01	3.816		1 701.83	149 777.60	0.149 8	3	96.03	2.856		8 853.97	850 222.40	0.850 2	1 000 000.00	3.000	3.000	
0	7.00%	4	86.45	3.814		1 701.83	149 777.60	0.149 8	3	94.75	2.855		8 853.97	850 222.40	0.850 2	1 000 000.00	2.999	3.000	
1	7.50%	3	88.30	2.907	57.82	1 759.65	155 373.10	0.148 6	2	95.51	1.951	463.50	9 317.47	889 921.82	0.851 4	1 045 294.92	2.093	2.000	
1	7.50%	3	88.30	2.907					2	95.51	1.951					1 045 294.92	0.000	2.000	

图 4.32

④从图 4.32 可知，A、B 债券的数量、市值与权重都没有填写，组合久期也显示为 0。为什么不填写呢？原因是，从上一步我们知道，由于组合久期不再等于剩余投资期，A、B 债券的投资比例将做出调整，因此此时，A、B 债券的数量、市值与权重都属于未知数，有待于我们去求解。

⑤这一步的任务，与最初“0 时点”上构建初始债券组合一样，同样要保证 A、B 债券的投资权重刚好能够使得组合久期等于剩余投资期。因此，我们仍然要创建一个以 A、B 权重作为变量的方程式，然后用“规划求解”去求解 A、B 债券的权重。方程式如下：

$$\begin{cases} 2.907X_A + 1.951X_B = 2 \\ X_A + X_B = 1 \end{cases}$$

⑥求解方程的“规划求解”步骤与前面介绍过的一样，读者可以参考“0 时点”上的规划求解步骤来操作，参数设置如图 4.33 所示。需要注意的是，目标单元格、目标值与可变单元格都发生了变化，千万不要填写错了。

图 4.33

⑦在图 4.33 所示的窗口上点击“求解”之后，我们将得到求解结果，Excel 会自

动保存到相应地单元格之中。此时，A、B 债券的权重应各为 0. 050 9 与 0. 949 1。

⑧根据上一步计算得到的权重，我们可以得到 A、B 债券的市值各自应该是多少。把总市值乘上各自的权重，即各自的市值。然后把各自市值除以各自的价格，即各自的持有数量。最终结果如图 4. 34 所示。

投资组合方案及调整策略如下：

		A债券							B债券							债券组合			
时期	到期收益率	剩余期限	价格/元	久期	新增债券	债券总数	债券市值/元	权重 X_A	剩余期限	价格/元	久期	新增债券	债券总数	债券市值/元	权重 X_B	组合总市值/元	组合久期	剩余投资期	持有期收益率
0	6.50%	4	88.01	3.816		1 701.83	149 777.60	0.149 8	3	96.03	2.856		8 853.97	850 222.40	0.850 2	1 000 000.00	3.000	3.000	
0	7.00%	4	86.45	3.814		1 701.83	149 777.60	0.149 8	3	94.75	2.855		8 853.97	850 222.40	0.850 2	1 000 000.00	2.999	3.000	
1	7.50%	3	88.30	2.907	57.82	1 759.65	155 373.10	0.148 6	2	95.51	1.951	463.50	9 317.47	889 921.82	0.851 4	1 045 294.92	2.093	2.000	
1	7.50%	3	88.30	2.907		602.98	53 241.42	0.050 9	2	95.51	1.951		10 386.79	992 053.49	0.949 1	1 045 294.92	2.000	2.000	

图 4. 34

（7）“2 时点”上的调整。

时间又过了一年，到了“2 时点”上。此时，A、B 两个债券又都产生了一年的利息，根据题目条件，我们同样要把利息再投资于原来的债券，因此，在“2 时点”又有了“新增债券”这一项。同时，其他指标的数值也都发生了变化，比如到期收益率、剩余期限、剩余投资期等。我们把“2 时点”的各项指标计算出来，即可得到如图 4. 35 所示的表格。

投资组合方案及调整策略如下：

		A债券							B债券							债券组合			
时期	到期收益率	剩余期限	价格/元	久期	新增债券	债券总数	债券市值/元	权重 X_A	剩余期限	价格/元	久期	新增债券	债券总数	债券市值/元	权重 X_B	组合总市值/元	组合久期	剩余投资期	持有期收益率
0	6.50%	4	88.01	3.816		1 701.83	149 777.60	0.149 8	3	96.03	2.856		8853.97	850 222.40	0.850 2	1 000 000.00	3.000	3.000	
0	7.00%	4	86.45	3.814		1 701.83	149 777.60	0.149 8	3	94.75	2.855		8853.97	850 222.40	0.850 2	1 000 000.00	2.999	3.000	
1	7.50%	3	88.30	2.907	57.82	1 759.65	155 373.10	0.148 6	2	95.51	1.951	463.50	9317.47	889 921.82	0.851 4	1 045 294.92	2.093	2.000	
1	7.50%	3	88.30	2.907		602.98	53 241.42	0.050 9	2	95.51	1.951		10 386.79	992 053.49	0.949 1	1 045 294.92	2.000	2.000	
2	8.00%	2	91.08	1.970	19.86	622.84	56 730.27	0.050 7	1	97.22	1.000	534.18	10 920.97	1 061 760.64	0.949 3	1 118 490.91	1.049	1.000	

图 4. 35

“2 时点”上指标的计算公式与“1 时点”上是一样的，读者可以参照前面的操作来完成这一步的工作。

从图 4. 35，我们可以发现，组合久期为 1. 049 年，不等于剩余投资期（1 年），因此，在该时点上，我们依然要进行调整，以保证能够满足免疫原则。调整的步骤，跟“1 时点”上做过的调整是类似的，依然要创建以 A、B 债券的权重作为变量的方程，也就是要用“规划求解”工具来求解方程。

这一次的调整，同样请读者自行参照前面的操作步骤来完成，调整结果应如图 4. 36 所示。

投资组合方案及调整策略如下：

		A债券							B债券							债券组合			
时期	到期收益率	剩余期限	价格/元	久期	新增债券	债券总数	债券市值/元	权重 X_A	剩余期限	价格/元	久期	新增债券	债券总数	债券市值/元	权重 X_B	组合总市值/元	组合久期	剩余投资期	持有期收益率
0	6.50%	4	88.01	3.816		1 701.83	149 777.60	0.149 8	3	96.03	2.856		8 853.97	850 222.40	0.850 2	1 000 000.00	3.000	3.000	
0	7.00%	4	86.45	3.814		1 701.83	149 777.60	0.149 8	3	94.75	2.855		8 853.97	850 222.40	0.850 2	1 000 000.00	2.999	3.000	
1	7.50%	3	88.30	2.907	57.82	1 759.65	155 373.10	0.148 6	2	95.51	1.951	463.50	9 317.47	889 921.82	0.851 4	1 045 294.92	2.093	2.000	
1	7.50%	3	88.30	2.907		602.98	53 241.42	0.050 9	2	95.51	1.951		10 386.79	992 053.49	0.949 1	1 045 294.92	2.000	2.000	
2	8.00%	2	91.08	1.970	19.86	622.84	56 730.27	0.050 7	1	97.22	1.000	534.18	10 920.97	1 061 760.64	0.949 3	1 118 490.91	1.049	1.000	
2	8.00%	2	91.08	1.970		0.00	0.00	0.000 0	1	97.22	1.000		11 504.48	1 118 490.91	1.000 0	1 118 490.91	1.000	1.000	

图 4. 36

从图 4. 36 可见，此时债券组合的久期已经等于剩余投资期（1 年），因此满足了免疫策略的原则。

（8）“3 时点”上的状态。

时间又过去一年，到了“3 时点”，此时，投资期业已结束。我们把 B 债券（A 债券投资数量为 0）的利息算出来，加上 B 债券的市值，即可得到最终的债券市值，如图 4. 37 所示。

投资组合方案及调整策略如下：

		A债券							B债券							债券组合			
时期	到期收益率	剩余期限	价格/元	久期	新增债券	债券总数	债券市值/元	权重 X_A	剩余期限	价格/元	久期	新增债券	债券总数	债券市值/元	权重 X_B	组合总市值/元	组合久期	剩余投资期	持有期收益率
0	6.50%	4	88.01	3.816		1 701.83	149 777.60	0.149 8	3	96.03	2.856		8 853.97	850 222.40	0.850 2	1 000 000.00	3.000	3.000	
0	7.00%	4	86.45	3.814		1 701.83	149 777.60	0.149 8	3	94.75	2.855		8 853.97	850 222.40	0.850 2	1 000 000.00	2.999	3.000	
1	7.50%	3	88.30	2.907	57.82	1 759.65	155 373.10	0.148 6	2	95.51	1.951	463.50	9 317.47	889 921.82	0.851 4	1 045 294.92	2.093	2.000	
1	7.50%	3	88.30	2.907		602.98	53 241.42	0.050 9	2	95.51	1.951		1 0 386.79	992 053.49	0.949 1	1 045 294.92	2.000	2.000	
2	8.00%	2	91.08	1.970	19.86	622.84	56 730.27	0.050 7	1	97.22	1.000	534.18	1 0 920.97	1 061 760.64	0.949 3	1 118 490.91	1.049	1.000	
2	8.00%	2	91.08	1.970		0.00	0.00	0.000 0	1	97.22	1.000		1 1 504.48	1 118 490.91	1.000 0	1 118 490.91	1.000	1.000	
3	8.50%	1	94.93	1.000	0.00	0.00	0.00	0.000 0	0	100.00	0.000	575.22	1 2 079.70	1 207 970.18	1.000 0	1 207 970.18	0.000	0.000	

图 4. 37

（9）检验投资目标是否得以实现？

从图 4. 37，我们可以看到，经过 3 年的投资，债券市值从最初的 1 000 000 元，变成了 1 207 970. 18 元，总的利润率为 20. 8%。当初我们拟定的投资目标是年化收益率为 6. 5%，那么这一目标到底有没有实现呢？

为此，我们要计算 3 年投资期内的年平均收益率。年化收益率显然需要用几何平均数来表示才科学合理，而不能用 20. 8%除以 3 来表示。年化收益率（持有期收益率）公式如下：

截至“1 时点”，持有期收益率=POWER（R21/ $ R $ 19，1/B21）-1

截至“2 时点”，持有期收益率=POWER（R23/ $ R $ 19，1/B23）-1

截至“3 时点”，持有期收益率=POWER（R25/ $ R $ 19，1/B25）-1

得到的结果如图 4. 38 所示。

投资组合方案及调整策略如下：

		A债券							B债券							债券组合			
时期	到期收益率	剩余期限	价格/元	久期	新增债券	债券总数	债券市值/元	权重 X_A	剩余期限	价格/元	久期	新增债券	债券总数	债券市值/元	权重 X_B	组合总市值/元	组合久期	剩余投资期	持有期收益率
0	6.50%	4	88.01	3.816		1 701.83	149 777.60	0.149 8	3	96.03	2.856		8 853.97	850 222.40	0.850 2	1000 000.00	3.000	3.000	
0	7.00%	4	86.45	3.814		1 701.83	149 777.60	0.149 8	3	94.75	2.855		8 853.97	850 222.40	0.850 2	1000 000.00	2.999	3.000	
1	7.50%	3	88.30	2.907	57.82	1 759.65	155 373.10	0.148 6	2	95.51	1.951	463.50	9 317.47	889 921.82	0.851 4	1 045 294.92	2.093	2.000	4.529 5%
1	7.50%	3	88.30	2.907		602.98	53 241.42	0.050 9	2	95.51	1.951		10 386.79	992 053.49	0.949 1	1 045 294.92	2.000	2.000	4.529 5%
2	8.00%	2	91.08	1.970	19.86	622.84	56 730.27	0.050 7	1	97.22	1.000	534.18	10 920.97	1 061 760.64	0.949 3	1 118 490.91	1.049	1.000	5.758 7%
2	8.00%	2	91.08	1.970		0.00	0.00	0.000 0	1	97.22	1.000		11 504.48	1 118 490.91	1.000 0	1 118 490.91	1.000	1.000	5.758 7%
3	8.50%	1	94.93	1.000	0.00	0.00	0.00	0.000 0	0	100.00	0.000	575.22	12 079.70	1 207 970.18	1.000 0	1 207 970.18	0.000	0.000	6.500 6%

图 4. 38

从图 4. 38 可见，第 3 时点上，也就是投资期结束之时，持有期收益率（平均年收益率）达到了 6. 500 6%，与原定目标几乎一致。

（10）免疫策略是否有效？

在图 4. 38 中，我们看到，在三年的投资期间，到期收益率逐步上涨的过程中，债券投资组合的持有期收益率先是处于比较低的水平，但随着时间的流逝，不断提升，最终达到了预定的目标 6. 5%。可以说，免疫策略的效果是很明显的。

为了更好地说明这一点，我们不妨做这样一个实验来对比，在 0 时点上构建初始投资组合之后，不管市场利率发生何种变化，我们都不再做任何调整，一直等到投资期结束，看结果如何。

这个用于对比的辅助实验的操作步骤请读者自行完成，最后应得到如图 4.39 所示的结果。

投资组合方案及调整策略如下：

		A债券							B债券							债券组合			
时期	到期收益率	剩余期限	价格/元	久期	新增债券	债券总数	债券市值/元	权重 X_A	剩余期限	价格/元	久期	新增债券	债券总数	债券市值/元	权重 X_B	组合总市值/元	组合久期	剩余投资期	持有期收益率
0	6.50%	4	88.01	3.816		1 701.83	149 777.60	0.149 8	3	96.03	2.856		8 853.97	850 222.40	0.850 2	1 000 000.00	3.000	3.000	
0	7.00%	4	86.45	3.814		1 701.83	149 777.60	0.149 8	3	94.75	2.855		8 853.97	850 222.40	0.850 2	1 000 000.00	2.999	3.000	
1	7.50%	3	88.30	2.907	57.82	1 759.65	155 373.10	0.148 6	2	95.51	1.951	463.50	9 317.47	889 921.82	0.851 4	1 045 294.92	2.093	2.000	4.529 5%
2	8.00%	2	91.08	1.970	57.96	1 817.61	165 554.52	0.148 1	1	97.22	1.000	479.18	9 796.66	952 452.63	0.851 9	1 118 007.15	1.144	1.000	5.735 9%
3	8.50%	1	94.93	1.000	57.44	1 875.05	178 000.05	0.147 5	0	100.00	0.000	489.83	10 286.49	1 028 648.84	0.852 5	1 206 648.89	0.148	0.000	6.461 8%

图 4.39

在图 4.39 中，我们可以看到，最终的持有期收益率为 6.461 8%，低于预定目标。由此可见，如果没有及时根据市场变化来做相应的调整（按照免疫原则），那么一旦市场利率朝着不利的方向发展的话，最终的收益率将低于预定目标，使投资者遭受损失。这种利率风险所带来的损失，如果投资者不想承受，想规避的话，那么就应该采取免疫策略来及时调整投资组合比例。当然，利率的不确定性也有可能朝着有利的方向发展，但这是无法预料，且不可控制的。投资者如果追求的目标是“稳妥”的收益，既不求超额利润，也希望可以规避意外损失，那么采取免疫策略是相对最优的选择。

四、注意事项

（一）构建清晰的解决方案，学会创新

在本次实训的过程中，读者应提前构思好清晰的解决方案，并且构建好恰当的 Excel 表格。一个体系凌乱和缺乏逻辑的表格设计，将会增加解决问题的难度，不利于快速准确地完成预定的任务。

另外，本例所设计的表格并非唯一的解决之道，更不是最好的方案，读者完全可以根据自己的偏好来进行修改，根据自己的思考来做进一步的优化。

（二）仔细认真地操作

在按照预定的思路操作的过程中，应认真仔细，每一步都要避免出错，否则一步错就步步错，导致最终结果与实际不符，白费力气。

（三）熟练掌握 Excel 操作技巧

Excel 操作技巧无处不在，在本例中，无论是创建表格、美化表格、输入公式并快速复制填充到其他同类单元格，都可以有不同的实现方法。不同的实现方法，其效率是大不相同的，因此，在本例的实训中，建议读者不要满足于一种实现方法，而应在熟练掌握一种方法的基础上，继续努力去探索更有效率的方法，直到找出最优的操作流程。

任务 3 资产配置与证券投资组合分析

【案例导入】

遍历证券投资基金公布的报表，不难发现其资产配置和具体的投资品种是多种多样的，以具体的证券品种而言，少则投资几十种，多则上百种。为什么证券投资基金在做投资决策的时候要把资金分散到各类证券品种中去？这里面到底有什么道理呢？这正是本任务要回答的问题。

思考：

（1）如何配置资产？

（2）如何构建投资组合？

【任务目标】

通过实训，学生应理解证券投资风险与收益的关系，掌握构建资产配置与证券投资组合的基本方法，学会运用 Excel 来解决简单的资产配置与证券投资组合问题。

【理论知识】

一、风险与收益的衡量

（一）单个证券收益和风险的衡量

证券投资的收益有两个来源，即股利收入（或利息收入）加上资本利得（或资本损失）。比如在一定期间进行股票投资的收益率，等于现金股利加上价格的变化，再除以初始价格。假设投资者购买了 100 元的股票，发行该股票的公司向投资者支付 7 元现金股利。一年后，该股票的价格上涨到 106 元。这样，该股票的投资收益率是（7+6）÷100×100%＝13%。

因此证券投资单期的收益率可定义为：

$$R = \frac{D_t + (P_t - P_{t-1})}{P_{t-1}}$$

式中：R 是收益率，t 指特定的时间段，D_t是第 t 期的现金股利（或利息收入），P_t是第 t 期的证券价格，P_{t-1}是第 $t-1$ 期的证券价格。在上述公式的分子中，括号里的部分（$P_t - P_{t-1}$）代表该期间的资本利得或资本损失。

由于风险证券的收益不能事先确知，投资者只能估计各种可能发生的结果（事件）

及每一种结果发生的可能性（概率），因而风险证券的收益率通常用统计学中的期望值来表示：

$$\bar{R} = \sum_{i=1}^{n} R_i P_i$$

式中：$\bar{R}$ 为预期收益率，R_i是第 i 种可能的收益率，P_i是收益率 R_i发生的概率，n 是可能性的数目。

预期收益率描述了以概率为权数的平均收益率。实际发生的收益率与预期收益率的偏差越大，投资于该证券的风险也就越大，因此对单个证券的风险，通常用统计学中的方差或标准差来表示。标准差 σ 可用公式表示成：

$$\sigma = \sqrt{\sum_{i=1}^{n} (R_i - \bar{R})^2 (P_i)}$$

标准差的直接含义是，当证券收益率服从正态分布时，三分之二的收益率在 $\bar{R} \pm \sigma$ 范围内，95%的收益率在 $\bar{R} \pm 2\sigma$ 范围之内。

（二）证券组合收益和风险的衡量

到目前为止，我们仅讨论了单项投资的风险和收益。但实际上，投资者很少把所有财富都投资在一种证券上，而是构建一个证券组合。下面我们将讨论证券组合收益和风险的衡量。

1. 双证券组合收益和风险的衡量

假设投资者不是将所有资产投资于单个风险证券上，而是投资于两个风险证券，那么该风险证券组合的收益和风险应如何计量呢？假设某投资者将其资金分别投资于风险证券 A 和 B，其投资比重分别为 X_A和 X_B，$X_A + X_B = 1$，则双证券组合的预期收益率 $\bar{R}_P$ 等于单个证券预期收益 $\bar{R}_A$和 $\bar{R}_B$以投资比重为权数的加权平均数。用公式表示为：

$$\bar{R}_P = X_A \bar{R}_A + X_B \bar{R}_B$$

由于两个证券的风险具有相互抵消的可能性，双证券组合的风险就不能简单地等于单个证券的风险以投资比重为权数的加权平均数。用其收益率的方差 σ_P^2表示，其公式应为：

$$\sigma_P^2 = X_A^2 \sigma_A^2 + X_B^2 \sigma_B^2 + 2X_A X_B \sigma_{AB}$$

式中，σ_{AB}为证券 A 和 B 实际收益率和预期收益率离差之积的期望值，在统计学中称为协方差，协方差可以用来衡量两个证券收益之间的互动性。其计算公式为：

$$\sigma_{AB} = \Sigma_i (R_{Ai} - \bar{R}_A)\ (R_{Bi} - \bar{R}_B)\ P_i$$

正的协方差表明两个变量朝同一方向变动，负的协方差表明两个变量朝相反方向变动。两种证券收益率的协方差衡量这两种证券一起变动的程度。

表示两证券收益变动之间的互动关系，除了协方差外，还可以用相关系数 ρ_{AB}表示。两者的关系为：

$$\rho_{AB} = \sigma_{AB} / \sigma_A \sigma_B$$

相关系数的一个重要特征为其取值范围介于-1 与+1 之间，即$-1 \leqslant \rho_{AB} \leqslant +1$。

因此公式又可以写成：

$$\sigma_P{}^2 = X_A{}^2\sigma_A{}^2 + X_B{}^2\sigma_B{}^2 + 2X_AX_B\rho_{AB}\sigma_A\sigma_B$$

当取值为-1 时，表示证券 A、B 收益变动完全负相关；当取值为+1 时表示证券 A、B 完全正相关；当取值为 0 时，表示完全不相关。当 $0<\rho_{AB}<1$ 时，表示正相关；当 $-1<\rho_{AB}<0$ 时，表示负相关。

根据上面的分析可知，双证券组合的风险不仅取决于每个证券自身的风险（用方差或者标准差表示），还取决于每两个证券之间的互动性（用协方差或相关系数表示）。

2. N 个证券组合收益和风险的衡量

（1）N 个证券组合的收益

由上面的分析可知，证券组合的预期收益率就是组成该组合的各种证券的预期收益率的加权平均数，权数是投资于各种证券的资金占总投资额的比例。用公式表示为：

$$\overline{R_p} = \sum_{i=1}^{n} X_i \overline{R_i}$$

式中：X_i是投资于 i 证券的资金占总投资额的比例或权数，$\bar{R}_i$ 是证券 i 的预期收益率，n 是证券组合中不同证券的总数。

（2）N 个证券组合的风险

证券组合的风险（用标准差表示）的计算不能简单地把组合中每个证券的标准差进行加权平均而得到。其计算公式为：

$$\sigma_\rho = \sqrt{\sum_{i=1}^{n}\sum_{j=1}^{n} X_iX_j\sigma_{ij}}$$

式中：n 是组合中不同证券的总数目，X_i和 X_j分别是证券 i 和证券 j 投资资金占总投资额的比例，σ_{ij}是证券 i 和证券 j 可能收益率的协方差。

由上可知，证券组合的方差不仅取决于单个证券的方差，而且还取决于各种证券间的协方差。随着组合中证券数目的增加，在决定组合方差时，协方差的作用越来越大，而方差的作用越来越小。这一点可以通过考察方差-协方差矩阵看出来。在一个由两个证券组成的组合中，有两个加权方差和两个加权协方差。但是对一个大的组合而言，总方差主要取决于任意两种证券间的协方差。例如，在一个由 30 种证券组成的组合中，有 30 个方差和 870 个协方差。若一个组合进一步扩大到包括所有的证券，则协方差几乎就成了组合标准差的决定性因素。

二、风险分散与最优证券投资组合

“不要把所有的鸡蛋放在一个篮子里。”如果将这句古老的谚语应用在投资决策中，就是说不要将所有的钱投资于同一证券上，通过分散投资可以降低投资风险。这是一个非常浅显易懂的道理。那么，应该将“鸡蛋”放在多少个“篮子”里最好呢？将“鸡蛋”放在什么样的不同篮子里最好呢？

如前所述，证券组合的风险不仅取决于单个证券的风险和投资比重，还取决于两个证券收益的协方差或相关系数，而协方差或相关系数起着特别重要的作用。因此投资者建立的证券组合就不是一般的拼凑，而是要通过各证券收益波动的相关系数来分析。

根据证券组合预期收益率和风险的计算公式可知，不管组合中证券的数量是多少，证券组合的收益率只是单个证券收益率的加权平均数，分散投资不会影响到组合的收益率。但是分散投资可以降低收益率变动的波动性。各个证券之间收益率变化的相关关系越弱，分散投资降低风险的效果就越明显。当然，在现实的证券市场上，大多数情况是各个证券收益之间存在一定的正相关关系，相关程度有高有低。有效证券组合的任务就是要找出相关关系较弱的证券组合，以保证在一定的预期收益率水平上尽可能降低风险。

从理论上讲，一个证券组合只要包含了足够多的相关关系弱的证券，就完全有可能消除所有的风险，但是在现实的证券市场上，各证券收益率的正相关程度很高，因为各证券的收益率在一定程度上受同一因素影响（如经济周期、利率的变化等），因此，分散投资可以消除证券组合的非系统性风险，但是并不能消除系统性风险。

我们举个例子来说明如何确定最优风险组合。假设市场上有 A、B 两种证券，其预期收益率分别为 8%和 13%，标准差分别为 12%和 20%。A、B 两种证券的相关系数为 0.3。市场无风险利率为 5%。某投资者决定用这两只证券组成最优风险组合。

根据投资学理论，最优风险组合实际上是使无风险资产（A 点）与风险资产组合的连线斜率（$\frac{\bar{R}_1-r_f}{\sigma_1}$）最大的风险资产组合，其中 $\bar{R}_1$ 和 σ_1 分别代表风险资产组合的预期收益率和标准差，r_f表示无风险利率。我们的目标是求 $\max\limits_{X_A, X_B} \frac{\bar{R}_1 - r_f}{\sigma_1}$。其中：

$$\bar{R}_1 = X_A\bar{R}_A + X_B\bar{R}_B$$

$$\sigma_1^2 = X_A^2\sigma_A^2 + X_B^2\sigma_B^2 + 2X_AX_B\rho\sigma_A\sigma_B$$

约束条件是：$X_A+X_B=1$。这是标准的求极值问题。

通过将目标函数对 X_A求偏导并令偏导等于 0，我们就可以求出最优风险组合的权重解如下：

$$X_A = \frac{(\bar{R}_A-r_f)\ \sigma_B^2-(\bar{R}_B-r_f)\ \rho\sigma_A\sigma_B}{(\bar{R}_A-r_f)\ \sigma_B^2+(\bar{R}_B-r_f)\ \sigma_A^2-(\bar{R}_A-r_f+\bar{R}_B-r_f)\ \rho\sigma_A\sigma_B}$$

$$X_B = 1-X_A$$

将数据代进去，就可得到最优风险组合的权重为：

$$X_A = \frac{(0.08-0.05)\times 0.2^2-(0.13-0.05)\times 0.3\times 0.12\times 0.2}{(0.08-0.05)\times 0.2^2+(0.13-0.05)\times 0.12^2-(0.08-0.05+0.13-0.05)\times 0.3\times 0.12\times 0.2}$$

$=0.4$

$X_B=1-0.4=0.6$

该最优组合的预期收益率和标准差分别为：

$\bar{R}_1=(0.4\times 0.08+0.6\times 0.13)\times 100\%=11\%$

$\sigma_1=(0.4^2\times 0.12^2+0.6^2\times 0.2^2+2\times 0.4\times 0.6\times 0.3\times 0.12\times 0.2)\times 100\%=14.2\%$

该最优风险组合的单位风险报酬=（11%-5%）÷14.2%=0.42

在上面的例子中提到的指标$\frac{\bar{R}_1-r_f}{\sigma_1}$，就是单位风险报酬（reward-to-variability），又

称夏普比率（Sharpe’s ratio）。所谓最优证券投资组合，其实就是保证单位风险报酬最大的投资组合。

实训技能 1　股票收益率的计算

一、实训内容

在本次实训中，我们将挑选一只股票来计算它在过去几年的表现（年平均收益率）。

标的股票：海通证券 600837。

观测期：2011 年 1 月 1 日至 2014 年 12 月 31 日（四年）。

附加条件：简单起见，不考虑股票的分红派息。因此股票的收益率就是价格变化率。

二、实训方法

采用复利收益率而不是算术平均收益率来计算年平均收益率。复利收益率考虑了“利滚利”的效果，因此是反映投资收益的科学、合理的指标。

在计算过程中，需要用到 Excel 内置函数 POWER，是求幂函数的公式。语法如下：

POWER（number，power）

POWER 函数语法具有下列函数参数：

number：底数，可以为任意实数。

power：指数，底数按该指数次幂乘方。

说明：在通常的操作中，习惯用“^”运算符来代替函数 POWER 来表示对底数乘方的幂次，例如 5^2，其值等于 POWER（5，2）。两种方式的计算结果是一样的。

三、实训步骤

（一）收集股票行情数据

新建一个 Excel 表格，把海通证券在观测期首个交易日的开盘价 9.72 元和最后一个交易日的收盘价 24.06 元查找出来，存入其中，如图 4.40 所示。

（二）计算增长倍数、年平均增长倍数和年平均增长率

1. 增长倍数

公式 = C4/C3

计算结果：2.475 3。

2. 年平均增长倍数

公式 = POWER（C4/C3，1/4）

计算结果：1.254 3。

3. 年平均增长率（年化收益率）

公式=C7-1

计算结果：25.43%。

本例所有计算结果及相关的数学公式如图 4.40 所示。

	A	B	C	D
1				
2		海通证券		
3		起始价格P_0/元	9.72	
4		终止价格P_4/元	24.06	
5				
6		增长倍数（P_4/P_0）	2.475 3	
7		年平均增长倍数	1.254 3	$=\left(\frac{P_4}{P_0}\right)^{\frac{1}{4}}$
8				
9		年平均增长率	25.43%	$=\left(\frac{P_4}{P_0}\right)^{\frac{1}{4}}-1$
10				

图 4.40

（三）评价海通证券的年化收益率

对于 2011—2014 年四年来海通证券股价的年化收益率（25.43%），我们如何评价其高低呢？为此，我们把上证指数在这期间的年化收益率计算出来作为对比。上证指数年化收益率的计算过程在这里就不做介绍了，留给读者自行完成。

最后得到的结果是：上证指数 2011—2014 年四年的年化收益率为 3.17%。而海通证券在同期内的年化收益率却达到了 25.43%。可见这四年间，如果投资海通证券的话，业绩表现还是很不错的。

四、注意事项

首先，在计算金融资产的平均收益率的时候，我们通常用复利收益率而不是简单算术平均收益率，因为复利收益率考虑了“利滚利”的投资效果，能够反映真实的收益水平。

其次，在本模块的任务 2 中，计算的债券持有期收益率，其实就是复利收益率。

实训技能 2　股票收益率的风险

一、实训内容

在本次实训中，我们将挑选与上次实验相同的股票来计算它的日收益率在过去几年间的波动程度。

标的股票：海通证券 600837。

观测期：2011 年 1 月 1 日至 2014 年 12 月 31 日（四年）。

附加条件：简单起见，不考虑股票的分红派息。因此股票的收益率就是价格变化率。

二、实训方法

股票的投资风险，我们用它的收益率的标准差来表示。在计算一只股票过去风险的时候，需要用到 Excel 内置函数 STDEV，它是求样本数据的标准差公式。

语法：

STDEV（number1，number2，…）参数可以是用逗号隔开的数值，也可以是单元格区域，比如 A1：A800，表示计算从 A1 单元格到 A800 单元格所有数值的样本标准差。

三、实训步骤

（一）收集股票行情数据

新建一个 Excel 表格，把海通证券在观测期的日收盘价查找出来，存入其中，如图 4.41 所示。

注：为了显示方便，已经将绝大多数行隐藏。

（二）计算日收益率

从第二个交易日开始，我们就可以计算每日收益率。其公式为：

（当期价格-上期价格）÷上期价格

（1）在 C3 单元格中输入公式“=（B3-B2）/B2”，按回车键即可得到当日收益率。

（2）选中 C3 单元格，把鼠标移到其右下角，当黑色十字星鼠标形状出现的时候，按住左键，往下拉，即可快速填充公式到 C3 后面的单元格中，其结果正是我们想要的（请读者自行验证）。具体如图 4.41 所示。

	A	B	C	D	E	F
1	日期	成交价/元	收益率		收益率的标准差	
2	2011/1/4	9.85			2.49%	
3	2011/1/5	9.7	-1.52%			
4	2011/1/6	9.68	-0.21%			
5	2011/1/7	9.79	1.14%			
6	2011/1/10	9.56	-2.35%			
7	2011/1/11	9.69	1.36%			
8	2011/1/12	9.76	0.72%			
954	2014/12/22	22	-2.27%			
955	2014/12/23	22.1	0.45%			
956	2014/12/24	20.1	-9.05%			
957	2014/12/25	20.94	4.18%			
958	2014/12/26	23.03	9.98%			
959	2014/12/29	22.46	-2.48%			
960	2014/12/30	23.88	6.32%			
961	2014/12/31	24.06	0.75%			
962						

图 4.41

（三）计算收益率的标准差

在 E2 单元格中输入公式“=STDEV（C3：C961）”，即可得到结果 2.49%。

（四）评价收益率波动程度的高低

对于 2.49%（收益率标准差）这一波动程度指标，其大小如何，直接从数值上无法把握。为此，我们同样还是以上证指数作为参照对象进行对比。因此，我们先把 2011—2014 年四年间上证指数的日收益率标准差计算出来，以此对比，就可以看出海通证券日收益率的波动大小了。

计算结果如下：

上证指数日收益率的标准差为 1.13%。

由此可见，海通证券的波动程度 2.49%是上证指数的两倍多，算是比较大的了。

（五）评价收益风险比的大小

单独通过平均收益率或标准差来评价一只股票的表现，都是片面的，最好是把两者结合起来。如何结合呢？不妨用“收益风险比”这个指标。这个指标体现了承担单位风险可以获得的收益，其值越大越好。

为了计算这一指标，我们先要计算上证指数和海通证券在 2011—2014 年四年间的日平均收益率。其操作方法与前一个实训中计算年平均收益率的方法是类似的，依然是用复利收益率指标，因此在这里就不再列出全部具体操作步骤，只列出如图 4.42 与图 4.43 所示的计算结果，具体操作请读者自行完成。

	A	B	C	D	E	F	G
1	日期	成交价/元	收益率		收益率的标准差	日均收益率	收益风险比
2	2011/1/4	9.85			2.49%	0.093 2%	3.75%
3	2011/1/5	9.7	-1.52%				
4	2011/1/6	9.68	-0.21%				
5	2011/1/7	9.79	1.14%				
6	2011/1/10	9.56	-2.35%				
7	2011/1/11	9.69	1.36%				
8	2011/1/12	9.76	0.72%				
954	2014/12/22	22	-2.27%				
955	2014/12/23	22.1	0.45%				
956	2014/12/24	20.1	-9.05%				
957	2014/12/25	20.94	4.18%				
958	2014/12/26	23.03	9.98%				
959	2014/12/29	22.46	-2.48%				
960	2014/12/30	23.88	6.32%				
961	2014/12/31	24.06	0.75%				
962							

图 4.42

	A	B	C	D	E	F	G
1	日期	成交价/元	收益率		收益率的标准差	日均收益率	收益风险比
2	2011/1/4	2 852.648			1.13%	0.0130%	1.15%
3	2011/1/5	2 838.593	-0.49%				
4	2011/1/6	2 824.197	-0.51%				
5	2011/1/7	2 838.801	0.52%				
6	2011/1/10	2 791.809	-1.66%				
7	2011/1/11	2 804.047	0.44%				
8	2011/1/12	2 821.305	0.62%				
9	2011/1/13	2 827.713	0.23%				
961	2014/12/22	3 127.445	0.61%				
962	2014/12/23	3 032.612	-3.03%				
963	2014/12/24	2 972.532	-1.98%				
964	2014/12/25	3 072.536	3.36%				
965	2014/12/26	3 157.603	2.77%				
966	2014/12/29	3 168.016	0.33%				
967	2014/12/30	3 165.815	-0.07%				
968	2014/12/31	3 234.677	2.18%				
969							

图 4.43

注：在图 4.42 与图 4.43 中，日均收益率的计算公式为“=POWER（B961/B2，1/959）-1”，收益风险比的计算公式为“=F2/E2”。

根据图 4.42 与图 4.43，可得最终结果如下：

上证指数日均收益率为 0.013 0%。

海通证券日均收益率为 0. 093 2%。

上证指数日收益风险比为 0. 013 0%÷1. 13%×100%=1. 15%。

海通证券日收益风险比：0. 093 2%÷2. 49%×100%=3. 75%。

由此可见，持有海通证券在这四年间的收益风险比是同期大盘指数收益风险比的三倍多，说明其权衡了收益和风险之后的综合表现好于大盘。

四、注意事项

首先，在计算股票价格日平均收益率的时候，我们采用的是直接通过当日收盘价和前日收盘价来计算，自然能够反映真实的收益水平。

其次，“收益风险比”这一指标，因没有考虑剔除无风险收益率，所以不是真正的“单位风险报酬”，本例中这样做，只是为了简单快捷地对比综合风险收益的大小。在实际应用中，请读者严格按照夏普比率（单位风险报酬）的公式操作。

实训技能 3　构建最优证券投资组合

一、实训内容

在本次实训中，我们将在给定的候选证券中组建一个最优投资组合。简单起见，我们沿用本模块理论部分的案例：假设给定了 A、B 两种证券，其预期收益率分别为 8%和 13%，标准差分别为 12%和 20%。A、B 两种证券的相关系数为 0. 3。市场无风险利率为 5%。某投资者决定用这两种证券组成最优风险组合，请根据“单位风险报酬”最大化策略来求解这一最优证券组合。

二、实训方法

求解最优风险组合，其实就是“单位风险报酬最大化”这样一个求极值问题。因此，在 Excel 里，我们需要用到规划求解工具。

三、实训步骤

（一）收集数据

新建一个 Excel 文档，把相关数据填入其中，如图 4. 44 所示。

	A证券	B证券	证券组合
预期收益率	8%	13%	
标准差	12%	20%	
投资比例（权重）			

A、B证券相关系数	0.3
无风险收益率	0.05
单位风险报酬	

图 4. 44

（二）计算证券组合的预期收益率和标准差

1. 证券组合的预期收益率

根据理论部分的公式，风险组合的预期收益率为 $\bar{R}_1 = X_A\bar{R}_A + X_B\bar{R}_B$，因此，单元格 E3 中应填入公式"=C3 * C5+D3 * D5"。由于此时 A、B 证券的权重为空，所以 E3 单元格的值为 0。

2. 证券组合的标准差

根据风险组合的方差计算公式 $\sigma_1^2 = X_A^2\sigma_A^2 + X_B^2\sigma_B^2 + 2X_AX_B\rho\sigma_A\sigma_B$，因此 E4 单元格里应填入公式"=（C4^2 * C5^2+D4^2 * D5^2+2 * C7 * C4 * D4 * C5 * D5）^0. 5"。

注意：标准差为方差的正平方根。

（三）用"规划求解"来求解最优风险组合

（1）在 C9 单元格中填入单位风险报酬的计算公式"=（E3-C8）/E4"。

（2）点出"规划求解"设置窗口，设置相关参数及选项，如图 4. 45 所示。

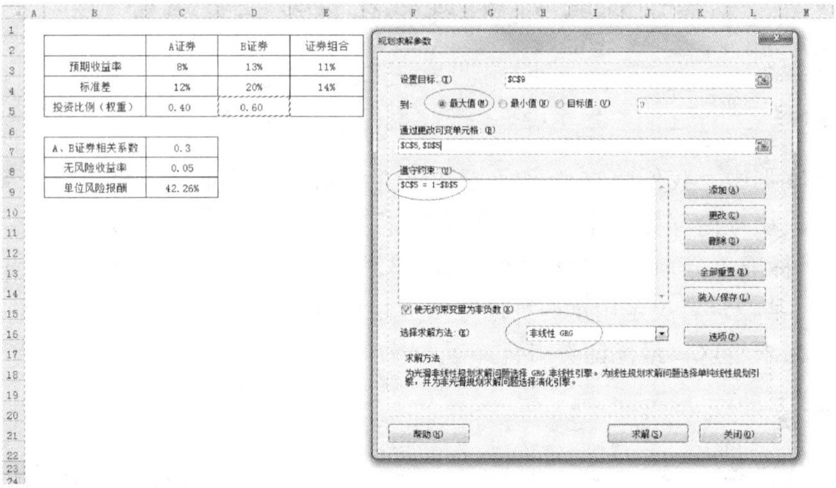

图 4. 45

参数及其他选项设置情况如下：

首先，目标单元格的取值不是给定的，而是"求最大化"的极值问题，这需要由"规划求解"来试算。

其次，可变单元格是 A、B 证券的权重，两者相加要等于 1，将其添加到约束条件中。

再次，由于权重总是正数，因此要勾选"非负数"选项。

最后，由于本例的极值问题是非线性规划求解，因此要选择"非线性"求解方法，否则会导致错误。

当所有选项设定完毕，点击"求解"，即可得出结果，Excel 会自动把试算结果存入相应的单元格之中，如图 4. 46 所示。

	A证券	B证券	证券组合
预期收益率	8%	13%	11%
标准差	12%	20%	14%
投资比例（权重）	0.40	0.60	

A、B证券相关系数	0.3
无风险收益率	0.05
单位风险报酬	42.26%

图 4.46

根据图 4.46 所示的规划求解结果，我们可知，当 A、B 证券的投资比重分别为 0.40 和 0.60 时，风险组合的单位风险报酬实现最大化，其值为 42.26%。从而，这一组合就被称为“最优风险组合”。

读者可以自行尝试给 C5 和 D5 单元格输入其他任意数值（保证和为 1），得到的单位风险报酬绝对不会超过 42.26%。另外，也可以用本例给定的基本条件来模拟上百种投资比例情况下的单位风险报酬，从而得到如图 4.47 所示的表格（部分行被隐藏）。

从图 4.47 所示的表格中，我们可以看到黑色底纹的那一行，其单位风险报酬是最大的，投资比例各为 0.40 和 0.60。

为了更直观地把握单位风险报酬最大化的效果，我们在图 4.47 所示的表格基础上，画一个线图来观察，如图 4.48 所示。

从图 4.48 中，我们可以清晰地看到，通过点（0.4，0.422 6）的切线，正好平行于横轴，因此该点为曲线的最高点。也就是说，当 A 证券的投资比例为 0.4 时（B 证券的投资比例为 0.6），单位风险报酬最大。

序号	A证券比重	B证券比重	证券组合预期收益率	证券组合标准差	单位风险报酬
1	0	1	0.130 0	0.200 0	0.400 000
2	0.01	0.99	0.129 5	0.198 4	0.400 780
3	0.02	0.98	0.129 0	0.196 7	0.401 559
4	0.03	0.97	0.128 5	0.195 1	0.402 337
36	0.35	0.65	0.112 5	0.148 1	0.421 951
37	0.36	0.64	0.112 0	0.146 9	0.422 169
38	0.37	0.63	0.111 5	0.145 6	0.422 344
39	0.38	0.62	0.111 0	0.144 4	0.422 472
40	0.39	0.61	0.110 5	0.143 2	0.422 550
41	**0.4**	**0.6**	**0.110 0**	**0.142 0**	**0.422 577**
42	0.41	0.59	0.109 5	0.140 8	0.422 549
43	0.42	0.58	0.109 0	0.139 7	0.422 464
44	0.43	0.57	0.108 5	0.138 5	0.422 319
45	0.44	0.56	0.108 0	0.137 4	0.422 111
46	0.45	0.55	0.107 5	0.136 3	0.421 837
98	0.97	0.03	0.081 5	0.118 3	0.266 186
99	0.98	0.02	0.081 0	0.118 9	0.260 808
100	0.99	0.01	0.080 5	0.119 4	0.255 411
101	1	0	0.080 0	0.120 0	0.250 000

图 4.47

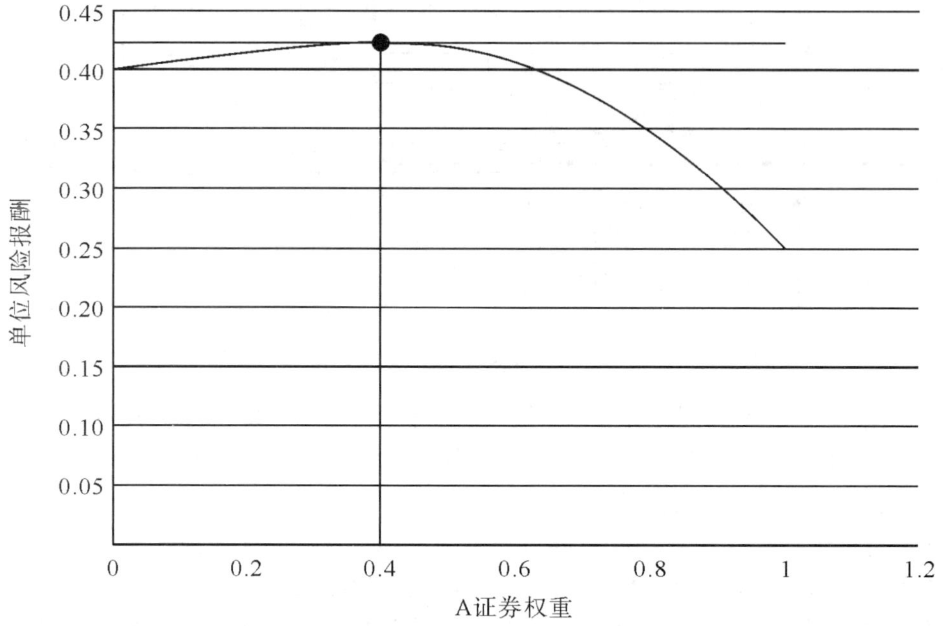

图 4.48

四、注意事项

首先，在本例中，我们给定了证券的预期收益率和标准差。然而在现实中，得到的往往只是证券的原始行情数据，需要自行对预期收益率和标准差做出估算。估算的方法，读者可以参考时间序列数据的回归分析方法、统计学上的移动平均法等，或者直接用历史价格数据求取平均收益率和标准差来替代。

其次，简单起见，本例只是考察了两种证券，而在现实中，可列入候选的证券数量可达几十上百种，其工作量是很大的。因此，为了提高工作效率，读者有必要学会 Excel VBA 编程，届时可以用事先编好的程序来完成预定的工作任务，精准而又快捷。

最后，在本例中，我们模拟了上百种情况，同时根据模拟的数据画出线图来辅助认识单位风险报酬最大化问题。建议读者好好体会这种方法，熟练掌握其操作技巧，把这种方法运用到其他问题中去，可以让我们的工作成果更形象生动，让人容易理解。

案例分析题

（1）数据集中存有上证指数和某 5 只股票的月收益率（1995 年 1 月至 2000 年 12 月），请根据所给数据，计算股票 1~5 的贝塔系数。另外，如果以这 5 只股票构建一个平均权重的股票组合，这个组合的贝塔系数又是多少?

（2）已知债券 A 和债券 B 的面值均为 100 元，剩余期限分别是 5 年和 6 年，息票利息为 3 元和 4 元，均为每年付息一次。当前市场利率为 2.5%。

①如果不考虑影响债券风险的其他因素，则这两种债券的估值应是多少？

②如果债券 A 和债券 B 的当前市场价分别为 103.68 元和 105.76 元，那么投资哪一种更为有利？

（3）已知某债券面值 100 元，到期日为 2023 年 4 月 17 日，当前日期为 2021 年 8 月 11 日，息票率为 3.4%，每年付息两次，市场价为 101.69 元。请计算到期收益率。（提示：用 yield 函数）

（4）已知债券 A 和债券 B 的面值均为 100 元，剩余期限分别是 8 年和 8.5 年，息票利息为 4 元和 5 元，均为每年付息一次。当前市场价分别为 105 元和 108 元。

①请计算两种债券的修正久期。

②如果预期市场利率将会下降，那么投资 A、B 哪种债券更为划算？

模块五　Excel 在经济管理决策中的应用

【模块概述】

Excel 软件在经济管理中的应用是很广泛的，从财务管理、经济统计分析、最优化问题到前景预测，都可以发挥其高效的计算功能。本模块的目标和任务即是学会如何把 Excel 应用到现实的经济管理决策中来。

【模块教学目标】

（1）掌握互斥项目常见评估方法（净现值法、内部报酬率法与投资回收期法）的应用；

（2）掌握资本成本与资本结构的分析方法；

（3）掌握生产最优化问题；

（4）掌握如何对经济数据进行分析与预测。

【知识目标】

（1）净现值法、内部报酬率法、投资回收期法；

（2）资本成本；

（3）资本结构；

（4）线性规划；

（5）移动平均；

（6）回归分析。

【技能目标】

（1）学会在 Excel 中做互斥项目的评估；

（2）学会运用 Excel 对资本成本与资本结构进行分析；

（3）学会在 Excel 中做简单的统计分析与回归分析；

（4）学会在 Excel 中运用规划求解来解决简单的最优化问题。

【素质目标】

（1）培养学生理解现实经济管理问题的能力；
（2）培养学生利用Excel解决现实经济管理问题的能力。

任务1 投资项目评估

【案例导入】

某公司决定从几个项目中挑选一个项目作为投资项目。首先，该公司预计了各个项目在未来若干年限中的现金流，然后设定了合理的贴现率水平。请问该如何判断投入哪个项目更好呢？

思考：如何评估互斥项目？哪一个项目更值得投资？

【任务目标】

通过实训，学生应掌握互斥项目评估的经典方法，能够熟练运用Excel工具来实现净现值法、内部报酬率法以及投资回收期法，能自行做定量的分析与求解。

【理论知识】

一、互斥项目

互斥项目是指多个互相排斥、不能同时并存的方案。对投资项目进行评估的传统方法主要有两种：一种是考虑资金时间价值的贴现的方法，有净现值（NPV）、内部报酬率（IRR）、现值指数（PI）；另一种是不考虑时间价值的非贴现方法，有投资回收期，会计收益率。从来自数千家不同行业的公司CFO（首席财务官）反馈回来的情况发现，净现值和内部报酬率是各评价方法中应用最广泛的，多数公司使用这两种方法。

二、净现值

（一）定义

净现值法是评价投资方案的一种方法。该方法是利用净现金效益量的总现值与净现金投资量算出净现值，然后根据净现值的大小来评价投资方案。净现值为正值，投资方案是可以接受的；净现值是负值，投资方案就是不可以接受的。净现值越大，投资方案越好。净现值法是一种比较科学，也比较简便的投资方案评价方法。

（二）计算公式

$$NPV = \sum_{t=0}^{n} \frac{CF_t}{(1+r)^t}$$

式中，CF_t 表示第 t 期的净现金流，r 表示贴现率，n 为项目的生命期限。

（三）净现值法的优点

（1）使用现金流量。公司可以直接使用项目所获得的现金流量，相比之下，利润包含了许多人为的因素。在资本预算中利润不等于现金。

（2）净现值包括了项目的全部现金流量，其他资本预算方法往往会忽略某特定时期之后的现金流量，如回收期法。

（3）净现值对现金流量进行了合理折现，有些方法在处理现金流量时往往忽略货币的时间价值，如回收期法、会计收益率法。

（四）净现值法的缺点

（1）资金成本率的确定较为困难，特别是在经济不稳定的情况下，资本市场的利率经常变化更加重了确定的难度。

（2）净现值法说明投资项目的盈亏总额，但没能说明单位投资的效益情况，即投资项目本身的实际投资报酬率。这样会造成在投资规划中着重选择投资大、收益大的项目，而忽视投资小、收益小、投资报酬率高的更好的投资方案。

三、内部报酬率

（一）定义

内部报酬率又名内部收益率，是一项投资可望达到的报酬率，是能使投资项目净现值等于零时的折现率。就是在考虑了时间价值的情况下，使一项投资在未来产生的现金流量现值，刚好等于投资成本时的收益率，而不是“不论高低，净现值都是零，所以无所谓”。这是一个本末倒置的想法，因为计算内部收益率的前提本来就是使净现值等于零。

（二）计算方法

$$净现值函数：NPV = \sum_{t=0}^{n} \frac{CF_t}{(1+r)^t}$$

内部报酬率就是令上式为 0 的 r 的值。一般来讲，难以通过解析式来直接求解 r 的值，而是通过插值法来估算内部报酬率。

（三）优点

内部收益率法的优点是能够把项目寿命期内的收益与其投资总额联系起来，指出这个项目的收益率，便于将它同行业基准投资收益率对比，确定这个项目是否值得建设。使用借款进行建设，在借款条件（主要是利率）还不明确时，内部收益率法可以避开借款条件，先求得内部收益率，作为可以接受借款利率的高限。但内部收益率表现的是比率，不是绝对值，一个内部收益率较低的方案，可能由于其规模较大而有较大的净现值，因而更值得建设。所以在比较各个方案时，必须将内部收益率与净现值结合起来考虑。

四、投资回收期

投资回收期可分为静态投资回收期和动态投资回收期。

（一）静态投资回收期

静态投资回收期是在不考虑资金时间价值的条件下，以项目的净收益回收其全部投资所需要的时间。投资回收期可以自项目建设开始年算起，也可以自项目投产年开始算起，但应予以注明。公式（也适用于动态投资回收期）如下：

$$投资回收期 = \begin{matrix}累积净现金流开始\\出现正值的年份数\end{matrix} - 1 + \frac{上年累积净现金流的绝对值}{当年净现金流}$$

（二）动态投资回收期

动态投资回收期是把投资项目各年的净现金流量按基准收益率折成现值之后，再来推算投资回收期。这就是它与静态投资回收期的根本区别。动态投资回收期就是净现金流量累计现值等于零时的年份。动态投资回收期弥补了静态投资回收期没有考虑资金的时间价值这一缺点，使其更符合实际情况。

（三）评价方法

求出的投资回收期要与行业标准投资回收期或行业平均投资回收期进行比较，低于相应的标准，则认为项目可行。投资者一般都十分关心投资的回收速度，为了减少投资风险，都希望尽早收回投资。

实训技能 1 净现值法

一、实训内容

某公司要决定是否投入一项新的消费品的生产。根据预测的销售收入和成本，预计在项目的 5 年年限中，第 1、2 年的现金流为每年 2 000 万元，第 3、4 年为每年 4 000 万元，第 5 年为 5 000 万元。生产项目的投入成本为 10 000 万元。假定贴现率为 10%。请根据净现值法来判断该项目是否可行。

二、实训方法

NPV 函数介绍

语法：

NPV（rate，value1，value2，…）

rate 为某一期间的贴现率，是一固定值。

value1，value2，… 为 1~29 个参数，代表支出及收入。

value1，value2，…在时间上必须具有相等间隔，并且都发生在期末。

在 NPV 函数中，假定投资开始于 value1 现金流所在日期的前一期，并结束于最后一笔现金流的当期。也就是说，函数 NPV 依据未来的现金流进行计算。如果第一笔现金流发生在第一个周期的期初，则第一笔现金必须添加到函数 NPV 的结果中，而不应包含在 value 参数中。通过字面意思，读者可能不太容易理解，那么当做完本实训，亲自操作之后，就能明白了。

三、实训步骤

（1）新建一个 Excel 表格，在其中录入本例所需数据，如图 5.1 所示。

	A	B	C	D	E	F
1						
2		时期	净现金流 / 万元			
3		0	-10 000			
4		1	2 000			
5		2	2 000			
6		3	4 000			
7		4	4 000			
8		5	5 000			
9						
10		贴现率	10%			
11						
12		净现值 / 万元				
13						

图 5.1

（2）在 C12 单元格中输入公式“=NPV（C10，C4：C8）+C3”，按回车键之后，即可得到结果，如图 5.2 所示。

	A	B	C	D	E
1					
2		时期	净现金流 / 万元		
3		0	-10 000		
4		1	2 000		
5		2	2 000		
6		3	4 000		
7		4	4 000		
8		5	5 000		
9					
10		贴现率	10%		
11					
12		净现值 / 万元	2 312. 99		
13					

图 5.2

计算结果为2 312.99万元。可见，该项目的净现值为正，且比较大，因此，该项目值得投资。

（3）除了上面介绍的NPV函数法，我们也可以用其他方法来计算，结果是一样的，如图5.3所示。

	A	B	C	D
1				
2		时期	净现金流/万元	折现到0时点的现值/万元
3		0	-10 000	-10 000.00
4		1	2 000	1 818.18
5		2	2 000	1 652.89
6		3	4 000	3 005.26
7		4	4 000	2 732.05
8		5	5 000	3 104.61
9				
10		贴现率	10%	
11				
12		净现值/万元	2 312.99	=SUM(D3:D8)
13				

图5.3

在图5.3所示的表格中，我们把每一期的现金流折现到0时点，求得各期现金流的现值，然后把所有现值（有正有负）加起来，即可得到净现值。计算各期的现值需要用到PV函数，求和用到SUM函数。现列举D4单元格和C12单元格的公式：

D4单元格的公式=-PV（$C$10，B4，0，C4）

C12单元格的公式=SUM（D3：D8）

四、注意事项

（1）在NPV函数中，第一个参数是贴现率，第二个参数是现金流，但现金流是从1时点开始的，而不是从0时点。0时点上的现金流需要在NPV的结果上去添加，而不是在其参数内去添加，这是特别需要注意的。

（2）完成同样的工作，其途径未必只有一种，读者不妨在遇到问题的时候，思考各种解决方法，并亲身实践一下，久而久之，自然就能提高解决问题的能力。

实训技能2　内部报酬率法

一、实训内容

我们沿用上面的例子。某公司要决定是否投入一项新的消费品的生产。根据预测的销售收入和成本，预计在项目的5年年限中，第1、2年的现金流为每年2 000万元，第 3、4 年为每年 4 000 万元，第 5 年为 5 000 万元。生产项目的投入成本为 10 000 万元。假定同行业报酬率标准为 10%。请根据内部报酬率法来判断该项目是否可行。

二、实训方法

1. 内部报酬率的求解方法

（1）用 Excel 函数 IRR；

（2）用内插法；

（3）用规划求解法；

（4）用 RATE 函数。

这四种方法中，内插法是在没有计算机的前提下手工计算的方法，如果有计算机并且安装了 Excel，那么直接用 IRR 函数是最简洁的。规划求解的方法可以用来加深对内部报酬率的理解，在某些特定情况下会用到它。而 RATE 函数，只适用于定额年金的情形，如果年金的额度不完全一致，就不能用 RATE 函数。

在本次实训中，我们先用 IRR 函数，然后再用规划求解方法。对于 RATE 函数，我们修改题目条件之后，再介绍它的用法。

2. IRR 函数介绍

IRR 函数返回由数值代表的一组现金流的内部收益率。这些现金流不必为均衡的，但作为年金，它们必须按固定的间隔产生，如按月或按年。语法如下：

IRR（values，guess）

values 为数组或单元格的引用，包含用来计算返回的内部收益率的数字。values 必须包含至少一个正值和一个负值，以计算返回的内部收益率。

guess 为对函数 IRR 计算结果的估计值。从 guess 开始，函数 IRR 进行循环计算，直至结果的精度达到指定的一个较小的小数。在大多数情况下，并不需要为函数 IRR 的计算提供 guess 值。如果省略 guess，Excel 会自动假设它为 0.1（10%）。如果函数 IRR 返回错误值 #NUM!，或结果没有靠近期望值，可用另一个 guess 值再试一次。

三、实训步骤

（1）新建一个 Excel 文档，填入所需数据，如图 5.4 所示。

时期	净现金流 / 万元
0	-10 000
1	2 000
2	2 000
3	4 000
4	4 000
5	5 000

同行业报酬率标准	10%
内部报酬率	

图 5.4

（2）在 C12 单元格中输入公式“=IRR（C3：C8）”，即可求解得到内部报酬率的值为 0. 173 0，如图 5. 5 所示。

时期	净现金流 / 万元
0	-10 000
1	2 000
2	2 000
3	4 000
4	4 000
5	5 000

同行业报酬率标准	10%
内部报酬率	0. 173 0

图 5. 5

（3）项目评价。

从图 5. 5 中可见，求解得到的内部报酬率为 0. 173 0，远远大于给定的行业标准 0. 10，因此，我们认为该项目是值得投资的，因为它的内部报酬率已经超过了行业标准。

（4）用规划求解的方法来求解内部报酬率。

①新建如图 5. 6 所示的表格。

时期	净现金流 / 万元	折现到0时点的现值 / 万元
0	-10 000	-10 000.00
1	2 000	2 000.00
2	2 000	2 000.00
3	4 000	4 000.00
4	4 000	4 000.00
5	5 000	5 000.00

同行业报酬率标准	10%
净现值 / 万元	7 000.00
内部报酬率	

图 5.6

显而易见，该表格与计算净现值的表格几乎一样。是的，用规划求解的方法来操作，就必须事先写出净现值的计算过程和公式，然后根据内部报酬率的定义来求解。

根据理论部分的介绍，我们知道，内部报酬率就是使得投资的净现值为 0 的贴现率。因此，求解内部报酬率就是解一个一元方程。该方程的目标函数为净现值，变量是内部报酬率。我们要求解的是，内部报酬率这个变量取何值时，净现值为零。

②D 列的现值计算公式与“净现值法”案例中的是一样的。在这里，我们给读者列举 C11 单元格（目标单元格：净现值）和 D4 单元格的公式给读者，如下所示：

C11 单元格的公式=SUM（D3：D8）

D4 单元格的公式=-PV（$C$12，B4，0，C4）

从 D4 到 D8 单元格的公式中，都包含了 C12 单元格作为 rate 参数，然而此时 C12 单元格的值是空值，因此 Excel 就把它当作 0 处理，于是此时净现值的结果为 7 000。当内部报酬率的值发生变化的时候，净现值自然也随之而变。

③规划求解内部报酬率。

把“规划求解参数设置”的窗口点出来之后，按照如图 5.7 所示的样子设置参数。需要强调的是，目标单元格的值应设为 0，求解方法应设为“非线性”。

图 5.7

点击“求解”之后，即可得到内部报酬率的可行解，Excel 会自动存入相应单元格。结果如图 5.8 所示。

时期	净现金流/万元	折现到0时点的现值/万元
0	-10 000	-10 000.00
1	2 000	1 704.96
2	2 000	1 453.44
3	4 000	2 478.05
4	4 000	2 112.49
5	5 000	2 251.06

同行业报酬率标准	10%
净现值/万元	0.00
内部报酬率	0.173 0

图 5.8

从图 5.8 中可以发现，当 C12 单元格取值为 0.173 0 时，净现值正好为 0，所以，0.173 0 就是项目的内部报酬率。

（5）用 RATE 函数求解内部报酬率

①修改题目为：某公司要决定是否投入一项新的消费品的生产。根据预测的销售收入和成本，预计在项目的 5 年年限中，每年年末将获得现金流 3 000 万元，最后一年年末还能获得项目转让收入 3 000 万元。生产项目的投入成本为 10 000 万元。假定同行业报酬率标准为 10%。请根据内部报酬率法来判断该项目是否可行。

②根据题目条件，编写一个新的表格。然后我们采用 RATE 函数和 IRR 函数两种方法来计算内部报酬率，可以发现，结果是一样的，如图 5.9 所示。

	A	B	C	D	E
1					
2		时期	净现金流 / 万元		
3		0	-10 000		
4		1	3 000		
5		2	3 000		
6		3	3 000		
7		4	3 000		
8		5	6 000		
9					
10		同行业报酬率标准	10%		
11		内部报酬率	0.207 3	=IRR(C3:C8)	
12		内部报酬率	0.207 3	=RATE(B8,C4,C3,C8-C4)	
13					

图 5.9

四、注意事项

（1）IRR 函数的参数要包含所有时点上的现金流，这一点与 NPV 函数是不同的。并且，在包含的现金流中，既要有正值，又要有负值，否则就不符合实际，Excel 计算出来的值将显示错误提示。

（2）RATE 函数的使用要注意适用条件。如果每期发生的现金流不固定，没有规律，那么只能用 IRR 函数，而不能用 RATE 函数。

实训技能 3　投资回收期法

一、实训内容

继续沿用上面的例子。某公司要决定是否投入一项新的消费品的生产。根据预测的销售收入和成本，预计在项目的 5 年年限中，第 1、2 年的现金流为每年 2 000 万元，第 3、4 年为每年 4 000 万元，第 5 年为 5 000 万元。生产项目的投入成本为 10 000 万元。假定同行业静态投资回收期标准为 4 年。请根据投资回收期法来判断该项目是否可行。

二、实训方法

求解投资回收期，要计算累积净现金流，然后观察从哪一年开始，累积净现金流从负值变成正值，然后再根据公式进行计算。由于需要人工观察正值出现的年份，因此，这种方法带有较大的手动性质。如果善用 Excel 函数的话，可以实现对正值出现年份的自动记录，并完成计算结果。

三、实训步骤

（1）新建如图 5.10 所示的表格，把累积净现金流计算出来。

时期	净现金流 / 万元	累积净现金流 / 万元
0	-10 000	-10 000
1	2 000	-8 000
2	2 000	-6 000
3	4 000	-2 000
4	4 000	2 000
5	5 000	7 000

图 5.10

（2）观察累积净现金流开始出现正值的年份。从图 5.10 中，可以看到，累积净现金流开始出现正值的年份为 4，于是上年（第 3 年）累积净现金流为-2 000，其绝对值为 2 000，当年的净现金流则为 4 000。

根据投资回收期的计算公式：

$$\text{投资回收期} = \begin{matrix}\text{累积净现金流开始出现}\\\text{正值的年份数}\end{matrix} - 1 + \frac{\text{上年累积净现金流的绝对值}}{\text{当年净现金流}}$$

代入已经计算出来的数值到等式右边，可得：

投资回收期 = 4−1+2 000÷4 000 = 3.5（年）

（3）项目评价。

根据上面的计算，我们得到该项目的静态投资回收期为 3.5 年，而同行业静态投资回收期标准为 4 年，因此，该项目与同行业相比的话，算是提前收回了投资，因而具有较好的投资价值，值得投资。

四、注意事项

动态投资回收期与静态投资回收期的区别仅在于：动态投资回收期是把投资项目各年的净现金流量按基准收益率折成现值之后，再来推算投资回收期。除此之外，计算公式与操作方法都是一样的。请读者自行沿用上面的案例，计算项目的动态投资回收期。

任务 2　资本成本与资本结构

【案例导入】

某企业现有资本结构为：长期负债 1 000 万元，利息率为 9%；普通股 7 500 万元，共 100 万股。企业计划扩大规模，筹资 1 500 万元。

营业目标：息税前利润达到 1 600 万元。

现有两个方案：

方案 A：全部发行普通股，发行价 75 元。

方案 B：全部发行长期债券，利息率 12%。

请判断哪一种增资方案比较好。

思考：融资方案有优劣，如何判断哪一个方案是最优的呢？判断标准是唯一的吗？还是有多种？

【任务目标】

通过实训，学生应对融资方法、资本成本以及资本结构问题有更深入的认识，能够熟练运用 Excel 工具对资本结构问题进行分析与求解。

【理论知识】

一、融资方式

企业筹集的资金，按资金来源性质不同，可以分为债务资本与权益资本。债务资本需要偿还，而权益资本不需要偿还，只需要在有赢利时进行分配。通过贷款、发行债券筹集的资金属于债务资本，通过留存收益、发行股票筹集的资金属于权益资本。

二、资本成本

（1）资本成本是指企业取得和使用资本时所付出的代价，包括资金占用费（用资费用）和资金筹集费（筹资费用）两部分。

用资费用，是指企业为使用资金而付出的代价，比如债务资金的利息和权益资金的股利、分红等。其特点是与资金的使用时间长短有关。

筹资费用，是指企业在资金筹集阶段而支付的代价，比如发行股票和债券所支付的发行手续费、律师费、资信评估费、公证费、担保费、广告费、印刷费等。其特点是筹资开始时一次性支付。

（2）通常我们所说的资本成本是指年资本成本率。计算公式如下：

$$资本成本 = \frac{年实际负担的用资费用}{实际筹资净额} = \frac{年实际负担的用资费用}{(筹资总额 - 筹资费用)}$$

（3）加权平均资金成本（WACC）。

加权平均资金成本又叫综合资本成本率，是指分别以各种资金成本为基础，以各种资金所占全部资金的比重为权数计算出来的综合资金成本。

$$K_w = \sum_{j=1}^{n} K_j W_j$$

式中：K_j 是单个资本成本，W_j 是与之对应的权重。如果考虑税后资金成本，则进行如下调整：

$$K_j = K_j \times (1 - t)$$

将WACC与相应的投资报酬率相比较，可以判定某一筹资方案或项目是否可行。只有综合资本成本小于投资报酬率的项目才是可以接受的。

（4）资本成本的意义。

①资本成本是企业投资者（包括股东和债权人）对投入企业的资本所要求的收益率。

②资本成本是选择资金来源、确定筹资方案的重要依据，企业力求成本最低的筹资方式。

③资本成本是评价投资项目、决定投资与否的重要标准。

④资本成本还可以作为衡量企业经营成果的尺度，即经营利润率应高于资本成本，否则表明业绩欠佳。

三、资本结构

（1）资本结构是指企业各种资本的价值构成及其比例，主要反映的是企业债务与股权的比例关系。

资本结构在很大程度上决定着企业的偿债和再融资能力，决定着企业未来的盈利能力，是企业财务状况的一项重要指标。合理的融资结构可以降低融资成本，发挥财务杠杆的调节作用，使企业获得更大的自有资金收益率。

（2）最优资本结构。

①比较资本成本法

决策原则为，拟订多个备选方案，选择加权平均资本成本最低的方案为最优方案。

计算各方案的加权资本成本，选择WACC最低的结构为最优资本结构。

②无差异点分析法

无差异点分析法又称每股利润分析法，是利用每股利润无差别点来进行资本结构决策的方法。每股收益无差别点是指每股收益不受融资方式影响的息税前利润水平。在每股收益无差别点上，无论是采用负债融资，还是采用权益融资，每股收益都是相等的。

$$\frac{(\mathrm{EBIT}-I_1)(1-T)-D_{p1}}{N_1}=\frac{(EBIT-I_2)(1-T)-D_{p2}}{N_2}=\mathrm{EPS}$$

式中：EBIT：息税前利润（方程的解即每股利润无差别点）。

I_1，I_2：两种增资方式下的年利息。

D_{p1}，D_{p2}：两种筹资方式下的年优先股股利。

N_1，N_2：两种筹资方式下普通股股份数。

四、财务杠杆

财务杠杆又叫筹资杠杆或融资杠杆，是指由于固定债务利息和优先股股利的存在而导致普通股每股利润变动幅度大于息税前利润变动幅度的现象。财务杠杆效应通常用财务杠杆系数（DFL）来表示。计算公式如下：

财务杠杆系数（DFL）= 普通股每股收益变动率÷息税前利润变动率

如果用 EPS 来表示变动前普通股每股收益，*EBIT* 来表示变动前的息税前利润，则上述公式可写为：

$$\mathrm{DFL}=\frac{\Delta \mathrm{EPS}/\mathrm{EPS}}{\Delta \mathrm{EBIT}/\mathrm{EBIT}}$$

上式又可推导为：

$$\mathrm{DFL}=\frac{\mathrm{EBIT}}{\mathrm{EBIT}-\mathrm{I}}$$

无论企业的营业利润是多少，债务利息和优先股的股利都是固定不变的。当息税前利润增大时，每一元盈余所负担的固定财务费用就会相应减少，这能给普通股股东带来更多的盈余。对投资者而言，这种债务影响的是企业的息税后利润而不是息税前利润。

实训技能 1　资本成本的计算

一、实训内容

某企业取得 5 年期长期借款 200 万元，年利率为 11%，每年付息一次，到期一次还本，筹资费用率为 0.5%，企业所得税税率为 25%。请计算该项长期借款的资本成本。

二、实训方法

（一）长期资本成本的计算公式

$$K_l=\frac{I_l(1-T)}{L(1-F_l)}=\frac{R_l(1-T)}{1-F_l}$$

式中：K_l—— 长期借款成本率；

I_l—— 长期借款年利息额；

T—— 企业所得税率；

L—— 长期借款本金；

F_l—— 长期借款筹资费用率；

R_l—— 借款年利率。

（二）考虑资金时间价值的修正公式

$$L(1 - F_l) = \sum_{t=1}^{n} \frac{I_t}{(1 + K)^t} + \frac{P}{(1 + K)^n}$$

税后资本成本：$K_l = K(1 - T)$

根据上述公式可知，考虑资金时间价值的长期资本成本，其实就是使长期借款的现金流入与其现金流出的净现值为零的贴现率。由于考虑了资金时间价值，因而更为科学合理。

三、实训步骤

（1）创建一个 Excel 表格，填入本例所需数据及条件，如图 5.11 所示。

	A	B	C	D	E
1					
2		借款本金 /万元	200		
3		筹资费率	0.50%		
4		筹资期限 / 年	5		
5		年利率	11%		
6		所得税率	25%		
7					
8		年利息额 /万元	22		
9		应偿还本金 /万元	200		
10		筹资净额 /万元	199.00		
11					
12		资本成本			
13					

图 5.11

C8 单元格（年利息额）= C2 * C5

C10 单元格（筹资净额）= C2 * （1-C3）

（2）根据长期资本成本的计算公式，计算该筹资方案的成本。

在 C12 单元格（资本成本）填入公式“=C8 * （1-C6）/C10”，即可得到计算结果，如图 5.12 所示。

	A	B	C	D	E
1					
2		借款本金 / 万元	200		
3		筹资费率	0.50%		
4		筹资期限 / 年	5		
5		年利率	11%		
6		所得税率	25%		
7					
8		年利息额 / 万元	22		
9		应偿还本金 / 万元	200		
10		筹资净额 / 万元	199.00		
11					
12		资本成本	8.29%		
13					

图 5.12

（3）考虑资金时间价值的长期资本成本。

①根据公式 $L(1-F_l)=\sum_{t=1}^{n}\frac{I_t}{(1+K)^t}+\frac{P}{(1+K)^n}$，可知税前资本成本 K 就是一系列资金流入流出（有现值、年金和终值）所内含的贴现率，因此，我们可以用 RATE 函数来求解。

②在 C12 单元格里填入公式“=RATE（C4，C8，-C10，C9）”，然后在 C13 单元格里填入公式“=C12＊（1-C6）”，即可得到税前和税后的资本成本，如图 5.13 所示。

	A	B	C	D	E
1					
2		借款本金 / 万元	200		
3		筹资费率	0.50%		
4		筹资期限 / 年	5		
5		年利率	11%		
6		所得税率	25%		
7					
8		年利息额 / 万元	22		
9		应偿还本金 / 万元	200		
10		筹资净额 / 万元	199.00		
11					
12		税前资本成本	11.14%		
13		税后资本成本	8.35%		

图 5.13

对比两次计算结果，可以看出，如果不考虑资金时间价值的话，长期借款的资本成本的计算是被低估了的。

实训技能 2　最优资本结构的求解

一、实训内容

某企业现有资本结构为：长期负债 1 000 万元，利息率为 9%；普通股 7 500 万元，共 100 万股。企业计划扩大规模，筹资 1 500 万元。

营业目标：息税前利润达到 1 600 万元。

现有两个方案：

方案 A：全部发行普通股，发行价 75 元。

方案 B：全部发行长期债券，利息率 12%。

请判断哪一种增资方案比较好。

二、实训方法

（1）采用无差异点分析法来判断，依据的方程如下：

$$\frac{(\mathrm{EBIT}-I_1)(1-T)-D_{p1}}{N_1}=\frac{(\mathrm{EBIT}-I_2)(1-T)-D_{p2}}{N_2}=\mathrm{EPS}$$

（2）求解上面的方程（获取无差异点）需要用规划求解工具。

三、实训步骤

（1）新建一个 Excel 文档，按照图 5.14 设计好表格。

项目	筹资前		方案A：发行股票		方案B：发行债券	
	金额/万元	比重	金额/万元	比重	金额/万元	比重
长期负债	1 000	11.80%	1 000	10%	2 500	25%
普通股	7 500	88.20%	9 000	90%	7 500	75%
资本总额	8 500	100%	10 000	100%	10 000	100%
年利息	90		90		270	
总股数	100		120		100	

所得税率	25%
EBIT	
EPS_A	
EPS_B	
EPS_A-EPS_B	

图 5.14

在图 5.14 所示的表格中，我们把筹资前和筹资后（分 A、B 方案两种情况）的资本结构清晰地展现了出来，方便后续的计算。以方案 A 为例，筹资后各重要指标的计算方式如下：

①长期负债（E4 单元格）：由于方案 A 为发行股票，因此长期负债保持不变，还是 1 000 万元。

②普通股（E5 单元格）：由于方案 A 发行了总额为 1 500 万元的股票，因此普通股的总额在原来 7 500 万元的基础上增加到 9 000 万元。

③年利息（E7 单元格）：方案 A 下，年利息与筹资前一样，还是 90 万元。

④总股数（E8 单元格）：新增股票的发行价为 75 元，因此总股数增加了 20 万股（1 500÷75＝20），变为 120 万股（100+20＝120）。

（2）计算两种方案的 EPS 以及两者之差。

①在 C11 单元格中（EBIT）输入预期的利润目标：1 600。

②在 C12 单元格中（EPS_A）输入公式“＝（C11－E7）＊（1－C10）/E8”。

③在 C13 单元格中（EPS_B）输入公式“＝（C11－G7）＊（1－C10）/G8”。

④在 C14 单元格中（EPS_A-EPS_B）输入公式“＝C12－C13”。

输入完公式之后，可以得到如图 5.15 所示的结果。

项目	筹资前		方案A：发行股票		方案B：发行债券	
	金额/万元	比重	金额/万元	比重	金额/万元	比重
长期负债	1 000	11.80%	1 000	10%	2 500	25%
普通股	7 500	88.20%	9 000	90%	7 500	75%
资本总额	8 500	100%	10 000	100%	10 000	100%
年利息	90		90		270	
总股数	100		120		100	

所得税率	25%
EBIT	1 600
EPS_A	9.44
EPS_B	9.98
EPS_A-EPS_B	-0.54

图 5.15

从图 5.15 中，我们可以看到，当息税前利润达到目标 1 600 万元时，如果采用方案 A 来增资，那么每股收益 EPS_A 为 9.44 元，小于采用方案 B 来增资的每股收益 9.98 元。

$EPS_A-EPS_B=-0.54<0$

由此可见，如果预期目标实现的话，采用方案 B 来增资要优于方案 A。

（3）无差异点分析。

上面的分析方法是把预期的息税前利润 EBIT 直接代入，然后得到两种方案下的每股收益 EPS，再进行对比，从而得到最优的决策。这种方法的缺点是，需要一个个代入不同的预期 EBIT，才能知道权益筹资和债务筹资的优劣。

而无差异点分析法旨在求出一个 EBIT 的临界点来，当 EBIT 等于这个临界点的时候，权益筹资与债务筹资的每股收益一样，一旦低于这个临界点，或超过这个临界点，两种筹资方式就有优劣之分。这个临界点就被称为“无差异点”，知道它的话，就能帮助我们快速做出判断，而无须每次都代入预期的 EBIT 去计算两种筹资方案下的 EPS 了。

求解无差异点的 EBIT，需要用规划求解工具来解如下方程：

$$\frac{(\mathrm{EBIT}-I_1)(1-T)-D_{p1}}{N_1}=\frac{(\mathrm{EBIT}-I_2)(1-T)-D_{p2}}{N_2}=\mathrm{EPS}$$

也就是解 EBIT 等于多少可以令 $\mathrm{EPS_A}-\mathrm{EPS_B}=0$。

因此，我们把 C14 单元格（$\mathrm{EPS_A}-\mathrm{EPS_B}$）设为目标单元格，把 C11 单元格（EBIT）设为可变单元格，就可以解出无差异点了。参数设置如图 5.16 所示。

图 5.16

具体操作请读者自行完成，结果应如图 5.17 所示。

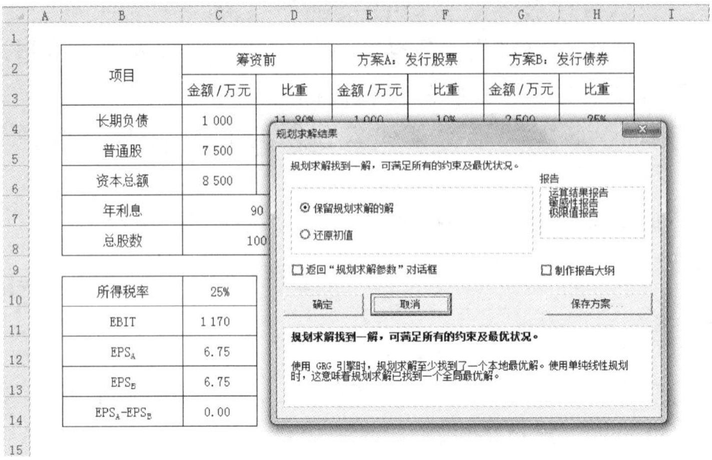

图 5.17

从图 5.17 所示的结果可知，EBIT 为 1 170 时，$EPS_A-EPS_B=0$，因此，1 170 就是无差异点。对于无差异点分析法，我们有如下判断法则：

当预计的 EBIT 高于每股收益无差别点的 EBIT 时，运用债务筹资可获得较高的每股收益；当预计的 EBIT 低于每股收益无差别点的 EBIT 时，运用权益筹资可获得较高的每股收益。

从判断法则可知，预期的 EBIT 为 1 600，大于无差异点 1 170，因此，采用方案 B 来筹资是最优的选择。

实训技能 3　财务杠杆比率的计算与分析

一、实训内容

本次实训将根据图 5.18 所示表格中三个公司两年的经营指标，通过一年间所发生的变化来求解财务杠杆系数。

项目	A公司	B公司	C公司
普通股本（股本总金额）/元	2 000 000	1 500 000	1 000 000
发行股数（总股数）/个	20 000	15 000	10 000
债务/元	0	500 000	1 000 000
资本总额/元	2 000 000	2 000 000	2 000 000
利率	8%	8%	8%
所得税税率	25%	25%	25%
第0年（初始状态）			
息税前盈余	200 000	200 000	200 000
第1年（后续状态）			
息税前盈余	400 000	400 000	400 000

图 5.18

二、实训方法

本次实训方法比较简单，只需在图 5. 18 的基础上建立新的表格，按照财务杠杆系数的公式，一步步求解出所需的条件，就可以得到正确的计算结果。

三、实训步骤

（1）在如图 5. 18 所示的表格基础上，增添几行，得到新的 Excel 表格，如图 5. 19 所示。

项目	A公司	B公司	C公司
普通股本（股本总金额）/元	2 000 000	1 500 000	1 000 000
发行股数（总股数）/个	20 000	15 000	10 000
债务/元	0	500 000	1 000 000
资本总额/元	2 000 000	2 000 000	2 000 000
利率	8%	8%	8%
所得税税率	25%	25%	25%
第0年（初始状态）			
息税前盈余/元	200 000	200 000	200 000
债务利息/元			
税前盈余/元			
所得税/元			
税后盈余/元			
每股普通股收益/元			
第1年（后续状态）			
息税前盈余/元	400 000	400 000	400 000
债务利息/元			
税前盈余/元			
所得税/元			
税后盈余/元			
每股普通股收益/元			
计算依据			
息税前盈余增加倍数			
每股普通股收益增加倍数			
计算结果			
财务杠杆系数（定义式）			
财务杠杆系数（公式）			

图 5. 19

（2）在图 5. 19 所示的表格中，从上到下，把空白单元格的指标计算出来，即可得到结果。

以 B 公司为例，在图 5. 20 中列出了各项指标的 Excel 计算公式，请读者自行操作。三个公司的最后完整结果应如图 5. 21 所示。

注：在实际操作中，如果不考虑自动复制填充公式到其他单元格，那么公式中行号列标前的绝对引用符号“ $ ”，可有可无。图中之所以出现，是因为在原表格的操作中，为了自动复制填充单元格的公式，在某些行号列标前加上了它。如果读者没有这种需求的话，那么请在自行操作的时候忽略。当然，如果不小心添加上绝对引用符号，也不会有任何影响。添加或不添加绝对引用符号“ $ ”，只是在自动复制填充公式时才有区别，除此之外，别无二致。

	B	C	D	E
1				
2	项目	B公司		
3	普通股本（股本总金额）/元	1500 000		
4	发行股数（总股数）/个	15 000		
5	债务/元	500 000		
6	资本总额/元	2000 000		
7	利率	8%		
8	所得税税率	25%		
9	第0年（初始状态）			
10	息税前盈余/元	200 000		
11	债务利息/元	40 000		=C$5*C$7
12	税前盈余/元	160 000		=C$10-C$11
13	所得税/元	40 000		=C$12*C$8
14	税后盈余/元	120 000		=C$12-C$13
15	每股普通股收益/元	8.00		=C$14/C$4
16	第1年（后续状态）			
17	息税前盈余/元	400 000		
18	债务利息/元	40 000		=C$5*C$7
19	税前盈余/元	360 000		=C$17-C$18
20	所得税/元	90 000		=C$19*C$8
21	税后盈余/元	270 000		=C$19-C$20
22	每股普通股收益/元	18		=C$21/C$4
23	计算依据			
24	息税前盈余增加倍数	1.00		=C$17/C$10-1
25	每股普通股收益增加倍数	1.25		=(C$22-C$15)/C$15
26	计算结果			
27	财务杠杆系数（定义式）	1.25		=C$25/C$24
28	财务杠杆系数（公式）	1.25		=C$10/(C$10-C$11)
29				

图 5.20

	B	C	D	E
1				
2	项目	A公司	B公司	C公司
3	普通股本（股本总金额）/元	2 000 000	1 500 000	1 000 000
4	发行股数（总股数）/个	20 000	15 000	10 000
5	债务/元	0	500 000	1 000 000
6	资本总额/元	2 000 000	2 000 000	2 000 000
7	利率	8%	8%	8%
8	所得税税率	25%	25%	25%
9	第0年（初始状态）			
10	息税前盈余/元	200 000	200 000	200 000
11	债务利息/元	0	40 000	80 000
12	税前盈余/元	200 000	160 000	120 000
13	所得税/元	50 000	40 000	30 000
14	税后盈余/元	150 000	120 000	90 000
15	每股普通股收益/元	7.50	8.00	9.00
16	第1年（后续状态）			
17	息税前盈余/元	400 000	400 000	400 000
18	债务利息/元	0	40 000	80 000
19	税前盈余/元	400 000	360 000	320 000
20	所得税/元	100 000	90 000	80 000
21	税后盈余/元	300 000	270 000	240 000
22	每股普通股收益/元	15	18	24
23	计算依据			
24	息税前盈余增加倍数	1.00	1.00	1.00
25	每股普通股收益增加倍数	1.00	1.25	1.67
26	计算结果			
27	财务杠杆系数（定义式）	1.00	1.25	1.67
28	财务杠杆系数（公式）	1.00	1.25	1.67
29				

图 5.21

四、注意事项

（1）构建 Excel 表格没有统一的标准，在本次任务的解决方案中，我们可以用自己的思路来构建表格，只要保证格式规范、逻辑清晰即可。

（2）关于财务杠杆系数的计算，有定义式和计算公式两种，定义式同时也是计算公式，但计算公式不是定义式，它只是定义式推导出来的定理，方便我们计算。这是需要加以强调的，千万不要混为一谈。

任务 3　最优化问题

【案例导入】

假设某工厂生产甲、乙两种产品，需要消耗煤、电力和劳动力。在任何一个时期（1 天、1 个月或 1 年），工厂所能利用的这三种生产要素的总量都是有限的。在每件产品利润已知的前提下，工厂应该如何安排两种产品的产量，才能使工厂在当期的获利最大呢?

思考：

上面的案例给我们提出了“如何决定生产方案”的问题，在现实中，诸如此类的问题还有很多，比如“如何定价”“如何采购原材料”等。这些问题被统称为“最优化问题”。

【任务目标】

通过实训，学生应对经济管理决策中的最优化问题有一定的了解，能够熟练运用 Excel 中的规划求解工具进行最优化求解。

【理论知识】

一、最优化问题

最优化，是应用数学的一个分支，主要研究目标函数在什么条件下可以获得最小值、最大值或等于某个给定的值。最优化是一门应用相当广泛的学科，常见于经济计划、工程设计、生产管理、交通运输、国防等重要领域，已受到政府部门、科研机构和产业部门的高度重视。伴随着计算机的高速发展和优化计算方法的进步，规模越来越大的优化问题也将得到解决。

二、最优化问题的种类

最优化问题包含线性规划、整数规划、二次规划、非线性规划、动态规划等分支。在 Excel 中，我们求解最优化问题通常采用的是系统自带的“规划求解”工具，它可以满足我们工作中大多数的求解需要。

三、经济管理中常见的最优化问题

（一）厂家生产决策问题

（1）利润最大化生产：根据每种生产资料的可用数量和每种产品的预期利润来决定利润最大化目标下的生产方案。

（2）成本最小化生产：在给定生产资料的成本和产量目标的前提下，追求成本最小化的生产方案。

（二）商家盈亏平衡问题

商家在给定的成本和单价条件下，达到多少销量才能盈亏平衡？盈亏平衡点，又称零利润点、保本点、盈亏临界点、损益分歧点、收益转折点，通常是指全部销售收入等于全部成本时（销售收入线与总成本线的交点）的产量或销量。以盈亏平衡点为界限，当销售量高于盈亏平衡点时，企业盈利；反之，企业就亏损。

（三）投资者最优证券组合问题

投资者在给定证券收益和风险的条件下，如何组建投资组合才能使得单位风险报酬最大？这方面的最优化问题，本书在关于金融投资的模块中已经做过相关介绍。

（四）其他问题

经济管理中常见的最优化问题有很多，本书不打算在这里一一罗列，请读者参阅其他相关专业书籍，并且在学习和工作的过程中，加以归纳总结。

实训技能 1　最优生产决策问题

一、实训内容

某厂生产甲、乙两种产品，生产甲种产品每件要消耗煤 9 吨，电力 4 千瓦，使用劳动力 3 个，获利 70 元；生产乙种产品每件要消耗煤 4 吨，电力 5 千瓦，使用劳动力 10 个，获利 120 元。有一个生产日，这个厂可动用的煤是 360 吨，电力是 200 千瓦，劳动力是 300 个。

请问：应该如何安排甲、乙两种产品的生产（产量为整数），才能使工厂在当日的获利最大？该厂当日的最大获利是多少？

二、实训方法

本案例属于典型的线性规划问题，需要用到“规划求解”工具。关于“规划求解”工具的操作方法，在本书其他实训案例中已经多次出现过，这里就不再详细介绍。

三、实训步骤

（1）新建一个 Excel 表格，根据案例所给条件，编写如图 5.22 所示的表格。

约束条件				
投入项	每件甲产品消耗量	每件乙产品消耗量	总消耗量	总可用额度
煤/吨	9	4		360
电力/千瓦	4	5		200
劳动力/个	3	10		300

指标	甲	乙
单件利润/元	70	120
产量/个		
总利润/元		

甲、乙产品总利润/元	

图 5.22

（2）在图 5.22 所示的表格中，填入总消耗量、总利润等指标的公式。由于产量单元格均为空白，所以此时的总利润会显示为 0，如图 5.23 所示。

约束条件				
投入项	每件甲产品消耗量	每件乙产品消耗量	总消耗量	总可用额度
煤/吨	9	4	0	360
电力/千瓦	4	5	0	200
劳动力/个	3	10	0	300

指标	甲	乙
单件利润/元	70	120
产量/个		
总利润/元	0	0

甲、乙产品总利润/元	0

图 5.23

在图 5.23 所示的表格中，填入的公式如下所示：

E4 单元格（煤总消耗量）= C $ 10 * C4+D $ 10 * D4

E5 单元格（电力总消耗量）= C $ 10 * C5+D $ 10 * D5

E6 单元格（劳动力总消耗量）= C $ 10 * C6+D $ 10 * D6

C11 单元格（甲产品的总利润）= C9 * C10

D11 单元格（乙产品的总利润）= D9 * D10

C13 单元格（甲、乙产品的总利润）= C11+D11

（3）在图 5.23 所示表格的基础上，调用“规划求解”工具，然后设定参数值，如图 5.24 所示。

图 5.24

（4）在正确操作完上一步的参数设置之后，点击“求解”，即可得到结果，如图 5.25 所示。

约束条件				
投入项	每件甲产品消耗量	每件乙产品消耗量	总消耗量	总可用额度
煤/吨	9	4	276	360
电力/千瓦	4	5	200	200
劳动力/个	3	10	300	300

指标	甲	乙
单件利润/元	70	120
产量/个	20	24
总利润/元	1 400	2 880

甲、乙产品总利润/元	4 280

图 5.25

从图 5.25 中可见，当甲、乙两种产品的产量安排为 20 个和 24 个时，总利润达到最大，为 4 280 元。

四、注意事项

（1）在规划求解的参数设置中，特别要注意本例的目标单元格是求最大值。另外，约束条件是：煤、电力和劳动力的总消耗量不能超过总可用额度。

（2）在求解本案例的过程中，没有必要照搬本书的做法来创建表格，读者完全可以按照自己的习惯偏好来创建，建议尝试去创建其他形式的表格来完成本案例的训练，这样更能够锻炼读者的建模能力。

实训技能 2 盈亏平衡问题

一、实训内容

某公司生产一种产品的固定成本为 18 000 元，单位变动成本为 1.8 元/件，单价为 5.0 元/件，请为该公司管理人员确定该产品的盈亏平衡销量。

二、实训方法

（1）采用盈亏平衡分析法。

当生产或销售某产品的总收入与总成本相等时，即达到了盈亏平衡，此时的产量或销量，即是盈亏平衡的产量或销量。

$$总收入=销量\times单价$$

$$总成本=固定成本+销量\times单位变动成本$$

$$总利润=总收入-总成本$$

（2）利用 Excel 的“规划求解”工具来求解盈亏平衡点。

三、实训步骤

（1）新建一个 Excel 表格，创建如图 5.26 所示的表格。

	A	B	C	D
1				
2		固定成本/元	18 000	
3		单位变动成本/元	1.8	
4		单价/元	5	
5		销量/件		
6				
7		总收入/元		
8		总成本/元		
9		总利润/元		
10				

图 5.26

（2）填入总收入、总成本和总利润的公式，如下所示：

C7 单元格（总收入）= C5 * C4

C8 单元格（总成本）= C5 * C3+C2

C9 单元格（总利润）= C7-C8

（3）点出“规划求解参数”，设置目标单元格、可变单元格及其他选项，如图 5.27 所示。

图 5.27

（4）设置参数完毕，点击“求解”，即可解出结果，如图 5. 28 所示。

	A	B	C	D
1				
2		固定成本/元	18 000	
3		单位变动成本/元	1.8	
4		单价/元	5	
5		销量/件	5 625	
6				
7		总收入/元	28 125	
8		总成本/元	28 125	
9		总利润/元	0.00	
10				

图 5. 28

从图 5. 28 中可知，当销量为 5 625 件时，总利润刚好为 0 元，此销量即为盈亏平衡销量。当销量大于 5 625 件时，总利润将为正值。

四、注意事项

在本例中，所有条件都是极其简单的，然而在现实经济管理活动中，最优化问题可能很复杂，需要读者理清各相关变量之间的关系，把模型创建好。

任务 4　经济数据的分析与预测

【案例导入】

已知产品过去的销售数据，如何预测下一个月的产品销售额？已知过去数年的销量和员工的薪酬以及当地的平均每户总收入情况，估算销量是如何受员工薪酬和居民收入情况影响的。已知中国历年的居民总消费水平和 GDP（国内生产总值），尝试去求解中国经济的边际消费倾向。

思考：

以上所有问题都可归结于分析经济变量之间的关系，搞清楚这些关系，那么对于洞察当前的经济情况和预测未来的发展态势，都具有指导性的意义。

【任务目标】

通过实训，学生应能够熟练运用 Excel 工具对经济统计数据进行分析，并对未来的发展情况进行科学的预测。

【理论知识】

一、统计分析

统计分析是指运用统计方法及与分析对象有关的知识，从定量与定性的结合上进行的研究活动。它是在统计调查、统计整理的基础上通过分析从而达到对研究对象更为深刻的认识。

统计分析的三大主要内容：

1. 搜集数据

搜集数据是进行统计分析的前提和基础。搜集数据的途径众多，可通过实验、观察、测量、调查等获得直接资料，也可通过文献检索、阅读等来获得间接资料。搜集数据的过程中除了要注意资料的真实性和可靠性外，还要特别注意区分两类不同性质的资料：一是连续数据，也叫计量资料，指通过实际测量得到的数据；二是间断数据，也叫计数资料，指通过对事物类别、等级等属性统计所得的数据。

2. 整理数据

整理数据就是按一定的标准对搜集到的数据进行归类汇总的过程。由于搜集到的数据大多是无序、零散、不系统的，在进入统计运算之前，需要按照研究的目的和要求对数据进行核实，剔除其中不真实的部分，再分组汇总或列表，从而使原始资料简单化、形象化、系统化，并能初步反映数据的分布特征。

3. 分析数据

分析数据指在整理数据的基础上，通过统计运算，得出结论的过程。它是统计分析的核心和关键。数据分析通常可分为两个层次：第一个层次是用描述统计的方法计算出反映数据集中趋势、离散程度和相关强度的具有外在代表性的指标；第二个层次是在描述统计的基础上，用推断统计的方法对数据进行处理，以样本信息推断总体情况，并分析和推测总体的特征和规律。

二、回归分析

回归分析是确定两种或两种以上变量间相互依赖的定量关系的一种统计分析方法，运用得十分广泛。按照自变量和因变量之间的关系类型，回归分析可分为线性回归分析和非线性回归分析。回归分析按照涉及的自变量的多少，可分为一元回归分析和多元回归分析。如果在回归分析中，只包括一个自变量和一个因变量，且二者的关系可用一条直线近似表示，这种回归分析被称为一元线性回归分析。如果回归分析中包括两个或两个以上的自变量，且因变量和自变量之间是线性关系，则称其为多元线性回归分析。

实训技能 1 运用移动平均来预测经济数据

一、实训内容

已知某商场在两年内各个月份的产品销售额数据，填于如图 5.29 所示的表格中。现要求建立移动平均模型来预测第 25 个月的产品销售额预测值。

月份	产品销售额/万元	月份	产品销售额/万元	月份	产品销售额/万元	月份	产品销售额/万元
1	30	7	34	13	37	19	36
2	32	8	38	14	30	20	32
3	30	9	32	15	35	21	36
4	39	10	39	16	30	22	38
5	33	11	30	17	34	23	42
6	30	12	36	18	40	24	34

图 5.29

二、实训方法

（1）本例需要用到移动平均预测法，也就是通过求取最近若干个月的销售额的平均值，用来作为下一个月的销售额的预测值。

（2）在求取移动平均值的时候，到底取多少个月作为跨度，这要通过科学合理的评估来决定。评估方法是采用均方误差（MSE）这个指标。具体判断法则是，以历史样本数据为据，能够使得 MSE 最小的时间跨度即为最优跨度。那么我们就用最优跨度来求取移动平均值，作为对未来的预测。

（3）Excel 函数的使用。

在本案例的操作中，需要用到的 Excel 函数有很多。现逐一介绍如下：

（1）AVERAGE 函数：求算术平均值的函数。

语法：

AVERAGE（number1，number2，…）

number1，number2，…是要计算平均值的参数。

（2）IF 函数：判断函数。

语法：

IF（logical_ test，value_ if_ true，value_ if_ false）

第一个参数为条件，如果成立，那么返回第二个参数的值；否则，返回第三个参数的值。

（3）OFFSET 函数：获取一个相对于参照点偏移的区域。

语法：

OFFSET（reference，rows，cols，height，width）

reference 作为偏移量参照系的引用区域。reference 必须为对单元格或相连单元格区域的引用；否则，函数 OFFSET 返回错误值#VALUE!。

rows 相对于偏移量参照系的左上角单元格，上（下）偏移的行数。如果使用 5 作为参数 rows，则说明目标引用区域的左上角单元格比 reference 低 5 行。行数可为正数（代表在起始引用的下方）或负数（代表在起始引用的上方）。

cols 相对于偏移量参照系的左上角单元格，左（右）偏移的列数。如果使用 5 作为参数 cols，则说明目标引用区域的左上角的单元格比 reference 靠右 5 列。列数可为正数（代表在起始引用的右边）或负数（代表在起始引用的左边）。

height 指高度，即所要返回的引用区域的行数。height 必须为正数。

width 指宽度，即所要返回的引用区域的列数。width 必须为正数。

（4）SUMXMY2 函数：返回两数组中对应数值之差的平方和。

语法：

SUMXMY2（array_ x，array_ y）

array_ x 为第一个数组或数值区域。

array_ y 为第二个数组或数值区域。

（5）INDEX 函数：返回表或区域中的值或对值的引用。

函数 INDEX 有两种形式：数组形式和引用形式。数组形式通常返回数值或数值数组；引用形式通常返回引用。在这里我们只介绍数组形式。

语法：

INDEX（array，row_ num，column_ num）

参数：

array 为单元格区域或数组常数；row_ num 为数组中某行的行序号，函数从该行返回数值。如果省略 row_ num，则必须有 column_ num；column_ num 是数组中某列的列序号，函数从该列返回数值。如果省略 column_ num，则必须有 row_ num。

（6）MATCH 函数：返回指定数值在指定数组区域中的位置。

语法：

MATCH（lookup_ value，lookup_ array，match_ type）

lookup_ value：需要在数据表（lookup_ array）中查找的值。

lookup_ array：可能包含有所要查找数值的连续的单元格区域，区域必须是某一行或某一列，即必须为一维数据，引用的查找区域是一维数组。

match_ type：为 1 时，查找小于或等于 lookup_ value 的最大数值在 lookup_ array 中的位置，lookup_ array 必须按升序排列；为 0 时，查找等于 lookup_ value 的第一个数值，lookup_ array 按任意顺序排列；为-1 时，查找大于或等于 lookup_ value 的最小数值在 lookup_ array 中的位置，lookup_ array 必须按降序排列。利用 MATCH 函数的查找功能时，当查找条件存在时，MATCH 函数结果为具体位置（数值），否则显示#N/A 错误。

注：当所查找对象在指定区域未发现匹配对象时将报错。

（7）MIN 函数：求最小值的函数。

语法：

MIN（number1，number2，…）

参数：

number1，number2，… 是要从中找出最小值的数字参数。

（8）COUNT 函数：返回作为参数的区域中有数值单元格的个数。语法略。

三、实训步骤

（1）新建如图 5.30 所示的表格，把产品销售额数据填入其中。

月份	产品销售额/万元	移动平均值
1	30	
2	32	
3	30	
4	39	
5	33	
6	30	
7	34	
8	38	
9	32	
10	39	
11	30	
12	36	
13	37	
14	30	
15	35	
16	30	
17	34	
18	40	
19	36	
20	32	
21	36	
22	38	
23	42	
24	34	

移动平均跨度	
MSE	

最优移动平均跨度	
第25月的预测值	

辅助表	
1	
2	
3	
4	
5	
6	
7	
8	
9	
10	

图 5.30

在图 5.30 所示的表格中，辅助表是用来辅助求解最优移动平均跨度的，随着后面介绍的深入，读者将会明白其用意。

（2）在 G2 单元格（移动平均跨度）随便输入一个数值，比如 4，以便其他关联单元格得以即时显示结果。

（3）在 D3 单元格中输入公式“=IF（B3<=$G$2," "，AVERAGE（OFFSET（D3，-$G$2，-1，$G$2，1）））”，然后下拉单元格直到 D26 为止，令该公式自动复制到后面各行的同列单元格中，可得到如图 5.31 所示的结果。

月份	产品销售额/万元	移动平均值
1	30	
2	32	
3	30	
4	39	
5	33	32.75
6	30	33.5
7	34	33
8	38	34
9	32	33.75
10	39	33.5
11	30	35.75
12	36	34.75
13	37	34.25
14	30	35.5
15	35	33.25
16	30	34.5
17	34	33
18	40	32.25
19	36	34.75
20	32	35
21	36	35.5
22	38	36
23	42	35.5
24	34	37

移动平均跨度	4
MSE	
最优移动平均跨度	
第25月的预测值	

辅助表	
1	
2	
3	
4	
5	
6	
7	
8	
9	
10	

图 5.31

从图 5.31 中，我们可以看到，如果移动平均跨度为 4 的话，那么从第 5 期开始才有移动平均值，这正好符合移动平均跨度为 4 时的情形。比如第 5 期，其移动平均值（也就是预测值）为 32.75，正好是第 1~4 期实际销售额的平均值。而第 4 期，由于在它之前只有 3 期，小于移动平均跨度 4，无法计算，因此我们在公式中令其为空。

（4）解释 D7 单元格（第一个有预测值的单元格）的公式。

公式=IF（B7<= $G$2," "，AVERAGE（OFFSET（D7，-$G$2，-1，$G$2，1）））

在下面的介绍中，请读者参照前面介绍过的函数用法来加以理解。

* OFFSET（D7，-$G$2，-1，$G$2，1）

以 D7（第一个参数）作为参照点，上移 4 行（第二个参数-$G$2 的值为-4，负号表示上移）到 D3 单元格（起始单元格），然后再左移 1 列（第三个参数为-1，负号表示左移）到 C3 单元格。从 C3 单元格开始，往下取 4 行（第 4 个参数 $G$2 的值为 4，正值表示下移），由于该参数的规则是当前行就是往下数的第 1 行，因而往下取 4 行就取得第 3、4、5、6 行，然后再往右取 1 列（第 5 个参数为 1，正值表示往右），由于该参数的规则是当前列就是往右数的第 1 列，因此往右 1 列就还是 C 列。到此为止，就得到一个区域 C3：C6，该函数最终的返回值就是 C3：C6 区域。

* AVERAGE（OFFSET（D7，-$G$2，-1，$G$2，1））

根据上一步的介绍，该函数就返回区域 C3：C6 的平均值，这正好是我们想要的第 5 个月的预测值。它是前 4 个月的实际销售额的平均数。

* IF(B7<=$G$2,"",AVERAGE(OFFSET(D7,-$G$2,-1,$G$2,1)))

该条件判断函数的意思是，如果当前月份小于等于移动平均跨度，那么什么都不显示；否则，就显示当前月份的移动平均数（以移动平均跨度来计算）。

（5）输入其他的数值作为移动平均跨度。

读者可以尝试在 G2 单元格中输入其他数值作为移动平均跨度，以查看表格中移动平均值的变化情况。比如在 G2 单元格中输入 6，我们可以看到如图 5. 32 所示的结果。

月份	产品销售额/万元	移动平均值
1	30	
2	32	
3	30	
4	39	
5	33	
6	30	
7	34	32.33
8	38	33.00
9	32	34.00
10	39	34.33
11	30	34.33
12	36	33.83
13	37	34.83
14	30	35.33
15	35	34.00
16	30	34.50
17	34	33.00
18	40	33.67
19	36	34.33
20	32	34.17
21	36	34.50
22	38	34.67
23	42	36.00
24	34	37.33

移动平均跨度	6
MSE	

最优移动平均跨度	
第25月的预测值	

辅助表	
1	
2	
3	
4	
5	
6	
7	
8	
9	
10	

图 5. 32

（6）计算预测的均方误差 MSE。

我们就在移动平均跨度为 6 时的结果中（如图 5. 33 所示）来计算预测的均方误差。D 列是移动平均值，用来作为预测，而 C 列是实际发生的销售额。D 列的预测值与 C 列的实际值总是会有差异，因而预测就存在误差。衡量这种预测误差的指标之一就是均方误差 MSE，它是预测值与实际值之差的平方和的平均值的正平方根。

根据均方误差的定义，我们在 G3 单元格输入公式"=（SUMXMY2（C3：C26，D3：D26）/COUNT（D3：D26））^（1/2）"。

该公式中函数的含义如下：

* SUMXMY2（C3：C26，D3：D26）

该函数用于计算区域 C3：C26 与 D3：D26 对应单元格数值之差的平方和，如果区域中有无数值的单元格，那么函数将忽略它们，只计算有数值的对应单元格。

* COUNT（D3：D26）

该函数用于统计区域 D3：D26 中有数值的单元格个数。

于是，我们可以得到如图 5. 33 所示的结果。均方误差 MSE 为 3. 66。

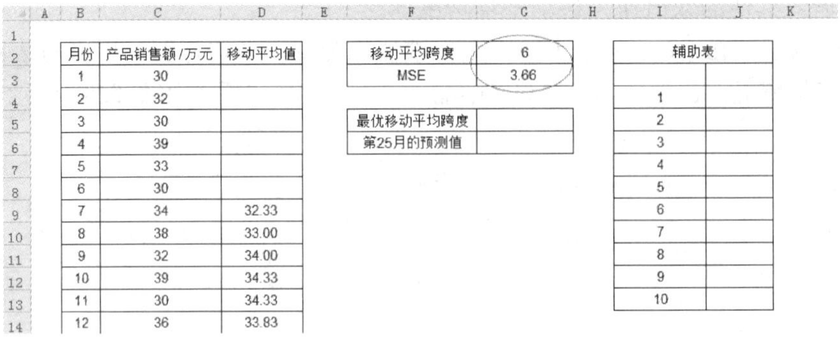

图 5.33

（7）如何计算最优移动平均跨度?

每当我们更换 G3 单元格（移动平均跨度）的值为一个有效整数，都可以得到一个与之对应的均方误差 MSE。于是，我们就可以尝试将 1 到 10（10 是人为设定的界限），分别设置为移动平均跨度，那么就可以得到 10 个 MSE 的值。其中必然有最小的值出现，那我们就取最小的 MSE 值对应的移动平均跨度为最优移动平均跨度，以此来计算第 25 个月的移动平均值。

因此，我们需要在辅助表里把这 10 种情况下的 MSE 都计算出来。这要用到 Excel 内置的“模拟运算表工具”。

（8）辅助表的求解。

操作步骤如下：

①在 J3 单元格输入公式：“=G3”。

②选中 I3：J13 区域，点出窗口菜单项“数据”下的“模拟分析”之“模拟运算表”，操作过程如图 5.34 所示。

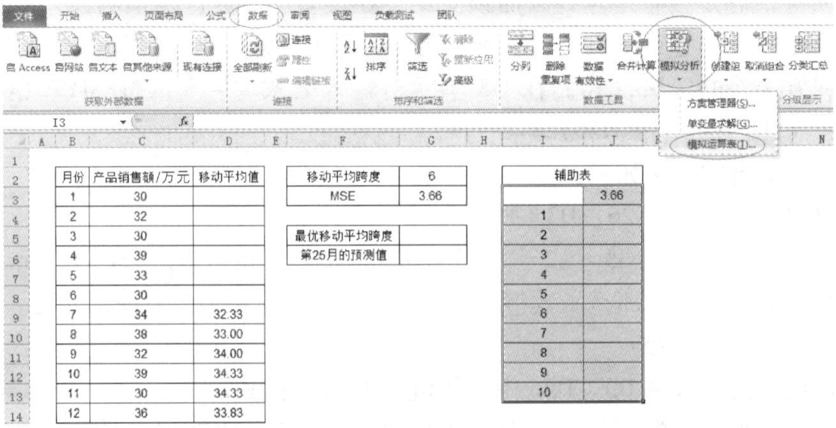

图 5.34

③接下来会弹出模拟运算表的设置窗口，把引用列的单元格设置为 \$G\$2，如图 5.35 所示。

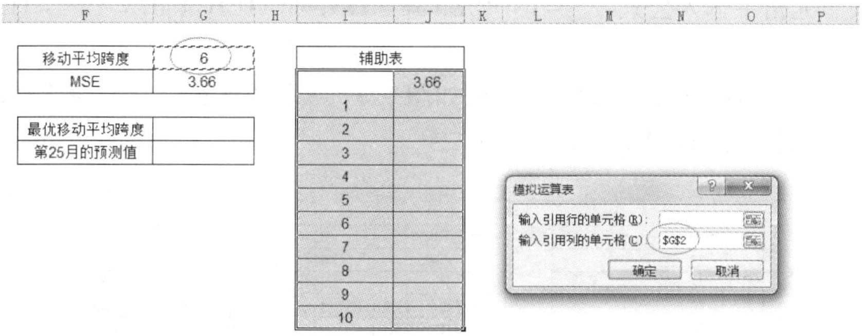

图 5. 35

这样设置的意义是，Excel 将会把选中的区域 I3：J13 的第一列的每一个值都当作移动平均跨度（$G$2）去模拟一遍。

④设置完毕之后，点击“确定”，即可得到模拟运算结果，如图 5. 36 所示。

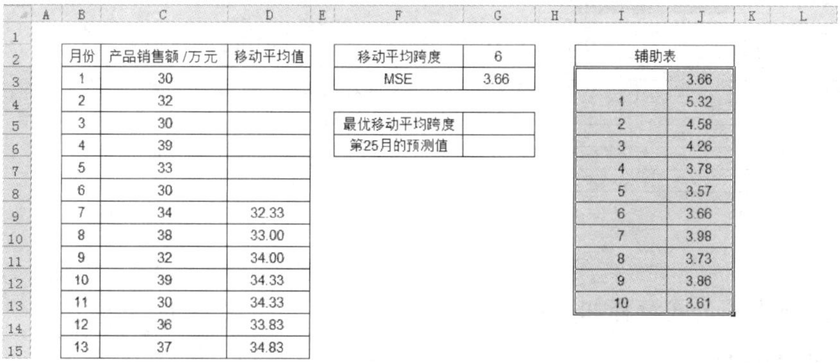

图 5. 36

⑤至此，移动平均跨度从 1 到 10 十种情况下所对应的均方误差 MSE 都已经自动计算出来了。模拟运算表的规则及原理说明如下：

首先，选中区域 I3：J13 的第二列的第一个单元格 J3 必须是一个公式，或者引用到一个含公式的单元格（本例中是 G3 单元格）。G3 单元格的公式就是计算 MSE 的公式，它的值受 G2 单元格的值（移动平均跨度）的影响。从而，J3 单元格就与 G2 单元格建立起计算 MSE 的复杂函数关系。

其次，当我们把引用列的单元格设置为 $G$2 时，这就是告诉 Excel，模拟运算区域的第一列从 1 到 10 这 10 个整数都将被模拟为 $G$2 代入计算 MSE 的复杂函数中，其结果分别存放在模拟运算区域的第二列对应单元格之中，于是就模拟运算出来 10 种情况下的 MSE 值。

（9）如何求解最优移动平均跨度？

从图 5. 36 中，我们可以通过肉眼直接看出 3. 57 是最小的均方误差，对应的移动平均跨度为 5。然而，一个完美的 Excel 解决方案，不应要求用户用肉眼判断去辅助求解，因此，我们要利用 Excel 中的最小值函数 MIN 来求解。

在 G5 单元格中输入公式："=INDEX（I4：I13，MATCH（MIN（J4：J13），J4：J13，0））"。

输入公式完毕后，按回车键即可看到如图 5.37 所示的计算结果，最优移动平均跨度正好为 5，与我们通过肉眼判断的别无二致。

月份	产品销售额/万元	移动平均值
1	30	
2	32	
3	30	
4	39	
5	33	
6	30	
7	34	32.33
8	38	33.00
9	32	34.00
10	39	34.33
11	30	34.33
12	36	33.83
13	37	34.83
14	30	35.33
15	35	34.00
16	30	34.50
17	34	33.00
18	40	33.67
19	36	34.33
20	32	34.17
21	36	34.50
22	38	34.67
23	42	36.00
24	34	37.33

移动平均跨度	6
MSE	3.66

最优移动平均跨度	5
第25月的预测值	

辅助表	
	3.66
1	5.32
2	4.58
3	4.26
4	3.78
5	3.57
6	3.66
7	3.98
8	3.73
9	3.86
10	3.61

图 5.37

G5 单元格中的公式解释如下：

MIN（J4：J13）

返回 J4：J13 区域中最小的值，在本例中显然应该是 3.57。

MATCH（MIN（J4：J13），J4：J13，0）

在区域 J4：J13 中寻找 MIN（J4：J13），找到之后返回其相对位置。在本例中，显然应该是 5。

INDEX（I4：I13，MATCH（MIN（J4：J13），J4：J13，0））

返回区域 I4：I13 中位于 MATCH（MIN（J4：J13），J4：J13，0）的单元格的值，在本例中，显然应该是 5。这里请读者特别注意，位列第 5 的移动平均跨度正好为 5，这只是一个巧合而已。如果我们模拟的时间跨度是从 3 到 10，那么 3.57 这个最小值将位于第 3，而不再是第 5 了。

（10）计算第 25 个月的预测值。

在 G6 单元格中输入公式："=AVERAGE（OFFSET（D27，-$G$5，-1，$G$2，1））"。

公式输入完毕之后的按回车键，即可得到第 25 个月的预测值，为 36.40，该值是以最优移动平均跨度来计算的移动平均值，在过去的历史经验上证明其均方误差 MSE 是最小的，因而值得我们参考。

四、注意事项

在用移动平均值来做预测的现实应用中，一般不会把移动平均跨度取太小的数，比如 1，因为时间太短了，意外波动性会很大。同时，也不会把移动平均跨度取相对太长的数，因为时间太长的话，时效性就大打折扣。我们之所以能够在一定程度上预测未来，是因为规律具有延续性，但如果时间太长的话，企业经营环境可能已经发生较大变化，销售额的水平及波动规律都早已不同了。

实训技能 2 经济数据的回归分析

一、实训内容

某插卡音箱专卖店经营各类插卡小音箱及其配套播放的曲目内存卡，某段时间内它的日销售量及利润数据如图 5. 38 所示。（为了显示方便，图中大部分单元格已经被隐藏）

该店的总利润来自内存卡和插卡音箱的销售利润，插卡音箱与内存卡在售卖时，或者是搭配一起出售的，或者是单独卖出的。不管怎样，两者之间都有相互促进客户购买的作用。因此，店主无法通过各自的成本和单卖价格来充分考察其对总利润的独立影响程度。

为了帮助店主较为精确地揭示曲目内存卡和插卡音箱对总利润的独立影响程度，我们用回归分析方法帮店主解决这一问题。

	A	B	C	D	E	F
1						
2		日期序号	利润/元	内存卡销量/张	插卡音箱销量/台	
3		1	663	24	15	
4		2	706	20	10	
5		3	478	14	6	
6		4	313	9	5	
7		5	366	11	5	
8		6	237	7	3	
9		7	365	15	12	
10		8	431	12	7	
347		345	240	9	3	
348		346	203	5	2	
349		347	242	17	2	
350		348	0	0	0	
351		349	68	2	2	
352		350	291	6	3	
353		351	250	5	4	
354		352	193	8	2	
355		353	318	11	2	
356						

图 5. 38

二、实训方法

在本案例中，我们采用多元回归分析方法来揭示多个解释变量（自变量）对因变量的独立影响程度，这需要用到 Excel 内置的“数据分析”工具下的“回归分析”工具。

三、实训步骤

（1）在图 5.38 所示的表格下，调出“回归分析”设置界面，操作界面与点击的菜单选项如图 5.39 所示。图中箭头所指即是需要点击的“选项”。

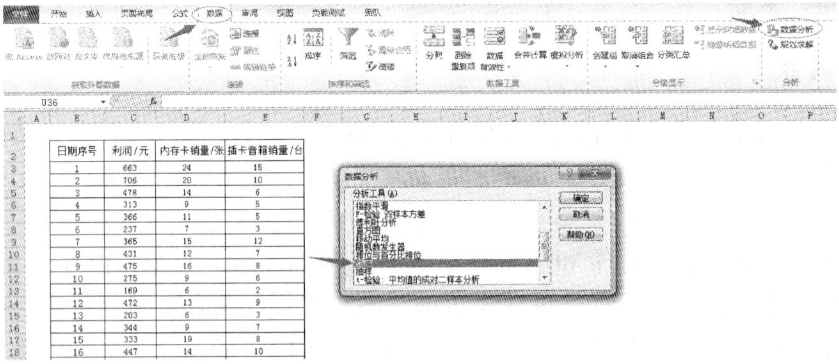

图 5.39

（2）选择“回归”，点击“确定”之后，即可来到回归分析设置窗口，如图 5.40 所示。

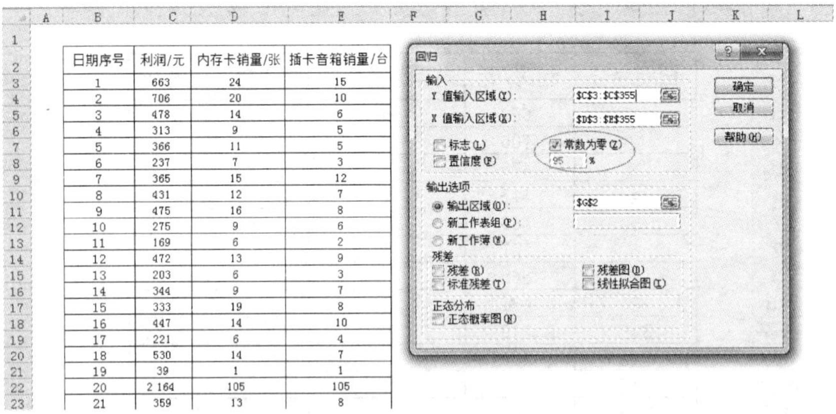

图 5.40

在回归分析设置窗口中，重点需要设置四个地方，分别说明如下：

①Y 值的输入区域。

Y 值就是回归分析模型的因变量，在本例中，显然就是每日总利润，因此它的区域就应设置为“＄C＄3：＄C＄355”。

②X 值的输入区域。

X 值就是回归模型的自变量，在本例中，是内存卡销量和插卡音箱销量，因此它们的区域就应设置为“$D$3：$E$355”。

③常数为零。

为什么要勾选“常数为零”这个选项呢？因为除了插卡音箱和内存卡之外，该店没有其他利润来源，所以，模型的常数项自然就应当为零。也就是说，只要哪天没有这两种产品的销售，那么当天该店就没有任何利润。从而，我们可以写出该店总利润与两种产品销量之间的回归方程，如下所示：

$$Y = \beta_1 \cdot X_1 + \beta_2 \cdot X_2$$

式中：Y 为日总利润，X_1 为内存卡日销量，X_2 为插卡音箱日销量，β_1 和 β_2 分别是两个自变量对因变量的影响系数。我们通过做回归要去估计的参数，正好就是 β_1 和 β_2。

④输出区域。

把输出区域设为 $G$2，因此回归结果将显示在从 $G$2 单元格开始的一个区域内，自然与原始数据显示在同一个页面上。

（3）分析回归结果。

在上一步中点击“确定”之后，将会得到回归结果，如图 5.41 所示。

F G H I J K L M N O P

SUMMARY OUTPUT

回归统计	
Multiple R	0.9385285
R Square	0.880835745
Adjusted R Square	0.877647243
标准误差	193.9163997
观测值	353

方差分析

	df	SS	MS	F	Significance F
回归分析	2	97562994.9	48781497.45	1297.257078	1.3631E-162
残差	351	13198853.1	37603.57008		
总计	353	110761848			

	Coefficients	标准误差	t Stat	P-value	Lower 95%	Upper 95%	下限 95.0%	上限 95.0%
Intercept	0	#N/A	#N/A	#N/A	#N/A	#N/A	#N/A	#N/A
X Variable 1	12.18146748	0.435150658	27.99367817	1.91513E-91	11.32563686	13.03729811	11.32563686	13.03729811
X Variable 2	7.284621059	0.881444909	8.264408795	2.91825E-15	5.551043197	9.018198921	5.551043197	9.018198921

图 5.41

现对该回归结果分析如下：

①变量 X_1（内存卡销量）对应的 P 值为：1.92E-91（科学计数法），非常小，远小于通常使用的显著性水平（1%、5%或 10%），说明该变量对因变量（总利润）的影响在统计上是显著的；同理，变量 X_2（插卡音箱销量）对因变量（总利润）的影响也是统计显著的。只有当一个变量在统计上是显著的时候，我们才能去解释它的系数估计值的经济含义；否则，不显著的变量去解释它的系数估计值是无意义的。

②X_1 的系数估计值为 12.2，表明每卖出去一张内存卡，对总利润的影响（贡献）是 12.2 元；同理，X_2 的系数估计值为 7.3，表明每卖出去一台插卡音箱，对总利润的贡献是 7.3 元。由此可见，内存卡销量对总利润的影响要大于插卡音箱销量对总利润的影响。

③R Square 和 Adjusted R Square 都是 88%左右，说明该模型对总利润的解释程度（解释能力）达到了 88%，算是很高的水平了。

四、注意事项

（1）在本例中，我们采用的是多元回归分析，也就是自变量个数大于 1 的回归分析。在 Excel 中做多元回归分析的时候，自变量的数据必须存放在相邻列中，不然的话，Excel 会提示警告说“输入区域必须为相邻引用”。

（2）在做回归分析之前，事先要判断因变量与自变量之间究竟是否存在逻辑关系，然后在这个基础上再去创建合适的方程。在本例中，我们创建的方程是线性回归方程，但在现实中，回归方程的形式是多种多样的，我们有必要逐次尝试多种形式，选择最恰当的一种。

案例分析题

（1）某公司生产和销售产品 A 和 B，两种产品各生产一个单位需要工时 4 和 8，用电量 5 千瓦和 6 千瓦，需要原材料 8 千克和 6 千克。现有生产资料的约束条件：工时为 400，用电量为 320 千瓦，原材料为 450 千克。假设两种产品的价格与需求之间的函数关系分别为 $p_1=3\ 000-50q_1$，$p_2=3\ 250-80q_2$，本次生产的固定成本一共 10 000 元。

请在 Excel 表格中创建合适的数据及公式模型，并用规划求解工具求解两种产品的最优生产量和总利润最大值。

（2）已知某公司有 10 名员工，某月计划发放 30 000 元奖金，假设每位员工的奖金发放范围为［1 000，6 000］，这 10 名员工的基本工资以及个税税率表详见表 5.1 至表 5.3。

请创建恰当的 Excel 数据公式模型，用规划求解工具来安排奖金发放，使得个税总额最小。

表 5.1　新个税税率表

工资/元	免征额	个税税率
1~5 000	5 000	0
5 001~8 000	5 000	3%
8 001~17 000	5 000	10%
17 001~30 000	5 000	20%
30 001~40 000	5 000	25%
40 001~60 000	5 000	30%
60 001~85 000	5 000	35%
≥85 001	5 000	45%

表 5.2　新个税税率表（速算）

应税收入/元	查询临界值	个税税率	速算扣除数
0			
1~3 000	0	3%	0
3 001~12 000	3 000	10%	210
12 001~25 000	12 000	20%	1 410
25 001~35 000	25 000	25%	2 660
35 001~55 000	35 000	30%	4 410
55 001~80 000	55 000	35%	7 160
≥80 001	80 000	45%	15 160

表 5.3　员工基本工资表

序号	员工	基本工资/元
1	员工 1	8 000
2	员工 2	5 400
3	员工 3	4 000
4	员工 4	2 500
5	员工 5	3 000
6	员工 6	8 000
7	员工 7	3 800
8	员工 8	3 500
9	员工 9	9 900
10	员工 10	4 600

（3）财务部有一堆零散票据和几个总金额数值如下所示，想要把构成每个总金额的原始票据全部准确找出来，请创建恰当的 Excel 模型，对该问题进行求解。

总金额数值：

10 736.77	11 555.04	20 651.11	46 681.83	137 760.12

零散票据金额：

929.56	1 312.01	1 419.20	2 380.65	3 068.53	3 908.94	
6 137.75	6 193.36	10 602.81	16 742.17	44 301.18	125 845.30	4 543.41

（4）某公司计划未来两年进行重要投资，经评估后有 6 个备选项目，基本数据如表 5.4 所示。

表 5.4　备选项目表

项目		项目 1	项目 2	项目 3	项目 4	项目 5	项目 6
投资额/百万元	第 1 年	120	180	290	190	210	700
	第 2 年	140	70	170	220	150	90
净现值 NPV/百万元		185	105	250	290	205	450
选择结果 （1 为选中，0 为未选）							

已知第 1、2 年的投资约束分别为 9 亿元和 6 亿元，项目 1~3 必须选一个（且只能选一个），项目 2 是项目 4 的预备项目，项目 5 和项目 6 为互斥项目。请在 Excel 中创建恰当的模型，用规划求解工具做出满足投资净现值最大化的决策。

（5）已知某公司近几年每个季度的销量如表 5.5 所示，现在需要对未来两个季度的啤酒销量进行预测，因此要创建恰当的回归模型来揭示该公司啤酒销量的变化规律。首先创建从 1 开始递增的时间序号变量 t，然后为了揭示季节效应，又创建了 3 个变量（虚拟变量）d_2、d_3、d_4 来表示四个季度，规则为：$d_2=1$ 表示第二季度，$d_3=1$ 表示第三季度，$d_4=1$ 表示第四季度，当三个变量均为 0 时，则表示第一季度。

①用 Y 对 t、d_2、d_3 和 d_4 做线性回归，并根据结果对 2018 年第 1~2 季度的啤酒销量进行估计（预测）；

②用 Y 的自然对数对 t、d_2、d_3 和 d_4 做线性回归，并根据结果对 2018 年第 1~2 季度的啤酒销量进行估计（预测）；

③请用可比评价指标（比如：均方误差），对上述两种预测模型的预测误差做出对比，哪一个更为准确呢？（请分析下原因）

表 5.5　某公司季度销量表

年/季	时间序号 t	d_2	d_3	d_4	啤酒销售量（Y）/万瓶	Y 的自然对数 ln（Y）
2012/1	1	0	0	0	25	3.218 875 825
2	2	1	0	0	32	3.465 735 903
3	3	0	1	0	37	3.610 917 913
4	4	0	0	1	26	3.258 096 538
2013/1	5	0	0	0	30	3.401 197 382
2	6	1	0	0	38	3.637 586 16
3	7	0	1	0	42	3.737 669 618
4	8	0	0	1	30	3.401 197 382
2014/1	9	0	0	0	29	3.367 295 83
2	10	1	0	0	39	3.663 561 646
3	11	0	1	0	50	3.912 023 005
4	12	0	0	1	35	3.555 348 061
2015/1	13	0	0	0	30	3.401 197 382
2	14	1	0	0	39	3.663 561 646
3	15	0	1	0	51	3.931 825 633
4	16	0	0	1	37	3.610 917 913
2016/1	17	0	0	0	29	3.367 295 83
2	18	1	0	0	42	3.737 669 618
3	19	0	1	0	55	4.007 333 185
4	20	0	0	1	38	3.637 586 16
2017/1	21	0	0	0	31	3.433 987 204
2	22	1	0	0	43	3.761 200 116
3	23	0	1	0	54	3.988 984 047
4	24	0	0	1	41	3.713 572 067
2018/1	25	0	0	0		
2	26	1	0	0		

（6）已知某公司最近 22 个月的月销售额数据及其走势如图 5.42 所示，现在需要对第 23 个月的销售额进行预测，以便进行财务预算：

①如果创建月销售额（y）与时间（月序号 t）的回归模型为 $y=a+bt+u$（u 为随机误差项），并以此对销售额进行预测，请问恰当吗？为什么？

②请创建合适的回归模型来揭示月销售额与时间之间的关系，并对第 23 个月的销

售额做出更为准确的预测。

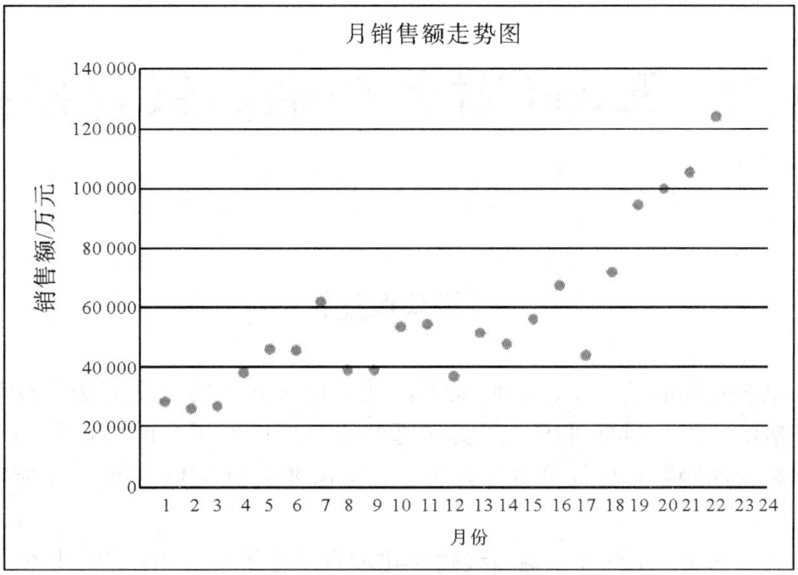

图 5.42

模块六　Excel 财务金融高级建模技术

【模块概述】

在财务金融建模的过程中，我们采用前几个模块介绍的常规方法与技巧，已经可以完成大多数的工作。但有时候，现实问题的复杂性以及用户的高标准要求决定了我们不得不综合应用函数与控件等多种方法，甚至需要进行 VBA 编程，才能实现预定的目标。

为了让读者对 Excel 财务金融高级建模技术有一定了解，并且能够切实掌握部分基本操作，本模块从常用控件、函数与定义名称的综合应用到 VBA 宏程序的编写，都进行了一定篇幅的介绍，旨在通过一些简单的案例来启发读者去探索更高一级的建模技术。

【模块教学目标】

（1）综合应用常见 Excel 函数、窗体控件和图表制作技巧；

（2）了解 Excel VBA 编程技术在批量数据处理与自动化工作上的作用；

（3）掌握 Excel VBA 编程的基本方法，能够使用 Excel VBA 编程来实现简单的表格自动化操作。

【知识目标】

（1）Excel 常见的函数；

（2）窗体控件（数值调节钮、滚动条、组合框、列表框、选项按钮等）；

（3）定义名称；

（4）宏；

（5）过程、函数、属性、方法；

（6）条件判断、循环等语句。

【技能目标】

（1）学生能够对现实经济管理问题进行深入细致的分析，并对其进行合理的抽象，以便能够更好地用 Excel 工具来对其建模；

（2）学生能够熟练利用 Excel 函数、控件来综合解决现实经济问题，学会构建具有较强交互性的模型。

【素质目标】

（1）培养学生理解现实经济问题的能力；

（2）培养学生对现实经济问题进行概括、抽象，并合理构建 Excel 模型的能力。

任务 1　Excel 窗体控件的基本操作

【案例导入】

贷款的还款计划是经济生活中常见的问题。不同的人贷款的本金、贷款期限、贷款利率和还款方式大多都是不同的，那么如何根据不同的条件快速计算出我们想要的结果呢?

思考：不同的条件可以考虑用不同的控件来调节，而不是通过直接输入数值去设定。这样做的好处是，减少了用户输入的工作量和操作上的麻烦，通过鼠标点击按钮总比通过键盘输入具体数值要容易得多，同时增强了用户与模型界面的互动性。交互式体验是创建优秀的 Excel 模型必须考虑的功能。

【任务目标】

通过实训，学生应能熟练掌握基本表单控件的使用方法，并且能够用于实际的财务金融建模案例中。

【理论知识】

Excel 表单控件（窗体控件）和 ActiveX 控件。

Microsoft Excel 提供了多个可用于选择列表中项目的对话框工作表控件和 ActvieX 控件，例如，列表框、组合框、数值调节钮和滚动条等控件。若要在 Excel 2007 和 Excel 2010 中使用窗体控件，我们必须启用“开发工具”选项卡，操作方法见“实训技能 1　启用开发工具选项卡”。

Excel 表单控件（窗体控件）和 ActiveX 控件的区别为：前者只能在工作表中添加和使用（虽然它名为 Form Controls，但其实并不能在 User Form 中使用），并且只能通过设置控件格式或者指定宏来使用它；而后者不仅可以在工作表中使用，还可以在用户窗体中使用，并且具备了众多的属性和事件，提供了更多的使用方式。

实训技能 1　启用开发工具选项卡

一、实训内容

在 Excel 不同版本下，启用开发工具卡，以使用窗体控件和 ActiveX 控件。

二、实训步骤

（1）若要使用 Excel 2010 中的窗体控件，必须启用“开发工具”选项卡。为此，请执行以下步骤：

①单击“文件”，然后单击“选项”，如图 6. 1 所示。

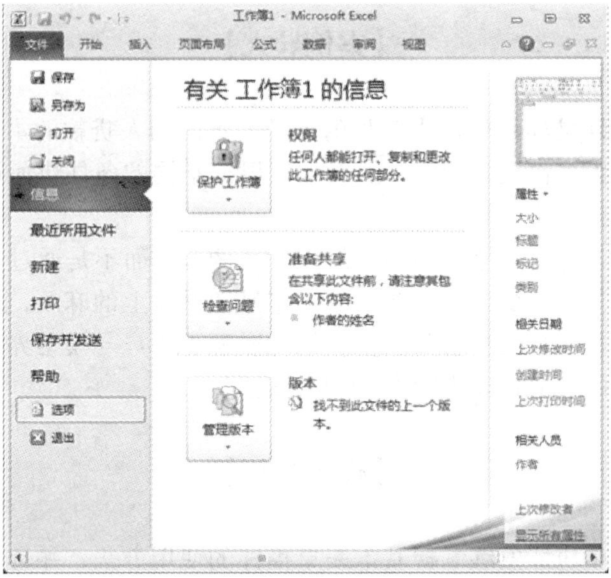

图 6. 1

②在弹出的新窗口“Excel 选项”中，单击左侧窗格中的“自定义功能区”，如图6.2 所示。

图 6.2

③选中右侧“主选项卡”下的“开发工具”复选框，然后单击“确定”。

（2）若要使用 Excel 2007 中的窗体控件，必须启用“开发工具”选项卡。为此，请执行以下步骤：

①单击“Office 按钮”，然后单击“Excel 选项”，如图 6.3 所示。

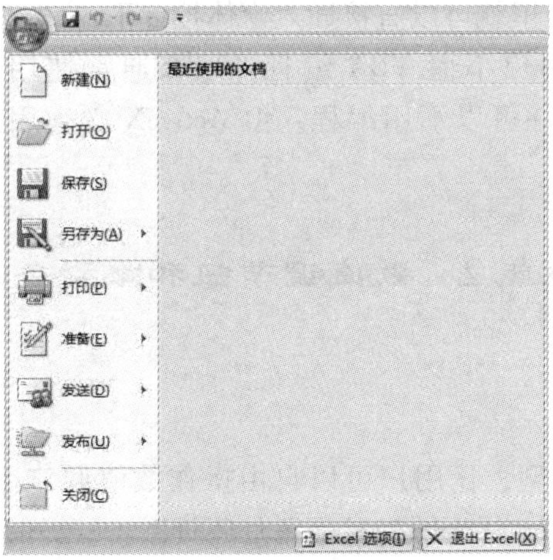

图 6.3

②在弹出的新窗口“Excel 选项”中，单击“常用”，选中“在功能区中显示开发工具选项卡”复选框，然后单击“确定”，如图 6.4 所示。

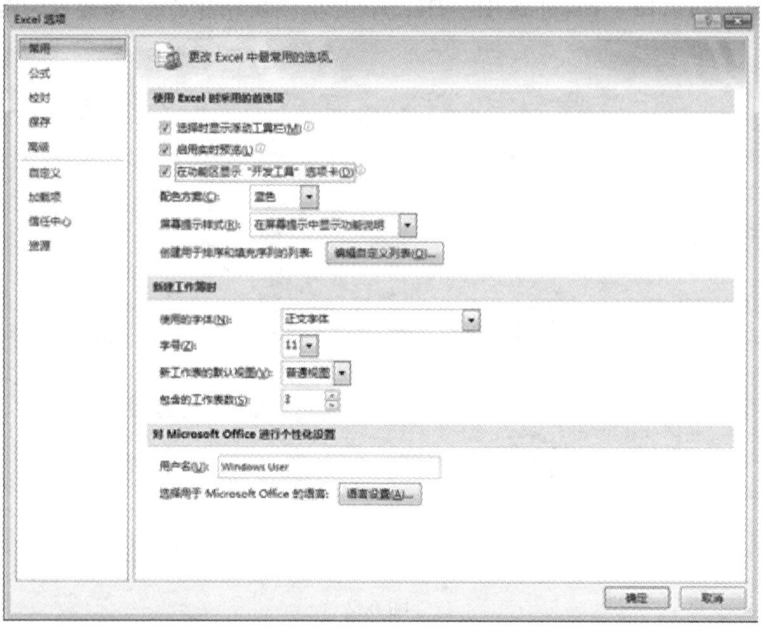

图 6.4

三、注意事项

（1）在 Excel 2003 版以及早期版本中，没有“启用开发工具”，Excel 在每次启动的时候窗口工具栏的选项里就可以直接插入窗体控件了。

（2）如果 Excel 的用户不懂 VBA 编程，那么通常使用的是窗体控件，而不是 ActiveX 控件，因窗体控件可以不用编程，但 ActiveX 必须用到 VBA 程序，否则没有意义。

实训技能 2　数值调节钮和滚动条的使用

一、实训内容

请设计一个 Excel 模型，让用户可以自由操作数值调节钮或滚动条来调节贷款本金、贷款期限和贷款利率，从而即时显示每月还贷额。(已知月还款方式为等额本息)

二、实训方法

（1）构建表格，填入所需数据；

（2）插入数值调节按钮和滚动条，设计按钮格式；

（3）用公式来构建单元格之间的联系，得出结果。

三、实训步骤

（1）新建一个 Excel 文档，填入所需数据，如图 6.5 所示。

图 6.5

（2）在窗口菜单“开发工具”中选择“插入”，然后点击“数值调节钮”，如图 6.6 所示。

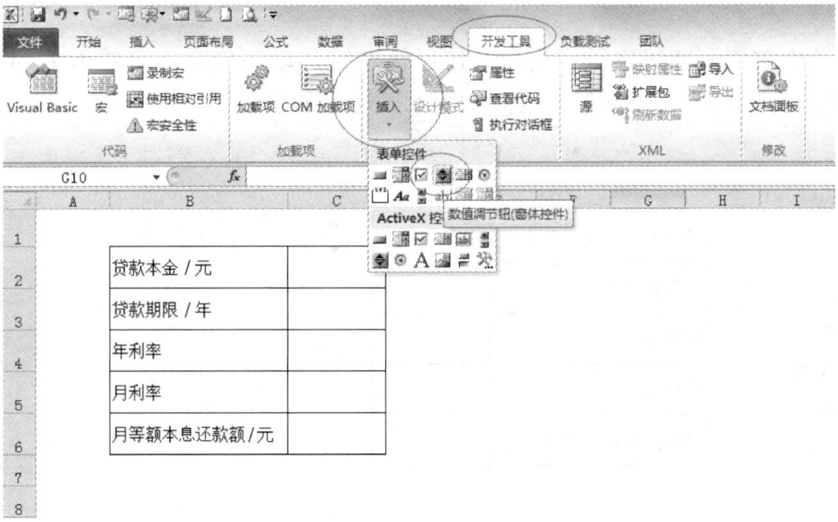

图 6.6

（3）点击“数值调节钮”之后，鼠标形状变成了很细的黑色十字形状，然后我们用鼠标左键在 Excel 表格中点一下，即可得到如图 6.7 所示的一个数值调节钮。此时的数值调节钮其大小和位置都可能不符合我们的要求，因此需要把它调整到合适的大小以及正确的位置。

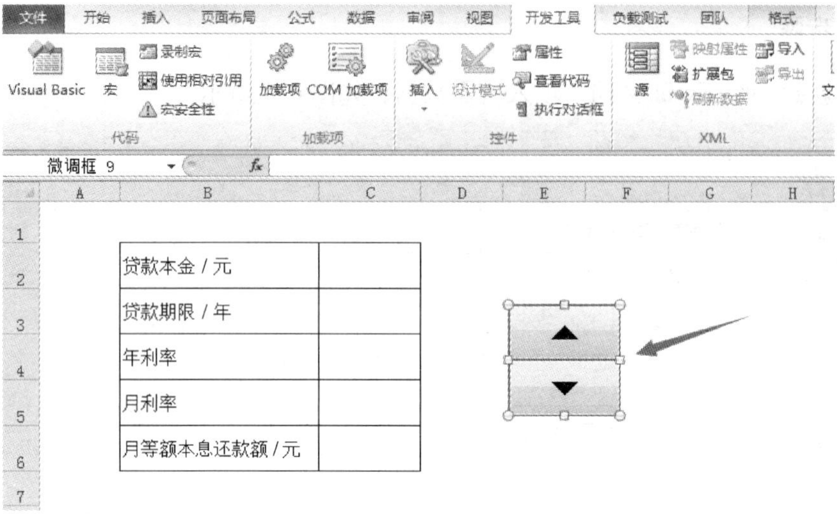

图 6.7

图 6.7 中的数值调节钮，为选中的状态，其四周有边框包围。当用鼠标点击其他单元格之后，数值调节钮的选中状态就会消失。如果需要再次选中，应用鼠标右键去点击它。

（4）选中数值调节钮之后，我们按住鼠标左键移动到贷款本金输入值的后面单元格 D2 位置，然后调节大小，最终得到如图 6.8 所示的效果。

图 6.8

（5）鼠标右键点击数值调节钮，选择“设置控件格式”，即可进入“设置控件格式”窗口。步骤如图 6.9 和图 6.10 所示。

图 6.9

图 6.10

（6）在图 6.10 所示的控件格式设置窗口中，把单元格链接设置为 D2 单元格，点击“确定”之后，D2 单元格就马上显示出按钮的当前值（此时为 2）。然后，当我们调节按钮数值时（增加或减少），D2 单元格就会即时显示按钮的当前值。然而，我们发现，按钮的取值只能在其范围内（默认最小值 0 与最大值 30 000 之间）变化，如果用按钮的原始数值来表示贷款本金的话，显然不能满足要求。因此，在这里我们不能直接使用链接单元格的原始数值来作为贷款本金。怎么办呢？很简单，我们把这个原始数值再乘上一个较大的数值，其结果就可以作为贷款本金了。

（7）根据上一步的操作及说明，我们在单元格 C2 中输入公式“＝D2 * 10 000”，然后把控件的最小值设为 1，最大值设为 100，步长默认为 1，这样一来，C2 单元格的数值就在 1 万到 100 万之间变化（假设这已经可以满足我们的需求）。设置控件格式的窗口如图 6.11 所示。

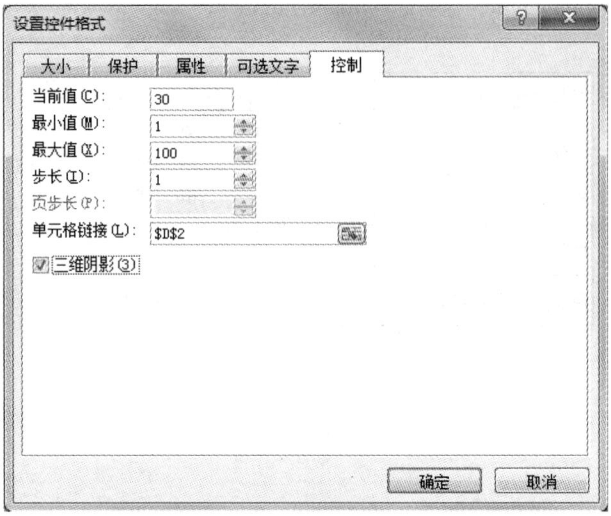

图 6.11

（8）设置完毕之后，点击“确定”，就可以得到如图 6.12 所示的结果。每点击一下按钮向上的箭头，D2 单元格数值就增加 1（因为步长为 1），而 C2 单元格的数值则增加 10 000（因 C2 单元格的公式为“=D2＊10 000”）。当我们把数值按钮调节到 30 时，单元格 D2 所显示的贷款本金就为 300 000 元（30 万元）。

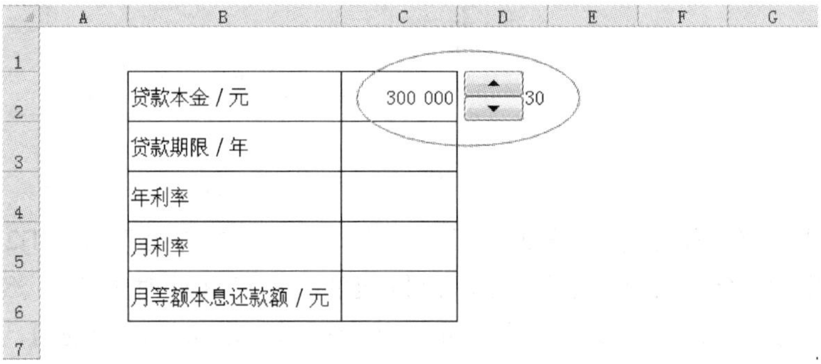

图 6.12

（9）用同样的方法及变通策略，我们又可设置 C3 单元格（贷款期限）。格式设置如图 6.13 所示。

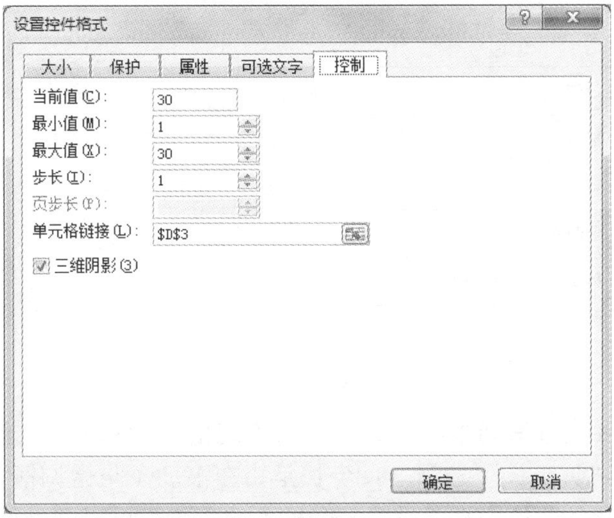

图 6.13

这样一来，按钮的数值就链接到 D3 单元格。然后在 C3 单元格输入公式“=D3”即可。既然 C3 单元格的值与 D3 一样，我们也可以直接把单元格链接设为“C3”。在这里，为了统一起见，把按钮的值都设在第 D 列了。最后的效果如图 6.14 所示。

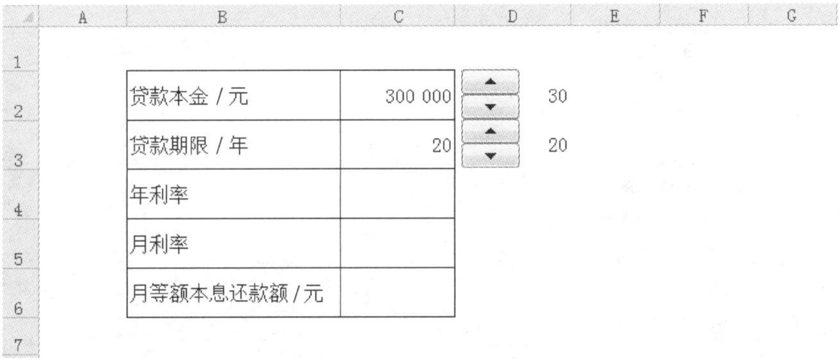

图 6.14

（10）设置年利率的调节按钮。

根据银行贷款常识，我们可知，贷款利率是以万分之一（0.000 1 或 0.01 个百分点）作为变动单位的，因此，利率的数值不可以直接使用调节钮的数值，要通过公式间接获取。另外，利率的变化区间比较大，比如从 5%到 7%，就包含了 200 种利率，如果通过数值调节钮变换利率参数的话，我们将疲于点击按钮，效率非常低，所以在这里最好不要用数值调节钮，而只用滚动条。

于是，我们在表格中插入一个滚动条，然后调整其位置和大小。需要注意的是，滚动条应该设置得长一点，方便用户拉动。插入方法及位置和大小的调整方法与其他控件一样，这里就不再赘述。最后得到如图 6.15 所示的效果。

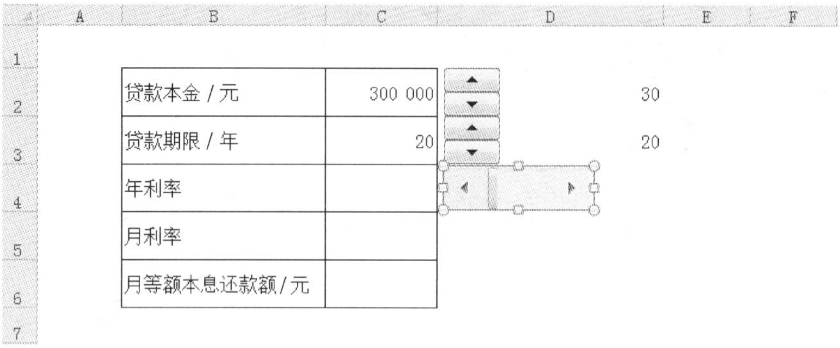

图 6. 15

接下来，我们要设置滚动条的格式。滚动条的格式设置原理与数值调节钮是一样的，只是多了一个“页步长”选项。页步长是指在滚动条与微调箭头之间空白处点击翻页的时候，所变化的数值大小。设置一个较大的页步长可以帮助用户快速调节数值，但太长的话，又不如直接拉动滚动条来选取，所以，具体步长应根据需求而定。在这里我们默认设置为 10。另外，滚动条的最小值和最大值我们分别设置为 1 和 2 000，单元格链接设置为 D4，如图 6. 16 所示。

图 6. 16

（11）设置单元格的公式。

在上一步的操作完成之后，我们在 C4 单元格里输入公式“=D4/10 000”，这样一来，就构建了 C4 与 D4 的联系。由于公式中分母为 10 000，这样我们就可以获取精度为万分之一（0. 01 个百分点）的年利率。拉动滚动条，把数值调整到 655，年利率就调整到 6. 55%。

接着，我们在 C5 单元格中输入月利率的公式“=C4/12”，就构建了月利率与年利率的对应关系。

最后，在 C6 单元格中输入计算年金的公式“=PMT（C5，C3 * 12，-C2，0）”，即可完成本次任务。

整个模型的效果如图 6. 17 所示。

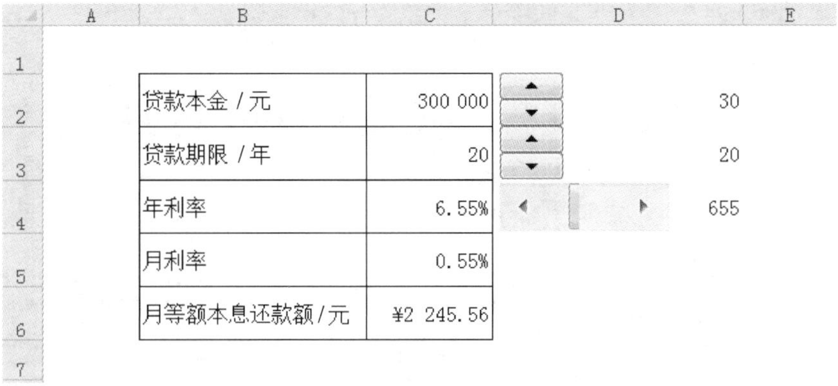

贷款本金 / 元	300 000	30
贷款期限 / 年	20	20
年利率	6.55%	655
月利率	0.55%	
月等额本息还款额 / 元	¥2 245.56	

图 6. 17

（12）调节滚动条，查看计算结果。

至此，我们就可以随意地调整贷款本金、贷款期限和贷款利率来查看对应的月还款额了。比如：把贷款本金调为 35 万元，贷款期限调为 10 年，年利率调为 6. 15%，则每月还款额为 3 912. 13 元。模型的整体效果如图 6. 18 所示。读者只有自己动手实验，才能体会到即时交互的动态效果。

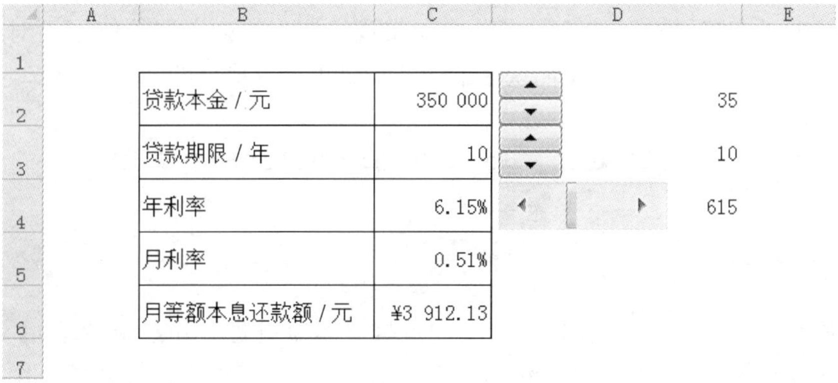

贷款本金 / 元	350 000	35
贷款期限 / 年	10	10
年利率	6.15%	615
月利率	0.51%	
月等额本息还款额 / 元	¥3 912.13	

图 6. 18

四、注意事项

（1）在上述操作中，我们略去了单元格数值格式设置的介绍。请读者自行用鼠标右键点击单元格，选择“设置单元格格式”，即可对数值格式以及其他格式进行设置，如图 6. 19 所示。

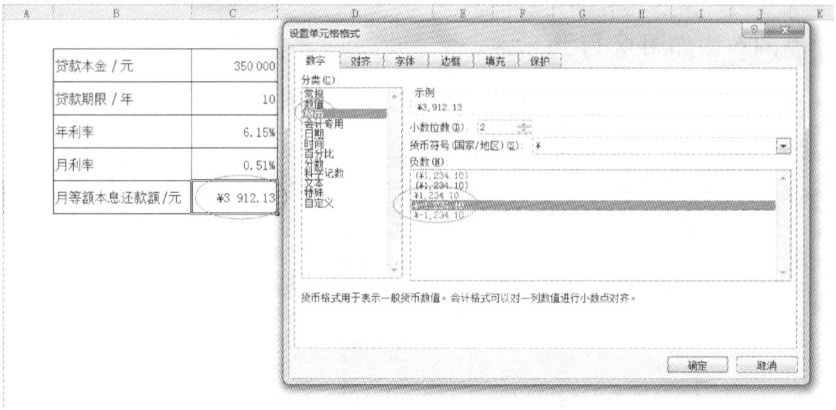

图 6.19

（2）在本例中，为了教学的方便，我们把控件的单元格链接设置为当前 Sheet 表中的单元格，因此在控件的后面，会显示出一系列数值来。然而，用户想看的数值并不是这些，用户只关心 C 列里的指标数值，因此，我们不妨把数值调节钮和滚动条的单元格链接设置到其他 Sheet 表中去，而在给用户呈现的主界面中，只显示用户想知道的东西。这样一来，主界面就看起来更为简洁和美观。特别是当模型比较复杂的时候，辅助的单元格会比较多，如果都放在主界面里，那主界面就会显得凌乱不堪了。

（3）选择什么样的控件，以及如何设置控件的控制格式，需要根据实际应用情况分别处理，并没有统一的标准。随着学习和实践的深入，读者要能够在面对问题的时候，很快地抓住问题的特点，从而快速准确地设置出符合要求的 Excel 控件。

实训技能 3　列表框与选项按钮的使用

一、实训内容

根据图 6.20 所示的工作表 Sheet2 中的数据（基金管理公司经营业绩），在工作表 Sheet1 中建立如图 6.21 所示的 Excel 模型。其功能为：当用户选择任意一个公司和任意一种基金类型时，该表格的顶端部分就会显示出该公司经营该类基金的平均年化收益率水平。

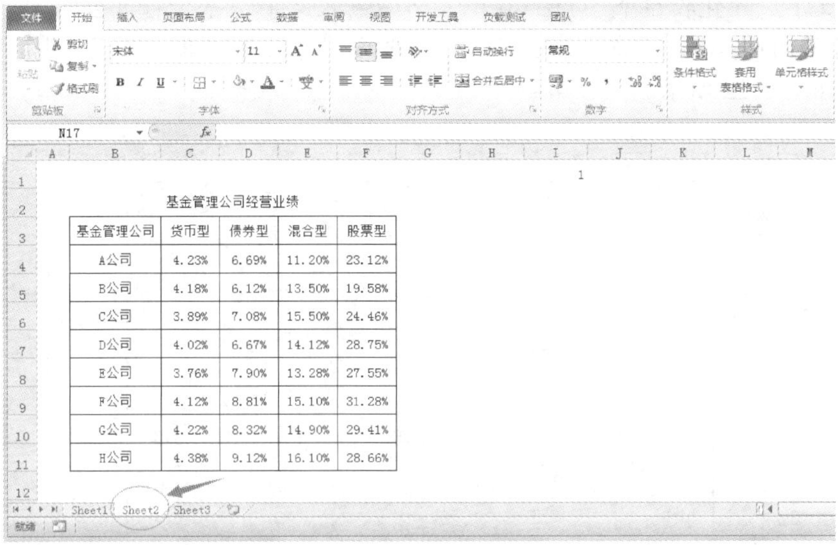

基金管理公司经营业绩

基金管理公司	货币型	债券型	混合型	股票型
A公司	4.23%	6.69%	11.20%	23.12%
B公司	4.18%	6.12%	13.50%	19.58%
C公司	3.89%	7.08%	15.50%	24.46%
D公司	4.02%	6.67%	14.12%	28.75%
E公司	3.76%	7.90%	13.28%	27.55%
F公司	4.12%	8.81%	15.10%	31.28%
G公司	4.22%	8.32%	14.90%	29.41%
H公司	4.38%	9.12%	16.10%	28.66%

图 6.20

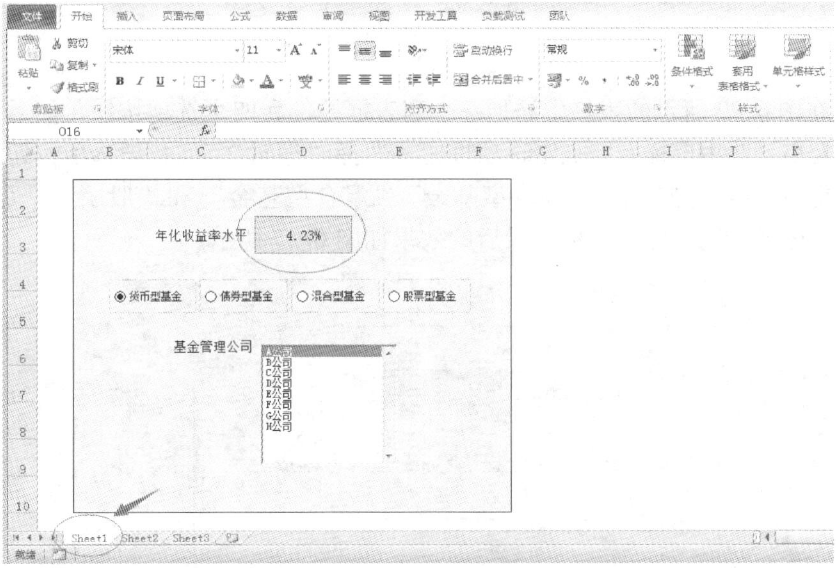

图 6.21

二、实训方法

（1）插入列表框与选项按钮，设置其格式；

（2）通过公式构建表格数值与控件之间的联系；

（3）调整单元格格式，得到预期结果。

三、实训步骤

（1）在 Sheet1 工作表中创建一个表格，调整行列的宽度，在适当的位置如 C3 单元格中输入文字“年化收益率”，在 C6 单元格中输入文字“基金管理公司”。然后设置 B2：F10 区域的格式和 D3 单元格的格式，主要设置底纹和边框，以便美观而醒目地展现结果，如图 6.22 所示。

图 6.22

（2）在图 6.22 所示的表格中添加一个列表框控件和四个选项按钮，然后调整各自的位置和大小，并用鼠标右键点击选项按钮，选择“编辑文字”，把选项按钮显示的文字依次设置为“货币型基金”“债券型基金”“混合型基金”和“股票型基金”，然后再依次设置选项按钮的虚线边框。最后的效果如图 6.23 所示。

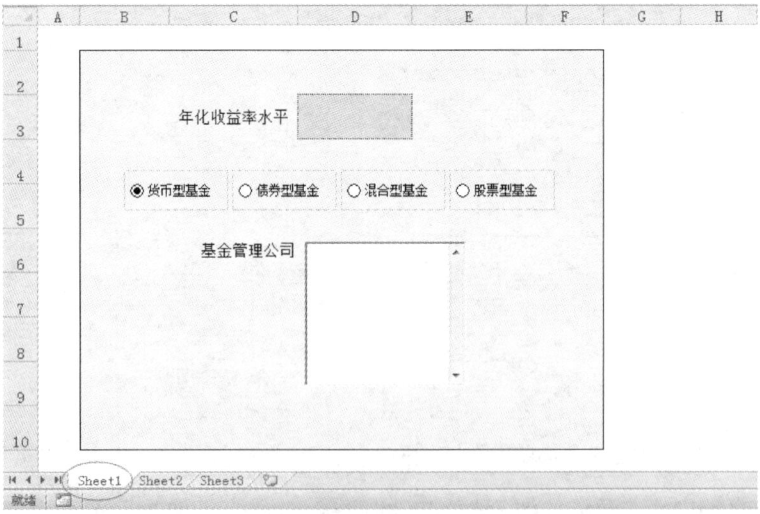

图 6.23

（3）设置列表框的控制格式。

用鼠标右键点击列表框，选择“设置控件格式”，进入设置窗口，选择“控制”选项，进行如图 6.24 所示的设置。

图 6.24

这里需要注意的是，设置的单元格链接不要选择 Sheet1 工作表中的单元格，因为 Sheet1 工作表是作为主界面出现的，主界面尽量简洁明了，不要出现用户不关心的数据，所以，辅助的表格尽量选择放在主界面以外的其他工作表中。

另外，在设置数据源区域和单元格链接的时候，我们不必手动输入表达式“Sheet2! $B$4: $B$11”和“Sheet2! $I$2”，只需要点击输入框右边的按钮，即可直接在表格上点击鼠标左键来选择，同时也支持点选“Sheet 工作表”。读者自行尝试之后就熟悉了。

单元格链接“Sheet2! $I$2”是随意选择的一个先前无数据的单元格，到底选择哪个单元格，并没有统一的标准，但切记的是，千万不要选择先前存有有用数据的单元格，因为这将会覆盖掉原有的有用数据。

(4) 在上一步的设置操作完毕之后，点击“确定”，我们将得到如图 6.25 所示的结果。

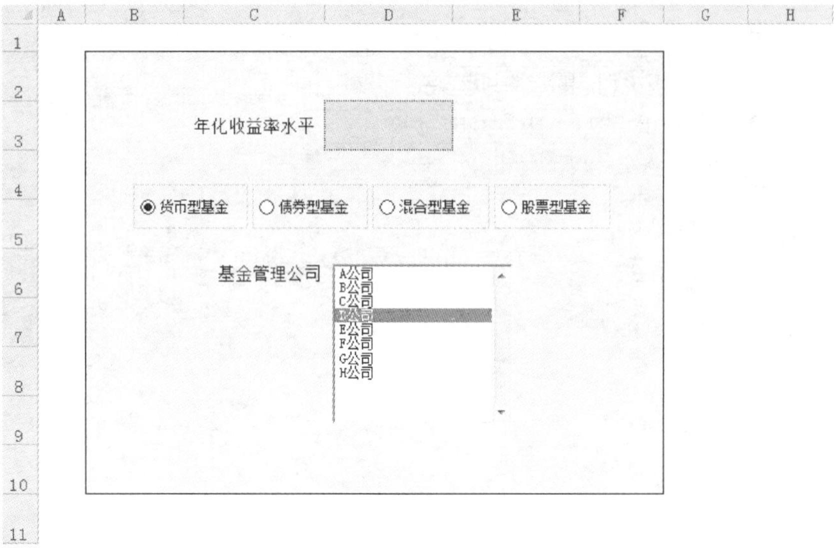

图 6.25

至此，我们就可以在列表框内进行选择了。当我们选择不同选项的时候，列表框单元格链接里的数值会发生相应的变化。比如，当我们选择“D 公司”的时候，工作表 Sheet2 中 I2 单元格的数值就显示为“4”，如图 6.26 所示。

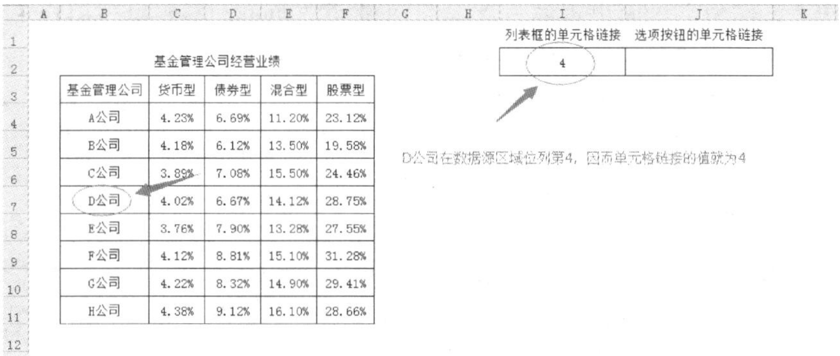

基金管理公司	货币型	债券型	混合型	股票型
A公司	4.23%	6.69%	11.20%	23.12%
B公司	4.18%	6.12%	13.50%	19.58%
C公司	3.89%	7.08%	15.50%	24.46%
D公司	4.02%	6.67%	14.12%	28.75%
E公司	3.76%	7.90%	13.28%	27.55%
F公司	4.12%	8.81%	15.10%	31.28%
G公司	4.22%	8.32%	14.90%	29.41%
H公司	4.38%	9.12%	16.10%	28.66%

图 6.26

不难推断出，列表框单元格链接的值就是当前选中项在数据源区域中的位置（序号）。

（5）设置选项按钮的控制格式。

随便选中其中一个选项按钮，用鼠标右键点出“设置控件格式”窗口，然后进入“控制”选项，设置单元格链接为 Sheet2！ $J$2，如图 6.27 所示。

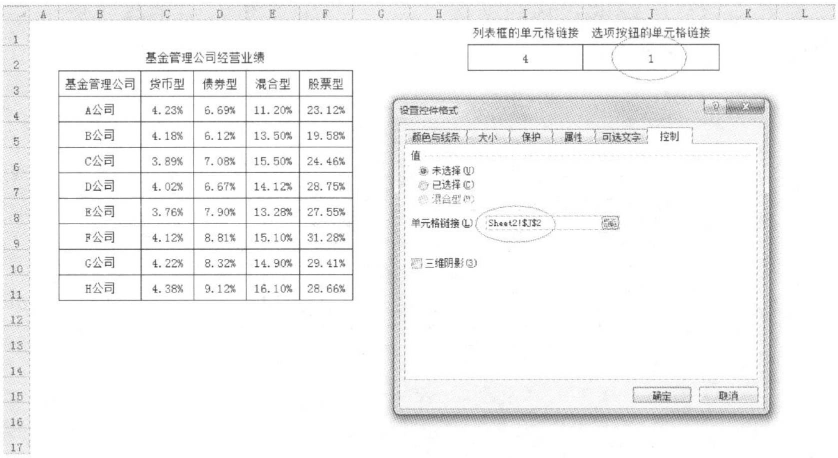

图 6.27

设置完毕之后，当我们点击任意一个选项按钮，则单元格链接中的数值就显示为该按钮的序号。选项按钮的序号指的是该选项按钮在当前所有选项按钮中添加的先后顺序。

（6）至此为止，我们已经把列表框和选项按钮的格式都设置完毕了。但此时，当我们选择公司和基金类别时，基金年化收益率水平还不会显示出来，原因是我们还没有建立起目标单元格（工作表 Sheet1 中的 D3 单元格）与工作表 Sheet2 中年化收益率数据的对应关系。建立正确的对应关系，在 D3 单元格中显示年化收益率指标，显然要用到当前选中公司和选中基金类型的序号。

（7）设置目标单元格的公式。

在单元格 D3 中输入公式：“=INDEX（Sheet2！C4：F11，Sheet2！I2，Sheet2！J2）”。

该公式用到 INDEX 函数，其含义是返回区域“Sheet2！C4：F11”中位于 Sheet2！I2 行和 Sheet2！J2 列的单元格的数值。比如，当我们选择 D 公司和债券型基金的时候，D3 单元格中就会显示其年化收益率为 6.67%，如图 6.28 所示。

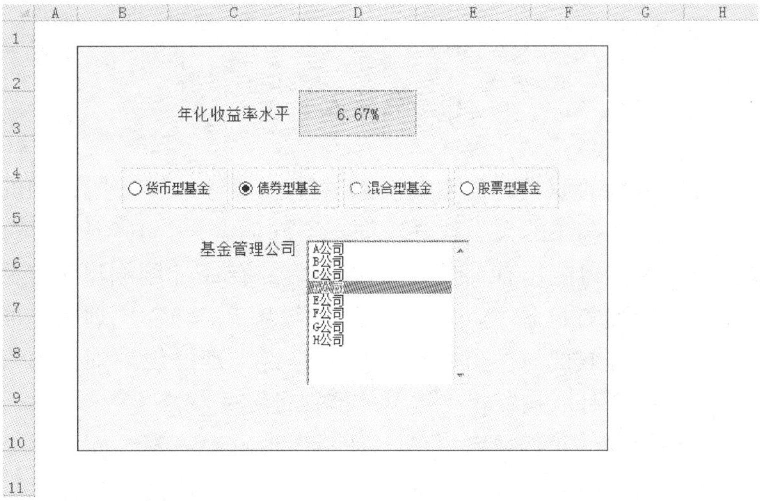

图 6.28

通过与源数据表对照验证，我们发现，图 6.28 中显示的结果是正确无误的，源数据表中的数值如图 6.29 所示。

基金管理公司经营业绩

基金管理公司	货币型	债券型	混合型	股票型
A公司	4.23%	6.69%	11.20%	23.12%
B公司	4.18%	6.12%	13.50%	19.58%
C公司	3.89%	7.08%	15.50%	24.46%
D公司	4.02%	6.67%	14.12%	28.75%
E公司	3.76%	7.90%	13.28%	27.55%
F公司	4.12%	8.81%	15.10%	31.28%
G公司	4.22%	8.32%	14.90%	29.41%
H公司	4.38%	9.12%	16.10%	28.66%

图 6.29

四、注意事项

（1）选项按钮的序号是指该按钮在当前所有选项按钮中添加的相对时间顺序。我们在安排选项按钮的位置时，只需要关心文字名称的顺序，而无须关心它们的添加先后顺序。

（2）通过各种控件以及 Excel 函数的搭配使用，我们将能够创建出各式各样生动形象的 Excel 模型来。建议读者在实际工作中，多去思考如何设计互动性较强的解决方案，而不要仅仅满足于得到一个“计算结果”。

任务 2　Excel 工具的综合使用

【案例导入】

小王是一个理财机构的职员，经常需要解答不同条件的客户所咨询的相同理财规划问题。比如，同样都是孩子的大学教育规划，不同的客户，其条件和要求是不同的，有的客户距离孩子上大学可能还有 10 年，而有的客户孩子才刚刚出生。另外，客户对孩子未来上大学的费用预算也是不同的。那么，作为一个理财规划师，如何能够给每个不同的客户快速提供有效的解决方案呢？也就是说，理财规划师如何根据客户的条件和要求计算出客户每个月应投资多少钱，才能保证孩子将来上大学呢？

思考：对于这个问题，我们要考虑的不是一次性解决方案，而是一个可以重用的解决方案，毕竟小王需要面对的是不同条件的客户。可重用的意思是，可以根据用户的不同条件设定而得到不同的结果。另外，为了让用户能够与模型有交互性，增强互动体验，还需要设置必要的控件，让结果随着用户的操作即刻呈现动态的变化。最后，为了让用户有直观的感性认识，还需要通过图表来形象展现操作结果。

【任务目标】

通过实训，学生应能够熟练应用多种 Excel 函数和工具来解决现实财务金融建模问题。

【理论知识】

一、理财规划

理财规划是指运用科学的方法和特定的程序为客户制订切合实际、具有可操作性的包括现金规划、消费支出规划、教育规划、风险管理与保险规划、税收筹划、投资规划、退休养老规划、财产分配与传承规划等某方面或者综合性的方案，使客户不断提高生活品质，最终达到财务安全、自主和自由的过程。

运用 Excel 工具来创建理财规划模型是一个很不错的选择。首先，Excel 提供了很多内置的函数可以帮助我们搭建变量之间的关系，并且快速计算结果；其次，Excel 还有丰富的图表制作和控件操作功能，可以让模型的结果以生动形象的方式展现出来，还可以通过操作控件，让模型具有较强的互动性。因此，在 Excel 软件中，我们将能够建立起一个极具互动性的理财规划方案。

二、Excel 动态图表

Excel 动态图表，是指与静态图表相对的一种图表。所谓“动态”，是指图表显示的内容是可以随着用户对控件的操作而发生变化。比如，我们拥有上证指数从 1992 年到 2015 年的每日收盘价数据，要求画一个指数走势图，可以让用户随意选择起止时间；相应地，该图就显示对应期间上证指数的走势。那么，满足这种要求的图表就是动态图表。制作动态图表，很多时候需要用到 OFFSET 函数和定义名称来表示一个动态变化的数据源区域。

三、Excel 定义名称

名称是一个有意义的简略表示法，可以表示单元格和表的引用。比如区域 C2：C10，我们可以定义一个名称（比如 data1）去表示它，于是，当我们计算区域内数值的和的时候，就可以用公式“=SUM（data1）”来替代“=SUM（C2：C10）”，如果经常要用到 SUM（C2：C10）的值，我们甚至就可以直接定义 SUM（C2：C10）的名称为 Sum of Data。

名称的适用范围：所有名称都有一个延伸到特定工作表（也称为局部工作表级别）或整个工作簿（也称为全局工作簿级别）的适用范围。名称的适用范围是指在没有限定的情况下能够识别名称的位置。

例如：如果您定义了一个名称（比如是 data1），并且其适用范围为 Sheet1，则该名称在没有限定的情况下只能在 Sheet1 中被识别，而不能在其他工作表中被识别。要在另一个工作表中使用局部工作表名称，您可以通过在它前面加上该工作表的名称来限定它，如 Sheet1！data1。

实训技能 1　创建具有互动性的理财规划模型

一、实训内容

本实训将为有孩子的家长建立一个教育规划模型，该模型具有交互性和图文并茂的特征，当家长选择距离孩子上大学年限和大学类型的时候，界面上会动态显示每个月应该存入教育基金的投资额。最后我们创建的模型应如图 6.30 所示。

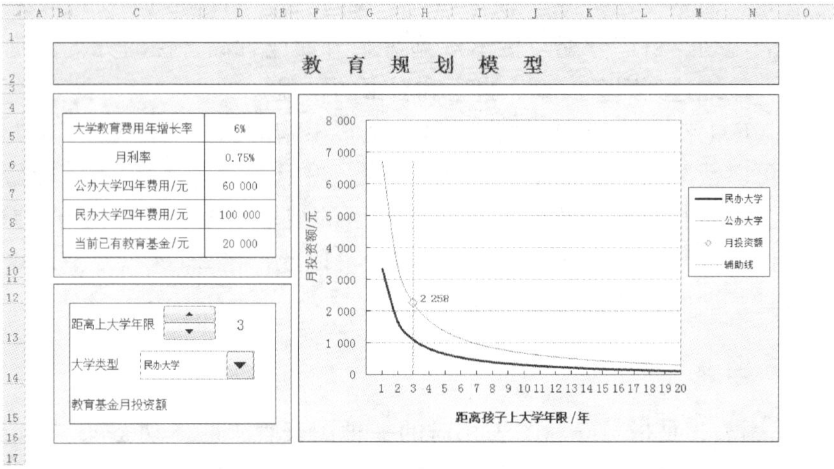

图 6.30

在图 6.30 所示的模型中，当我们调节距离上大学年限的时候，图像上的“月投资额”会动态地在相应的轨迹上移动。如果选择公办大学，则在公办大学对应的月投资额曲线上移动；如果选择民办大学，则在民办大学对应的月投资额曲线上移动，非常直观形象。

二、实训方法

（1）Excel 控件的使用；
（2）Excel 图表的创建；
（3）Excel 财务函数的使用。

三、实训步骤

（1）新建一个 Excel 文档，把工作表 Sheet1 作为主界面，把工作表 Sheet2 作为辅助表，存放控件的数据源、单元格链接和辅助数据。直观起见，把 Sheet1 的名称修改为“主界面”，把 Sheet2 的名称修改为“辅助表”。

（2）在主界面表中创建如图 6. 31 所示的表格，并在其中设定好以下项目：

①基本条件及参数：目前公办大学和民办大学修完四年所需总费用，大学教育费用年增长率、月利率（教育基金的投资收益率）和当前已有的教育基金。除了在主界面表中设定基本条件和参数外，我们还需要在辅助表里构建相同的一个副本，以便辅助表中需要引用条件和参数的时候方便一些，如图 6. 32 所示。

②距离孩子上大学年限：该参数需要由用户来经常调整，所以我们采用数值调节钮控件来为其设定参数。单元格链接设置在主界面表的 D13 单元格中。

③大学类型：共有两大类，这里用列表框控件来设定参数。数据源和单元格链接都设置在辅助表内，如图 6. 32 所示。

④教育基金月投资额：此时为空白项，有待后续设定其公式。

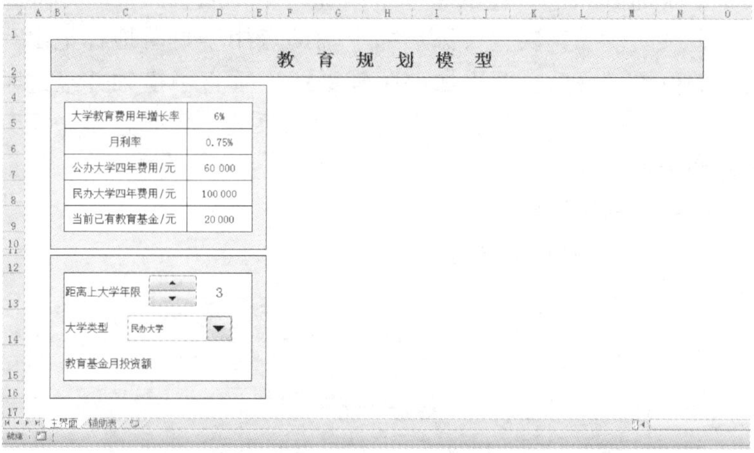

图 6. 31

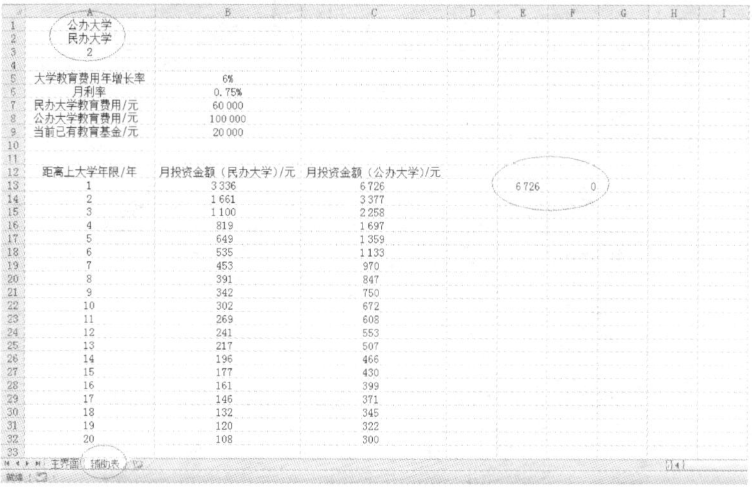

	A	B	C	E	F
1	公办大学				
2	民办大学				
3	2				
4					
5	大学教育费用年增长率	6%			
6	月利率	0.75%			
7	民办大学教育费用/元	60 000			
8	公办大学教育费用/元	100 000			
9	当前已有教育基金/元	20 000			
10					
11					
12	距高上大学年限/年	月投资金额（民办大学）/元	月投资金额（公办大学）/元		
13	1	3 336	6 726	6 726	0
14	2	1 661	3 377		
15	3	1 100	2 258		
16	4	819	1 697		
17	5	649	1 359		
18	6	535	1 133		
19	7	453	970		
20	8	391	847		
21	9	342	750		
22	10	302	672		
23	11	269	608		
24	12	241	553		
25	13	217	507		
26	14	196	466		
27	15	177	430		
28	16	161	399		
29	17	146	371		
30	18	132	345		
31	19	120	322		
32	20	108	300		

图 6. 32

（3）在辅助表中创建一个数据表，存放如图 6.32 所示的数据。

该数据表的用途在于，作为数据源来描绘主界面图表中的两条曲线（公办大学和民办大学的月投资额与距离上大学年限的平滑散点图）。

以辅助表中 B22 单元格为例，月投资额的公式为：

月投资额=-PMT($B$6, $A22*12,-$B$9,FV($B$5, $A22,0,-$B$7))

公式说明如下：

*FV（$B$5，$A22，0，-$B$7）

它是用于计算当前教育费用以一定的年增长率增长到孩子上大学时的终值。

*-PMT($B$6, $A22*12,-$B$9,FV($B$5, $A22,0,-$B$7))

它是用于计算在已有一部分给定教育基金的前提下，每个月还需要投资多少钱才能保证在孩子上大学时积累到那时上该类大学的全部教育费用。

（4）在主界面的表中添加图表和数据系列。

在主界面表中添加散点图，在散点图中添加四个系列：首先，添加民办大学和公办大学的月投资金额曲线。其次，再添加一个辅助点用于显著地标记出当前条件下的月投资金额所处的位置。最后，再添加一条辅助线，垂直于横轴并经过辅助点，用于增强画面的动感。辅助点和辅助线都是散点图中的系列，只是这两个系列，前者只有一个点，后者有两个点。

以上四个数据系列的设置情况如下：

①系列“民办大学”，如图 6.33 所示：

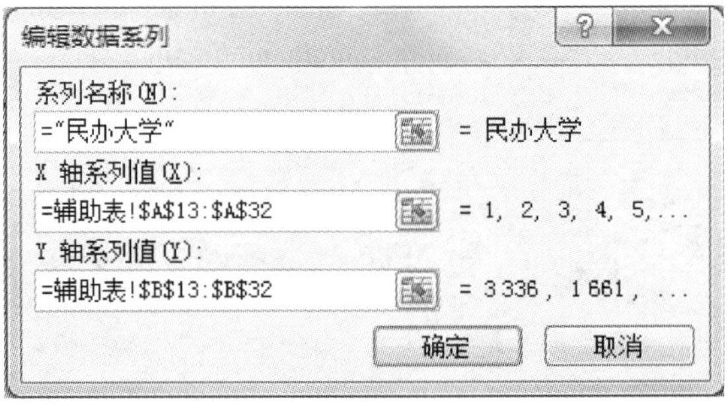

图 6.33

②系列“公办大学”，如图 6.34 所示。

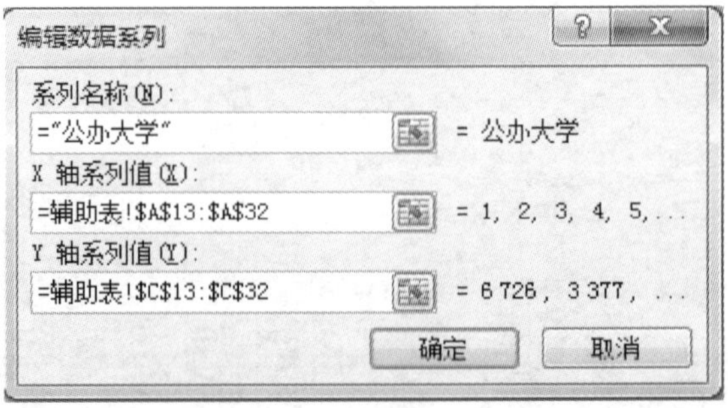

图 6.34

③系列“月投资额”，如图 6.35 所示。

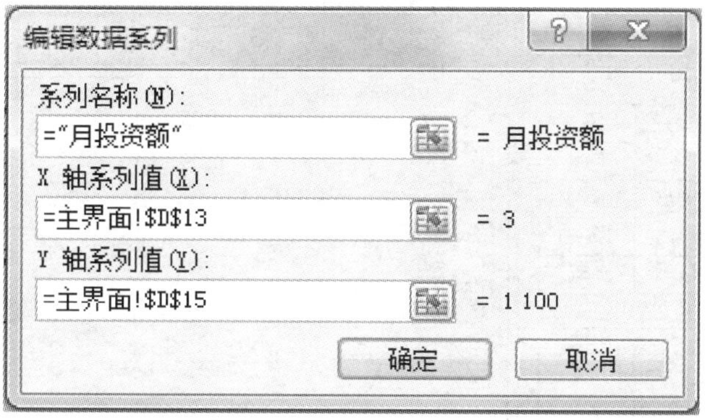

图 6.35

④系列“辅助线”，如图 6.36 所示。

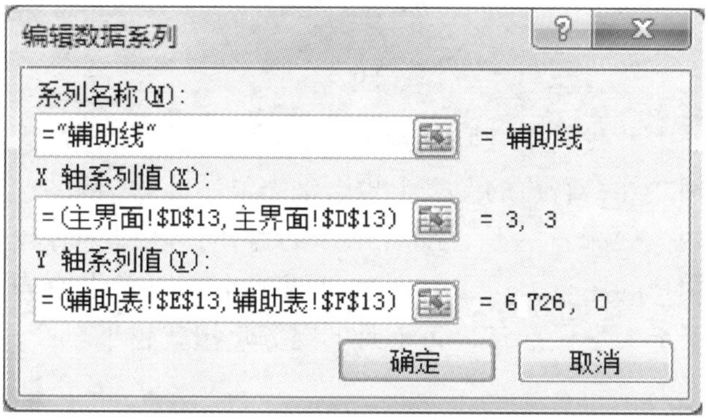

图 6.36

（5）设置主界面 D15 单元格（月投资额）的公式。

月投资额=-PMT（D6，D13＊12，-D9，FV（D5，D13，0，-IF（辅助表！A3=1，D7，D8）））

该公式设置说明如下：

＊IF（辅助表！A3=1，D7，D8）

如果辅助表中 A3 单元格为 1，表明列表框选中的是公办大学，则返回 D7 单元格的值（当前公办大学教育费用）；否则，就返回 D8 单元格的值（当前民办大学教育费用）。

＊FV（D5，D13，0，-IF（辅助表！A3=1，D7，D8））

即返回当前教育费用以一定的年增长率增长到孩子上大学时的终值。

＊-PMT（D6，D13＊12，-D9，FV（D5，D13，0，-IF（辅助表！A3=1，D7，D8）））

该公式用于计算在已有一部分给定教育基金的前提下，每个月还需要投资多少钱才能保证在孩子上大学时积累到那时上该类大学的全部教育费用。

（6）设置完以上所有项目之后，主界面将呈现这样的结果，如图 6.37 所示。

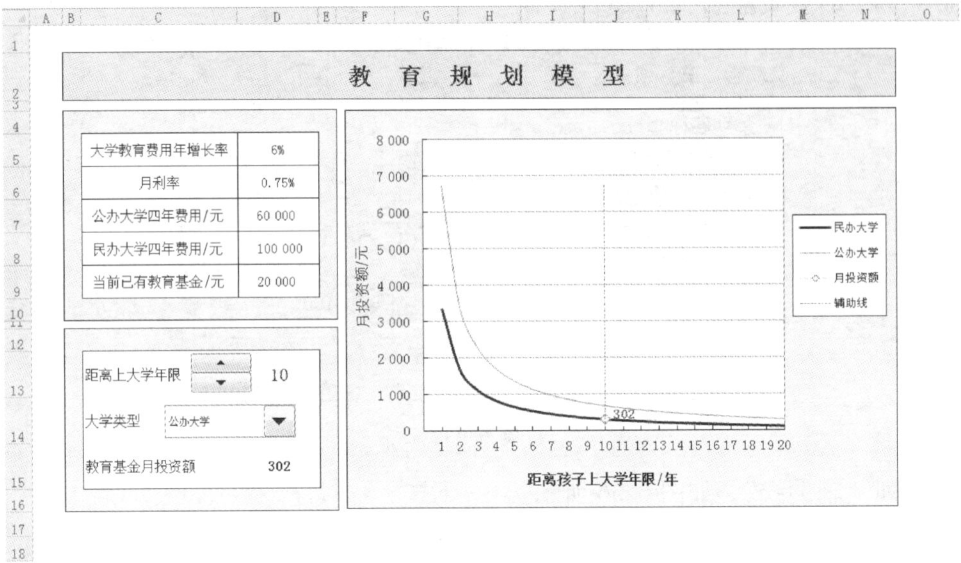

图 6.37

至此，在主界面中，我们任意调剂距离上大学年限和大学类型，除了在 D15 单元格显示当前月投资额之外，右边的图表上也会动态显示匹配结果。

右边的图表有两大效果：一是，随着用户的操作，模型具有较强的动态效果，可增强观赏性，吸引用户的注意力；二是，通过两条曲线的变化趋势，我们可以直观地看出来，越早为孩子上大学做准备，每个月的财务负担就越小。

四、注意事项

（1）关于辅助表的设计。虽然用户看不到辅助表，但也须设计规范，使之有条理性。其目的是帮助我们在开发的过程中，有更清晰的思路，不容易出错；同时，在后期维护和修改模型的时候，也更容易上手。

（2）关于图表的格式。图表的格式应尽量设计得美观整齐，但具体的布局以及字体、颜色等属性都没有统一标准，依个人偏好而定。关于图表美观性以及设计方法，本书不做探讨，请读者参考 Excel 操作的相关书籍，多多练习，自然熟能生巧。

（3）关于网格线和工作表标签。主界面的网格线去掉之后，会让模型看起来更美观整齐。如果我们不想让用户看到主界面以外的其他工作表，怕不小心删除掉重要的数据，那么也可以把除主界面以外的工作表设置为隐藏，甚至直接不显示工作表标签。这些技巧，读者都应在实训中经常使用。

实训技能 2　创建动态数据图表

一、实训内容

根据上证指数的历史收盘价数据表，创建一个动态图表，让用户可以随意选择起止日期来显示其走势。效果如图 6.38 所示。

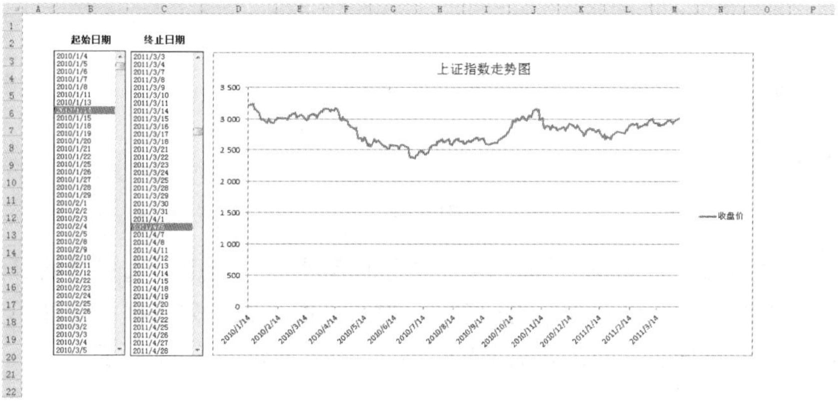

图 6.38

二、实训方法

（1）Excel 图表制作；

（2）Excel 定义名称方法的使用；

（3）OFFSET 函数和 IF 函数的使用。

三、实训步骤

（1）新建一个 Excel 文档，创建三个工作表，分别命名为“主界面”“上证指数”和“辅助表”，如图 6.39 所示。

图 6.39

（2）将上证指数收盘价的一段历史数据（如 2010 年 1 月 4 日至 2014 年 12 月 31 日）存入“上证指数”工作表中，如图 6.40 所示。

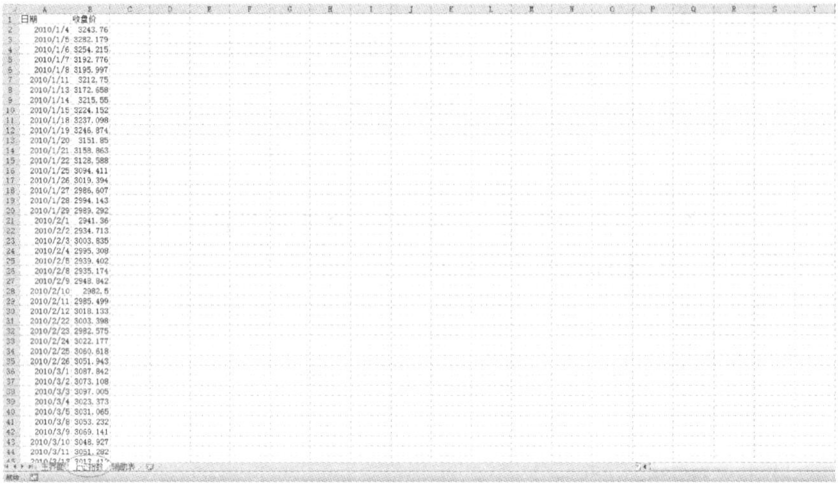

图 6.40

（3）在“主界面”工作表中添加两个列表框控件，分别用于选择起始日期和终止日期，所以其数据源都应设置为“上证指数”中的日期区域。列表框控件的单元格链接均设置在辅助表里，分别是辅助表的 B4 和 C4 单元格，如图 6.41 所示。

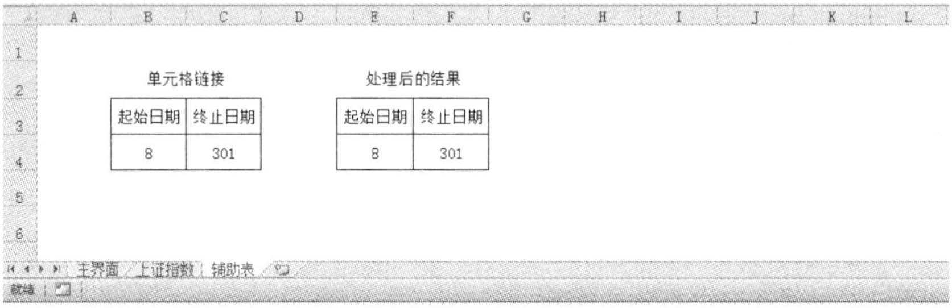

图 6.41

考虑到用户在操作的时候可能会把终止日期选为比起始日期还要早的时间，因此，我们需要处理这种不合理的错误选择。于是，我们在辅助表里增加一个“处理后的结果”，用处理后的结果来画图。

处理办法是，当终止日期小于起始日期的时候，自动令终止日期等于起始日期，届时图表上将什么都不显示。

于是，E4 单元格的公式应设为“=B4”，而 F4 单元格的公式则为“=IF（C4>B4，C4，B4）”。

另外，为了在用户错误选择的时候有提醒的效果，我们可以在主界面上合并几个连续的单元格（如区域 E2：L2）来显示错误提示。该提示显然是有条件的，公式为：“=IF（辅助表！C4<辅助表！B4,"警告：终止日期不可小于起始日期!"," "）”。

这样一来，如果用户选错了起止日期，界面上将会提示警告。为了更醒目一点，我们可以把提示单元格的格式设为字号比较大的红色字体。提示效果如图 6.42 所示。

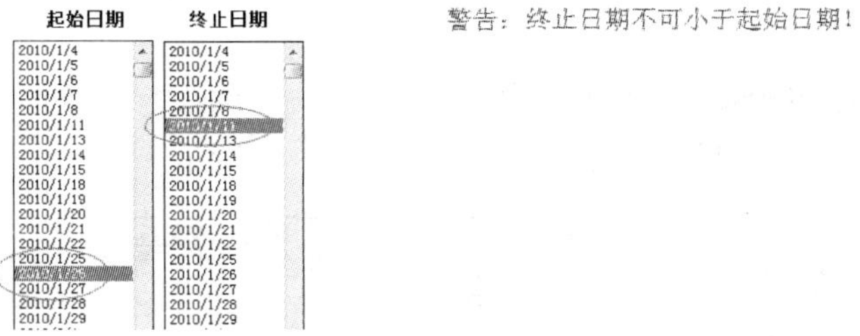

图 6.42

（4）添加图表。

在主界面中添加一个折线图，调整其位置和大小，但暂时不为其添加数据系列，于是只得到一个空白图表，如图 6.43 所示。

图 6.43

（5）定义名称。

由于图表的数据系列是一个变化的区域，起点和跨度都会随着用户的选择而变化，因此，我们要用 OFFSET 函数来表示数据系列的数据源所在区域。而在图表中引入函数的话，必须用定义名称的方式。

①调出“定义名称”窗口。操作方法如图 6.44 所示。

图 6.44

②接着，在如图 6.45 和图 6.46 所示的窗口中设置上证指数数据区域的名称和日期区域的名称。

首先，我们把区域 OFFSET（上证指数！ $B$1，辅助表！ $E$4，0，辅助表！ $F$4-辅助表！ $E$4+1，1）定义为 data1，如图 6.45 所示。

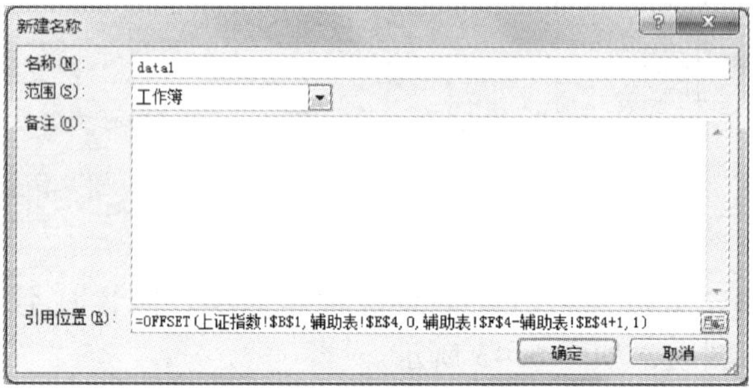

图 6.45

其次，我们把区域 OFFSET（上证指数！ $A$1，辅助表！ $E$4，0，辅助表！ $F$4-辅助表！ $E$4+1，1）定义为 X，如图 6.46 所示。

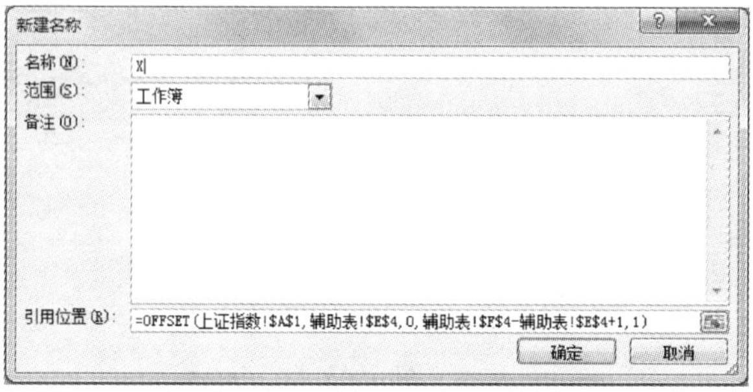

图 6.46

在上面两个 OFFSET 函数中，除了第一个参数（区域参照点）不同之外，其他参数毫无二致。关于 OFFSET 函数的使用方法，请参见本书"Excel 在经济管理决策中的应用"这一模块中的任务"经济数据的分析与预测"。

（6）在图表中添加数据系列。

至此为止，我们已经定义了两个名称——data1 和 X，分别代表起止日期内的上证指数和起止日期区域。接下来，我们就往图表里添加数据系列。在弹出的"编辑数据系列"窗口中如图 6.47 所示来设定参数。

图 6.47

照着图 6.47 中的样子来设置参数完毕之后，再去设置水平分类轴的标签区域，如图 6.48 所示。

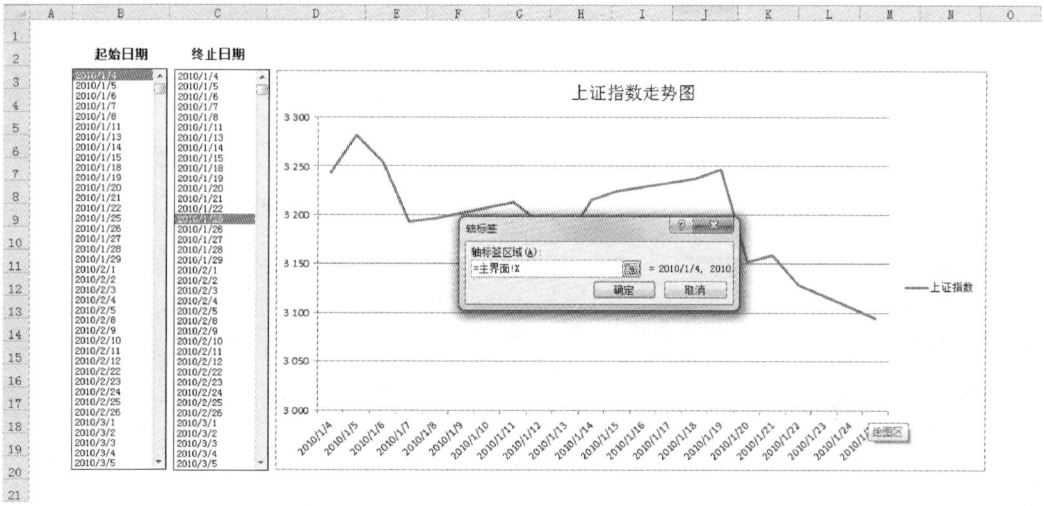

图 6.48

上面两步都设置完毕之后，任务即告完成。于是，我们就可以在列表框中随意选择起止日期，以观测期间内的上证指数走势图了。

如果我们选择起止日期为 2014 年 1 月 1 日至 2014 年 6 月 30 日，那么上证指数走势图如图 6.49 所示。

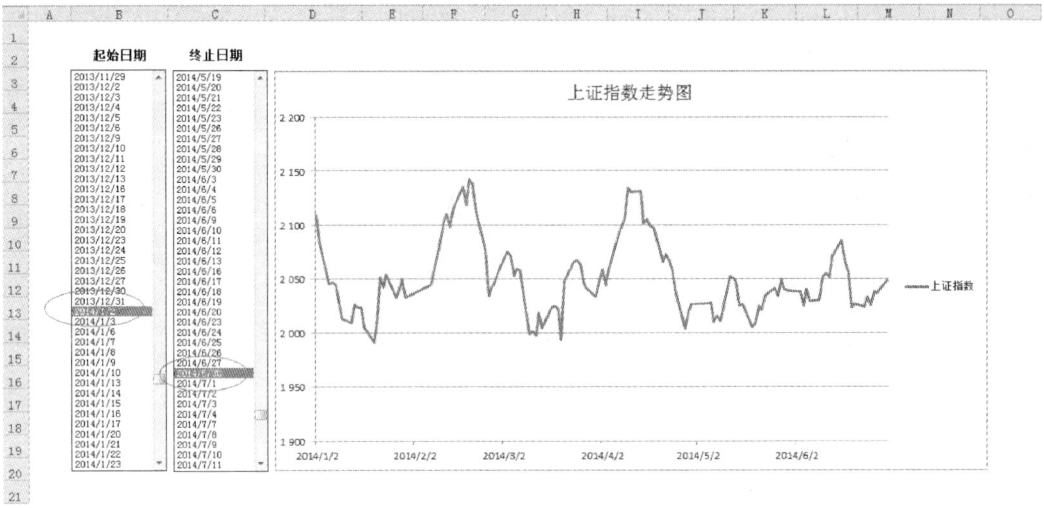

图 6. 49

如果再把起止日期调整为 2014 年 7 月 1 日至 2014 年 12 月 31 日，那么上证指数走势图将如图 6. 50 所示。

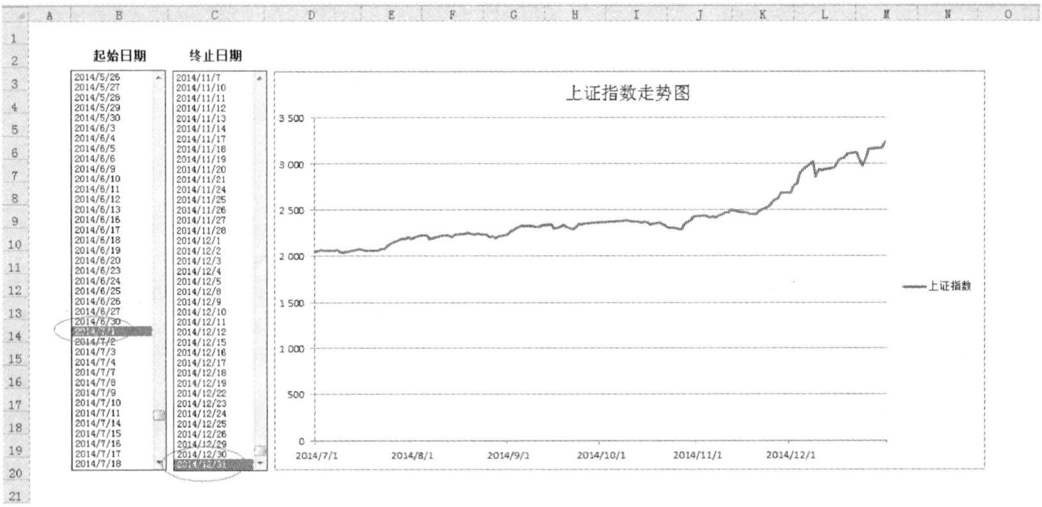

图 6. 50

从上面两次选择后的结果可知，我们设计的模型达到了预期的效果。

四、注意事项

（1）在“编辑数据系列”窗口中输入定义的名称的时候，名称前面一定要加上所属工作表的名称（如“=主界面！data1”）或当前 Excel 文件的名称，否则会提示错误。有意思的是，如果我们输入“=主界面！data1”来设置数据系列的值，等设置完毕之后，再一次打开“编辑数据系列”窗口，刚才输入的“=主界面！data1”会自动变成“='09-03 动态查询表（上证指数）. xls'！data1”。“09-03 动态查询表（上证指数）.xls”是当前Excel文档的文件名。

（2）创建动态图表的关键在于灵活变通地综合使用Excel函数（如OFFSET函数和其他函数）和定义名称来表示特定的数据区域，以实现用常规方法不能实现的工作目标。

任务3 编写VBA程序来提升工作效率

【案例导入】

研究金融产品的价格变化规律，经常需要把下载的数据进行预处理和统计分析，比如根据基金每日的收益率来计算累积收益率，并对未来做出一定的预测。然而，金融市场上的基金产品种类很多，交易日期也很多，因此像这样的操作显然是经常性的和重复性的。

在经济金融的其他领域，经常性和重复性的工作也是屡见不鲜的，比如一个上市公司每个季度都要根据基本的财务数据来生成财务报表，一个商家每个月都要根据每日的销售数据来对当月做汇总，并对下个月做预测。诸如此类的案例有很多，这里就不一一列举。

思考：在面临经常性和重复性工作的时候，有没有办法实现一劳永逸的工作效果呢？

答案是肯定的！高明的分析师、技术员或研究机构通常都是采用编写计算机程序的方式来完成这些重复性的工作。这样做的好处是，节省了大量的时间，而且能够保证结果的准确性。

【任务目标】

通过实训，学生应掌握VBA编程的基本方法和技巧，能够编写简单的程序来实现自动化批处理操作，并具备继续学习和进一步提升的基本条件。

【理论知识】

一、VBA语言简介

Visual Basic for Applications（VBA）是Visual Basic的一种宏语言，是微软开发出来在其桌面应用程序中执行通用的自动化（OLE）任务的编程语言。它主要用来扩展Windows的应用程式功能，特别是Microsoft Office软件。应用于Excel软件的VBA，我们称之为“Excel VBA”，微软在1994年发行的Excel 5.0版本中，即具备了VBA的宏功能。

VBA 在 Excel 中发挥了强大的二次开发功能，比如通过一段 VBA 代码，可以实现画面的切换，可以实现复杂逻辑的统计（比如从多个表中，自动生成按合同号来跟踪生产量、入库量、销售量、库存量的统计清单）等。概括而言，掌握了 VBA，在 Excel 中可以发挥以下作用：①规范用户的操作，控制用户的操作行为；②使操作界面人性化，方便用户的操作；③通过执行 VBA 代码可以迅速地实现多个步骤的手工操作；④实现一些手工操作或函数操作无法实现的功能；⑤用 VBA 制作 Excel 登录系统；⑥其他广泛的用途，如 Excel 宏程序的功能。宏就是一系列 VBA 命令的组合，本质上就是 VBA 程序，Excel 宏程序的用途是使常用任务自动化，有的宏可能只帮助完成简单的任务，有的宏代码可以是功能非常强大的 VBA 程序。

当然，VBA 宏程序也不都是只为我们带来好处，也会引起潜在的安全风险。比如黑客可以通过某个文档引入恶意宏，一旦打开该文档，这个恶意宏就会运行，并且可能在计算机上传播病毒。

二、使用 VBA 宏程序的情形

首先，如果需要使用特别复杂的计算，而 Excel 内置的工作表函数又无法满足要求，则就需要用户通过 VBA 语言来编写程序，用程序来完成工作。

其次，在工作中有时会遇到这样的情形，虽然可以使用内置函数来完成计算，但会造成很庞大的复杂公式，这些公式既不容易编写，又不容易理解和维护，这时也可以考虑使用宏程序。

编写程序需要一定的 VBA 基础，但一旦完成编写后，将可以极大提升我们的工作效率，让 Excel 自动化办公变得更加轻松。

实训技能 1　宏程序的录制

一、实训内容

不管是 VBA 初学者，还是使用 VBA 编程比较熟练的专业人士，经常都有可能记不住 Excel VBA 语言中大量的对象名称、属性和方法，因此，我们除了随时查阅工具书之外，还可以利用 Excel 提供的录制宏的工具。

本次实训的内容就是介绍在 Excel 中如何录制宏。具体的内容是，用“录制宏”来记录调整单元格格式的程序。

二、实训方法

本次实训的方法主要是菜单操作，在一系列的菜单操作之后，查看 Excel 录制下来的宏语言是如何编写的。

三、实训步骤

（1）新建一个 Excel 文档，创建一个简单的表格，如图 6.51 所示。

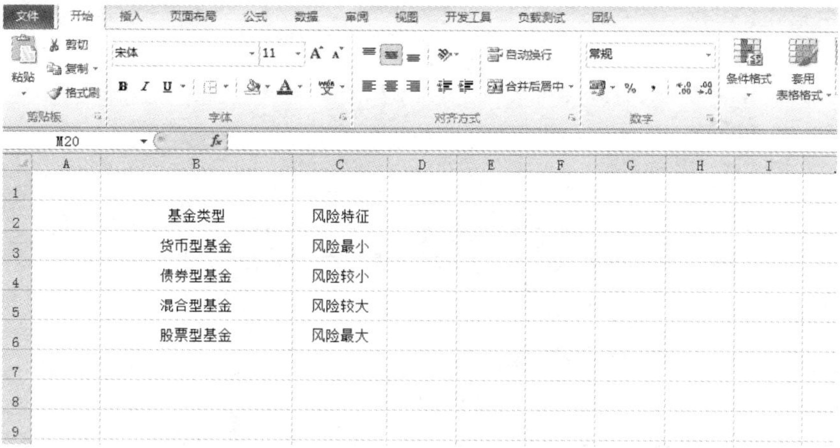

图 6.51

（2）选择窗口菜单项“开发工具”，点击“录制宏”，如图 6.52 所示。

图 6.52

（3）点击“录制宏之后”，将会弹出如图 6.53 所示的设置窗口。在该窗口中，我们选择把录制的宏保存在当前工作簿中，宏的名称改为“调整表格格式”，如果不想修改的话，就沿用默认的名称也可以。最后我们为宏设置快捷键“Ctrl+j”。

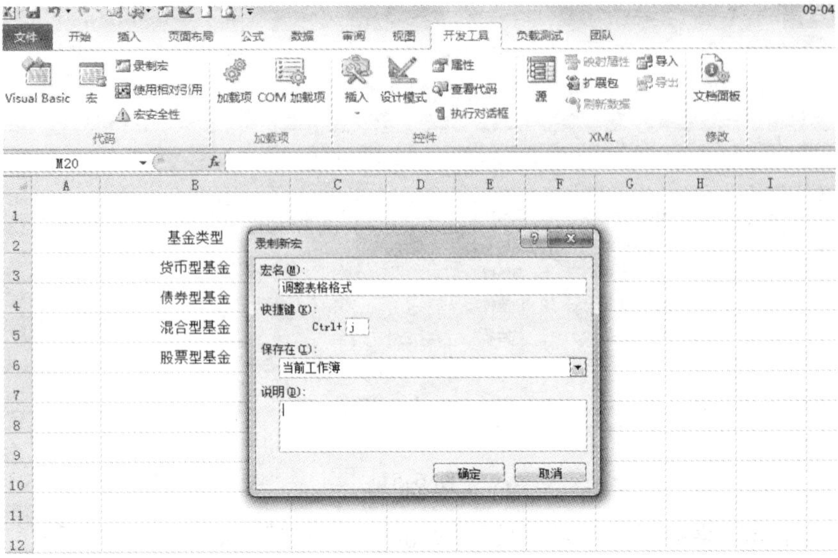

图 6.53

（4）在上一步的设置完毕后，点击“确定”，我们即进入录制状态，然后我们就按照自己的意愿来操作表格，使之成为如图 6.54 所示的样子。

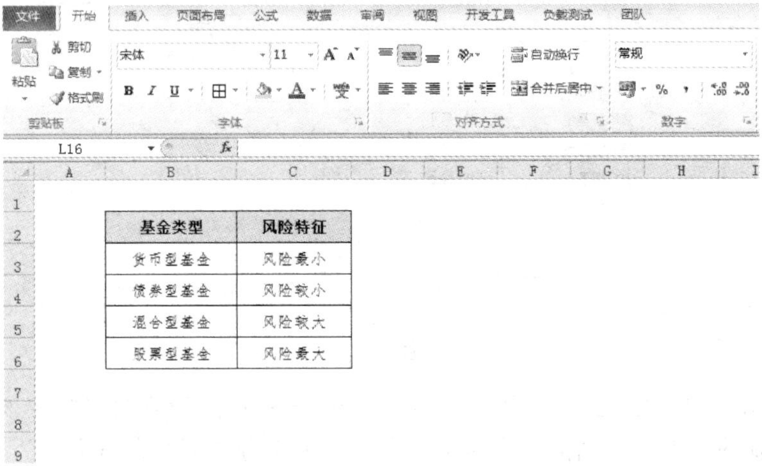

图 6.54

（5）在上一步的操作完成之后，选择窗口菜单“开发工具”，点击“停止录制”，完成录制任务，然后保存当前工作簿，如图 6.55 所示。

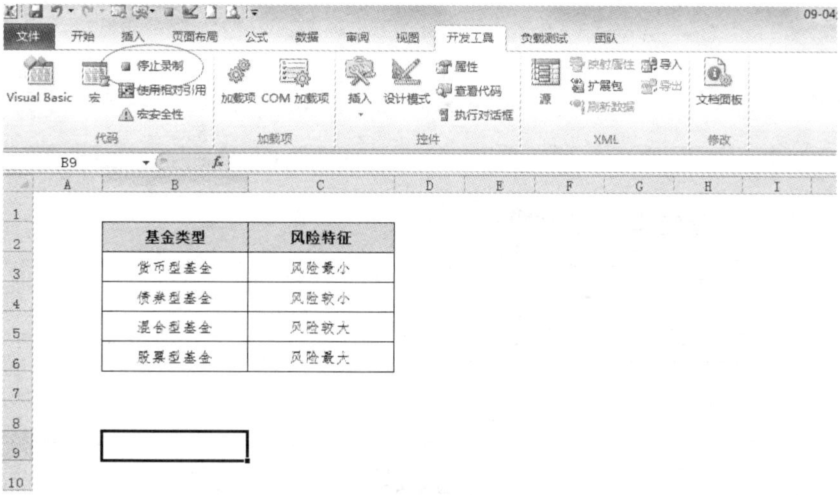

图 6.55

（6）应用已经录制好的宏。

①新建一个 Excel 文档，构建如图 6.56 所示的表格，该表格与图 6.55 所示的表格位置和内容一样，只是格式不同。

图 6.56

②在保证原来录制宏的文档打开的状态下，在图 6.56 所示的表格中，按下组合快捷键“Ctrl+j”，图 6.56 中的表格马上就变成如图 6.57 所示的样式。不难发现，图 6.57 中的表格样式与图 6.55 中的表格样式是一样的，可见录制的宏在当前表格中又重新执行了一遍录制它时的所有操作。

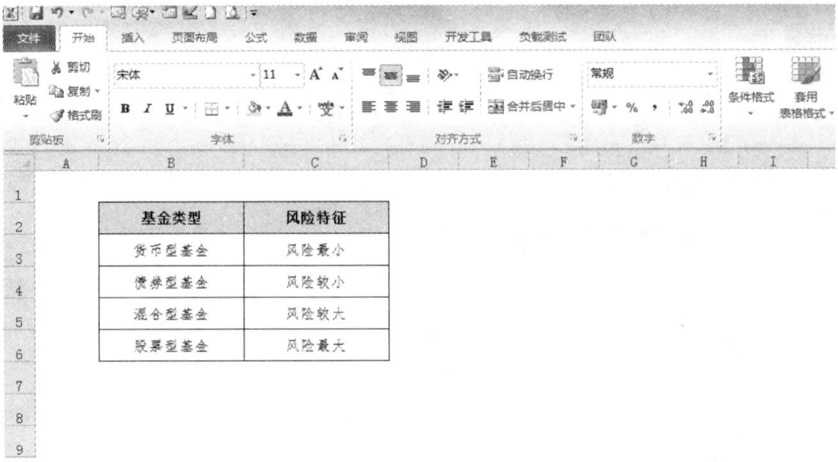

图 6. 57

（7）用菜单操作来执行宏。

如果不用快捷键，我们也可以通过菜单操作来执行宏。步骤如下：

①选择窗口菜单“开发工具”，点击“宏”，如图 6. 58 所示。

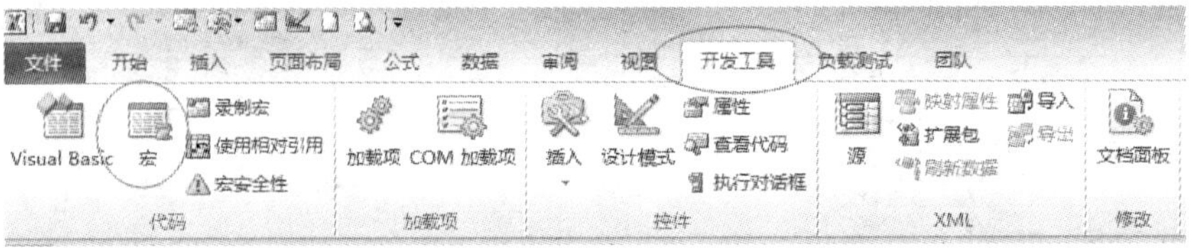

图 6. 58

②在“宏”窗口中，选择要执行的宏，然后点击“执行”，其效果与按快捷键是一样的，如图 6. 59 所示。

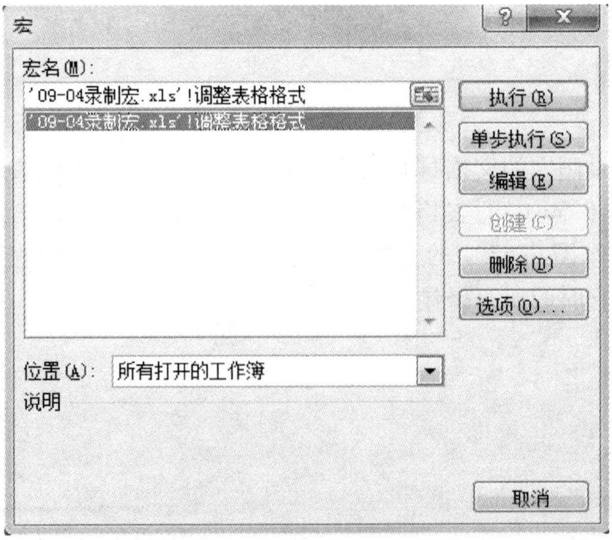

图 6. 59

（8）宏执行了哪些操作？

对比图 6. 56 和图 6. 57，不难发现录制的宏“调整表格格式”执行了下面的操作：

①去掉了表格中的网格线；

②表格添加了边框；

③调整了行列的宽度；

④文字居中显示；

⑤表格标题行设置了底色，其文字加粗；

⑥表格内容行字体设置为“仿宋”。

如果我们手里面有多张表格都要设置成同样的格式，还是手工操作的话，恐怕要耗费大量的时间。但如果已经按要求录制了宏，则只需要在每个表格中按一下快捷键“Ctrl+j”，任务就在瞬间完成了。

（9）查看宏程序的代码。

如果想查看宏程序的代码，我们可以在图 6. 59 所示的窗口中点击“编辑”（也可以在图 6. 58 所示的窗口中点击“Visual Basic”，或按快捷键“ALT+F11”），即可进入 VBA 程序编写窗口。其中，录制的宏程序以及工作簿里的其他所有程序，都可以随意查看、修改和运行，如图 6. 60 所示。

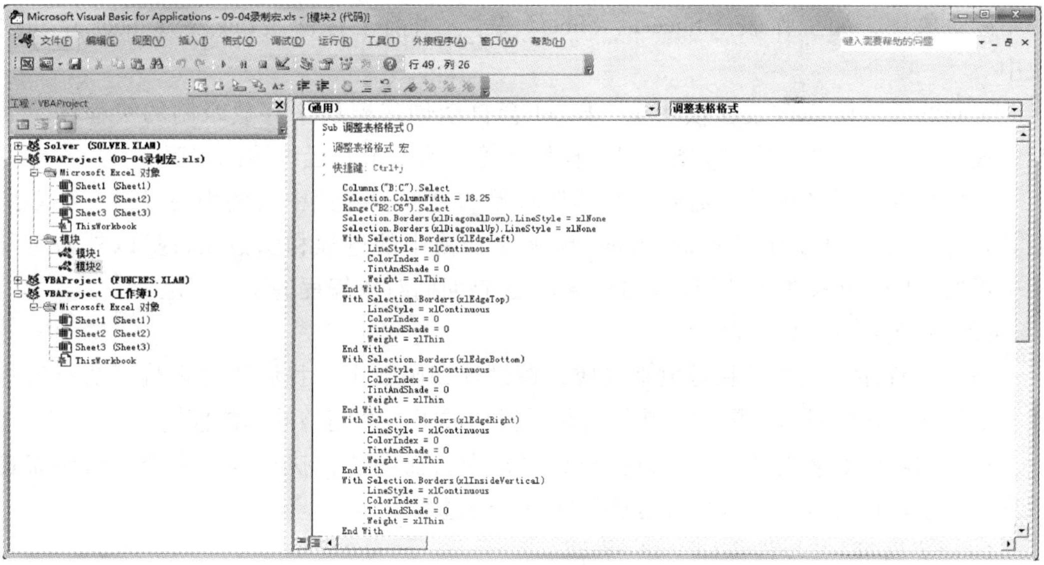

图 6. 60

四、注意事项

（1）在录制宏之前，事先要熟悉需要录制的操作的具体要求，以免在录制的时候录错了操作。另外，在录完以后一定要记得及时点击“停止录制”，不然会一直录制下去，一不小心就会录制上不想要的操作。

（2）如果不小心录制了不必要的操作，我们可以在宏程序的编辑窗口中删掉对应的程序，而无须重录。

实训技能 2　编写一个简单的 VBA 程序

一、实训内容

本实训将编写一个简单的 VBA 程序，其功能为统计销售额的总和，并在表格中显示出来。

二、实训方法

（1）在工作表中创建表格；

（2）添加控件，设置其属性；

（3）为控件编写 VBA 程序。

三、实训步骤

（1）VBA 程序存放在哪里？

在图 6.60 所示的 VBA 编辑窗口，我们可以发现，VBA 程序可以存放在 Excel 文件的不同对象中，如工作表（Sheet1、Sheet2 等）、当前工作簿（this work book）和模块中。

录制的宏默认是存放在模块中，Excel 会自动创建模块来存放录制的宏程序。当然，我们也可以新建模块（如模块 1、模块 2 等）来存放自己编写的程序。

模块中的程序（过程和函数）在其他对象的过程和函数中被调用的时候，不必指明其来源，而 sheet 工作表和 this Work book 工作簿中的过程和函数在自身以外的对象中引用的时候，必须加上所属对象的名称。这是面向对象编程的统一规范。

（2）如何编写 VBA 程序？

VBA 程序主要由过程和函数来构成，在过程和函数中，我们要为之编写执行某些操作的语句。这些具有很强逻辑性的语句，就构成了一个完整的功能模块。

过程和函数的区别是，过程只执行程序命令，而函数在执行程序命令之后还需要返回一个值。也可以说，函数就是具有返回值的过程。

（3）为 ActiveX 控件添加 VBA 程序。

在 VBA 编辑窗口既可以编写程序，也可以执行 VBA 程序，但多数的 VBA 应用程序都是通过控件（比如命令按钮、列表框、滚动条等）的事件（如单击、双击、选择、拉动等）来驱动执行的，这样才具有交互性。

下面我们通过一个简单的例子来说明这一点。在这个例子中，我们将在工作表中录入一些销售数据，然后设计一个按钮，只要点击按钮，就可以计算并显示销售额的总和。操作步骤如下：

①新建一个 Excel 文档，录入所需数据，调整格式，然后插入一个命令按钮（ActiveX 控件类型），如图 6.61 所示。

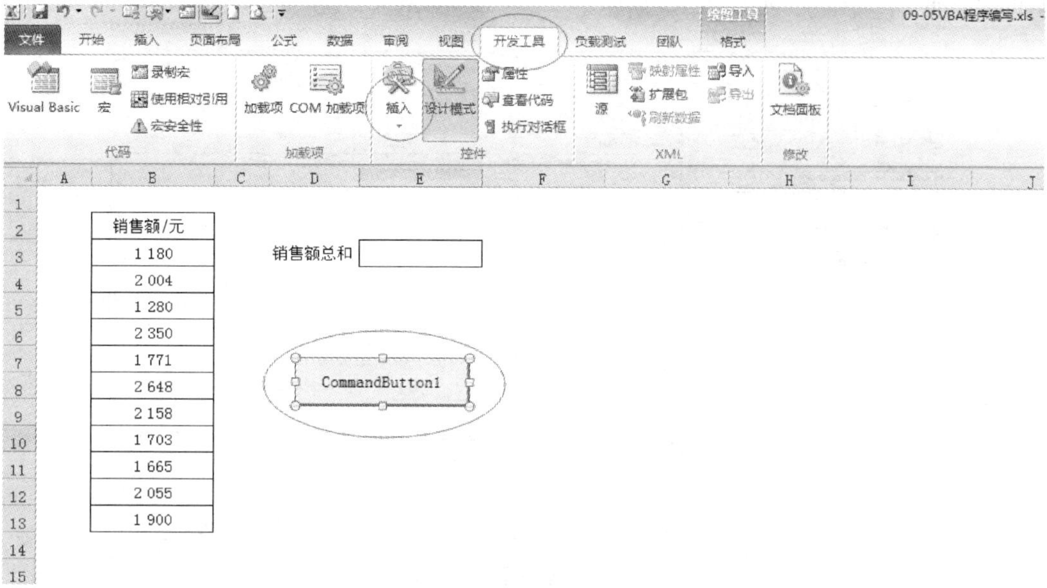

图 6.61

②命令按钮的文字、形状及位置都是默认的，我们可以用鼠标右键点击它之后，选择“属性”来修改其 Caption 属性为“计算销售额总和”，如图 6.62 所示。（注意此时为“设计模式”状态）

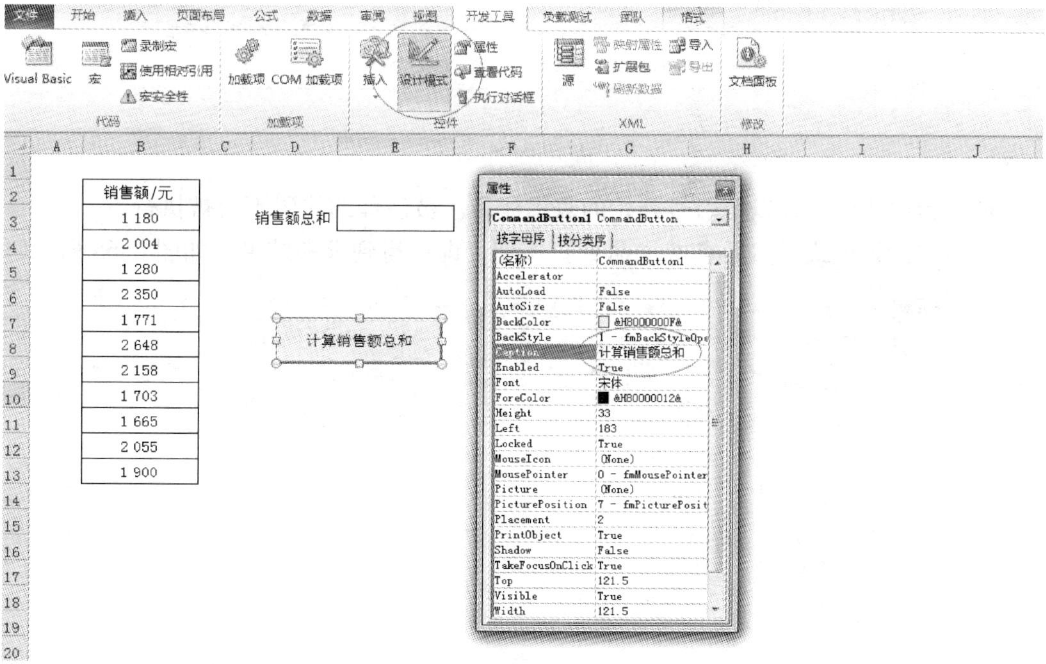

图 6.62

③在设计模式下，双击命令按钮就可以进入该控件对象的默认过程（CommandButton1_ Click 过程，该过程负责执行“点击控件”事件发生后的代码）的编辑状态，我

们即可在此编写代码，如图 6.63 所示。

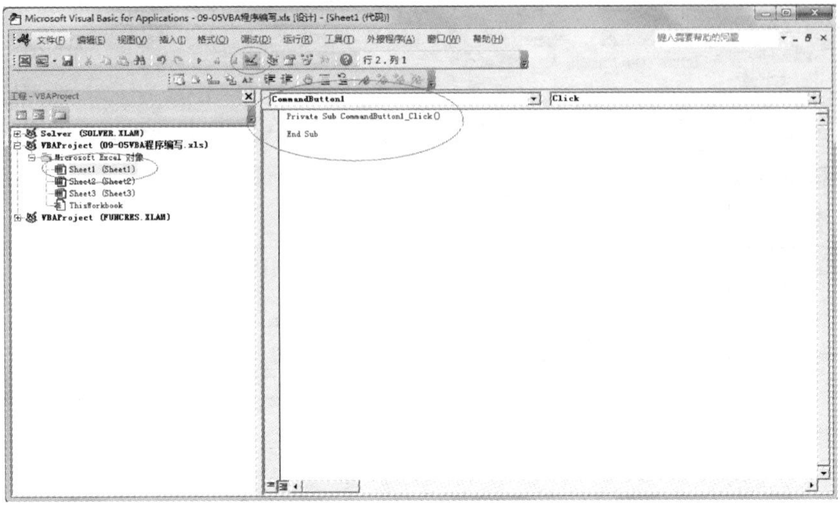

图 6.63

④按照例题的要求编写一段求和并且显示结果的程序，如图 6.64 所示。

```
Private Sub CommandButton1_Click()
    '过程用Sub来表示
    Dim i As Integer        '声明一个整数类型的变量i
    Dim sum As Integer      '声明一个整数类型的变量sum，用于存放求和结果
    sum = 0                 '该句代码可有可无
    '下面是循环求和语句
    For i = 3 To 13
        sum = sum + Me.Cells(i, 2)    'Me.Cells(i, 2)表示当前对象sheet1的第i行第2列的单元格
    Next i
    Me.Cells(3, 5) = sum '把sum的结果显示在E3单元格（第3行第5列）
End Sub
```

图 6.64

注：程序代码中，以单引号开始的表示注释。被注释的代码不会被执行。

⑤退出设计模式，然后点击“命令”按钮，即可得到求和结果，如图 6.65 所示。

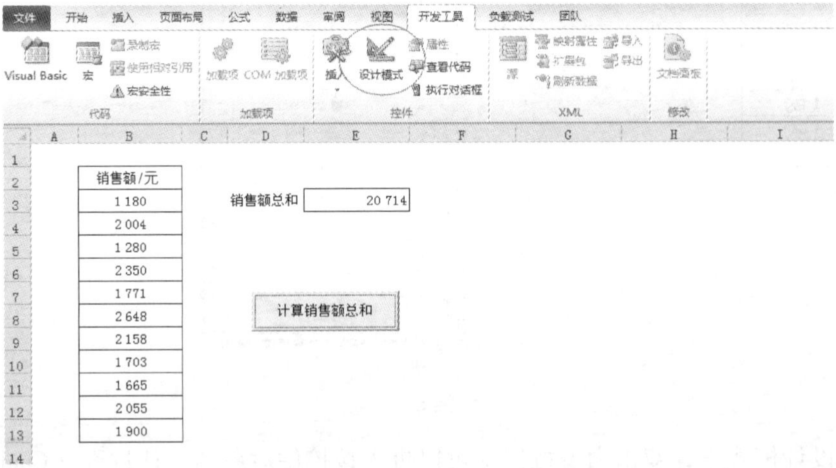

图 6.65

(4) 不知道如何编写实现某种功能的 VBA 程序时，应该怎么办?

不知道如何编写某种功能的程序又分几种情况，分别探讨如下：

①语法上的问题。

如果读者遇到的是语法上的问题，比如不知道如何编写循环语句、条件判断语句等，那么必须去查阅关于 VBA 编程的专门书籍。

②逻辑上的问题（算法问题）。

如果读者遇到的是逻辑问题，比如不知道如何编写排序程序、递归程序，那么就需要静下心来慢慢思考，反复试验，实在不行的话，再去查找关于这方面的编程实例及源代码来学习。

③Excel 对象属性与方法不熟悉的问题。

如果遇到的是关于 Excel 对象属性与方法使用上的问题，比如不知道如何编写 VBA 程序来设置单元格格式，不知道如何编写打印程序，我们有三种解决办法：

第一，自行摸索。摸索的方式是利用 VBA 编辑窗口，在过程或函数中输入一个对象的名称，再接着输入引用操作符“.”之后，就会自动出现这个对象的可用属性和方法的列表，我们可以在这个列表中从上拉到下，一个一个查看其名称，判断是否是自己需要的，如果确定需要那一个，就用鼠标直接双击它，或者按键盘的“tab”键，即可添加进来，如图 6.66 所示。

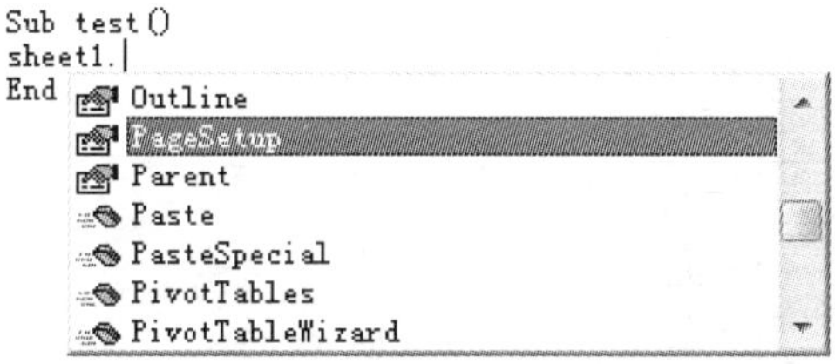

图 6.66

第二，录制宏。前面我们介绍的录制宏的方法，在这里可以派上用场。比如我们不知道如何编写设置单元格底色的代码，那么我们就录制一段设置单元格底色的宏，然后把宏程序打开来学习其代码的编写。学懂之后，以后就知道怎么用了。很多人在学习 VBA 编程的过程中，都会经常录制特定功能的宏程序，然后学习。

第三，查阅专业资料。最后的办法就是查阅相关专业资料的介绍，或者查看其他人编写的源代码，然后学习。

VBA 编程技术的提升是一个逐步积累的过程，建议读者在工作中多学多练，久而久之自然在常规的应用程序编写上得心应手，对于难度较大的复杂模型，也能够较快地找到突破口。

四、注意事项

我们经常习惯把录制的宏程序中的一段或多段复制粘贴到自己的 VBA 程序中，以

“借用”一些自己不想亲手输入（或不知道如何输入）的代码。这是很便利和经济的，在很多情况下都可以给我们节省不少宝贵的时间，加快开发程序的速度，不管是新手，还是 VBA 编程的专业人士，都可能会喜欢这样做。但要注意的是，借用过来的代码可能会“水土不服”，往往需要经过我们的修改才能正确执行。为此，即便是“借用”，也都需要我们熟悉 VBA 编程的常识和逻辑。

实训技能 3　批量处理表格数据

一、实训内容

图 6.67 所示的表格中存放了 582 只股票型基金近两年来的收益率数据。（为了显示方便，大部分单元格已被隐藏）

本次实训的任务是从这些基金中把两个收益率指标都大于平均水平的基金挑选出来，并在原表中把符合条件的基金以黄底红字突出显示出来，然后再把它存到另一个工作表中。

	A	B	C	D
1	序号	基金简称	近1年	近2年
2	1	博时上证自然	37.33%	-9.33%
3	2	信诚精萃成长	31.71%	47.22%
4	3	国联安商品E	37.99%	-10.80%
5	4	鹏华资源分级	43.75%	-13.81%
6	5	海富通国策导	47.70%	121.55%
7	6	申万证券行业	---	---
8	7	银华资源指数	39.99%	-15.32%
9	8	海富通风格优	8.11%	17.49%
10	9	民生中证资源	40.59%	-13.98%
11	10	国投瑞银中证	36.18%	-12.52%
571	570	华商盛世成长	57.54%	88.66%
572	571	泰达宏利成长	27.88%	65.84%
573	572	海富通中小盘	-0.45%	14.39%
574	573	汇添富移动互	---	---
575	574	农银低估值高	21.07%	---
576	575	长信内需成长	10.24%	71.95%
577	576	国联安优选行	37.61%	82.07%
578	577	国联安德盛红	49.14%	65.00%
579	578	南方隆元产业	30.23%	12.12%
580	579	海富通内需热	4.06%	---
581	580	汇丰晋信科技	27.22%	87.43%
582	581	易方达科讯	33.91%	90.38%
583	582	富国低碳环保	46.74%	73.77%
584				

图 6.67

二、实训方法

本例将采用 VBA 编程的方法来实现。不用编程的话，利用 Excel 函数和条件格式等菜单操作，也可以达到目的，但如果此类任务经常遇到，编写程序将是一劳永逸的办法。

三、实训步骤

（1）将源数据工作表改名为“源数据”，然后增加一个工作表，取名为“处理结果”，如图 6.68 所示。

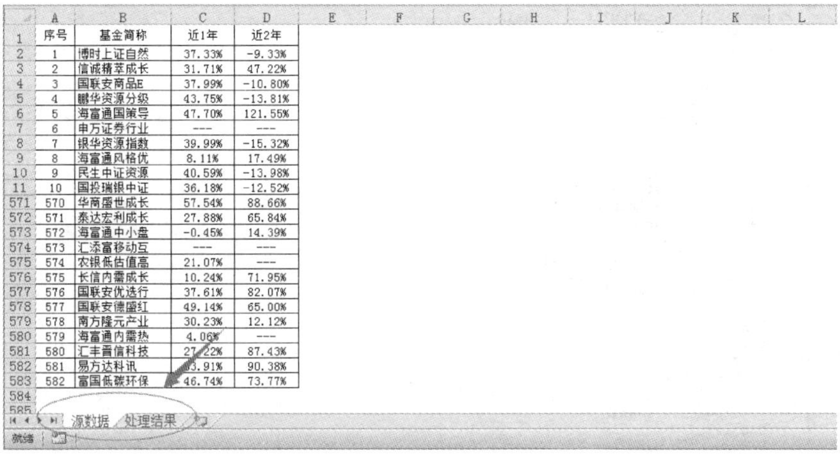

序号	基金简称	近1年	近2年
1	博时上证自然	37.33%	-9.33%
2	信诚精萃成长	31.71%	47.22%
3	国联安商品E	37.99%	-10.80%
4	鹏华资源分级	43.75%	-13.81%
5	海富通国策导	47.70%	121.55%
6	申万证券行业	---	---
7	银华资源指数	39.99%	-15.32%
8	海富通风格优	8.11%	17.49%
9	民生中证资源	40.59%	-13.98%
10	国投瑞银中证	36.18%	-12.52%
570	华商盛世成长	57.54%	88.66%
571	泰达宏利成长	27.88%	65.84%
572	海富通中小盘	-0.45%	14.39%
573	汇添富移动互	---	---
574	农银低估值高	21.07%	---
575	长信内需成长	10.24%	71.95%
576	国联安优选行	37.61%	82.07%
577	国联安德盛红	49.14%	65.00%
578	南方隆元产业	30.23%	12.12%
579	海富通内需热	4.06%	---
580	汇丰晋信科技	27.22%	87.43%
581	易方达科讯	[illegible]3.91%	90.38%
582	富国低碳环保	46.74%	73.77%

图 6.68

（2）在源数据工作表中添加一个“ActiveX”命令按钮，并设置其 Caption 属性为“执行程序”，如图 6.69 所示。

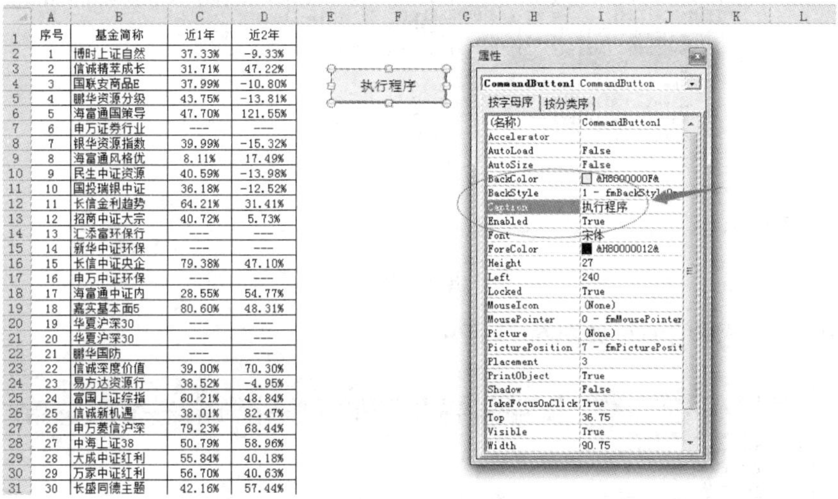

序号	基金简称	近1年	近2年
1	博时上证自然	37.33%	-9.33%
2	信诚精萃成长	31.71%	47.22%
3	国联安商品E	37.99%	-10.80%
4	鹏华资源分级	43.75%	-13.81%
5	海富通国策导	47.70%	121.55%
6	申万证券行业	---	---
7	银华资源指数	39.99%	-15.32%
8	海富通风格优	8.11%	17.49%
9	民生中证资源	40.59%	-13.98%
10	国投瑞银中证	36.18%	-12.52%
11	长信金利趋势	64.21%	31.41%
12	招商中证大宗	40.72%	5.73%
13	汇添富环保行	---	---
14	新华中证环保	---	---
15	长信中证央企	79.38%	47.10%
16	申万中证环保	---	---
17	海富通中证内	28.55%	54.77%
18	嘉实基本面5	80.60%	48.31%
19	华夏沪深30	---	---
20	华夏沪深30	---	---
21	鹏华国防	---	---
22	信诚深度价值	39.00%	70.30%
23	易方达资源行	38.52%	-4.95%
24	富国上证综指	60.21%	48.84%
25	信诚新机遇	38.01%	82.47%
26	申万菱信沪深	79.23%	68.44%
27	中海上证38	50.79%	58.96%
28	大成中证红利	55.84%	40.18%
29	万家中证红利	56.70%	40.63%
30	长盛同德主题	42.16%	57.44%

图 6.69

（3）在设计模式下，双击“执行程序”按钮，即可进入 VBA 编辑窗口。然后我们在工作表 Sheet1 的代码编辑框里编写两个程序：第一个是，“点击按钮”事件将会执行的“过程”；第二个是，返回工作表中有多少行非空单元格的“函数”。

①命令按钮执行的“过程”程序如图 6.70 所示。

```
Private Sub CommandButton1_Click()
Dim i As Integer
Dim sum As Integer
Dim sum1 As Double
Dim sum2 As Double
Dim count1 As Integer
Dim count2 As Integer
Dim a1 As Double
Dim a2 As Double
Dim hold As Integer
sum = Me.getSumOfRow(Sheet1, 1, 1)
Me.Cells.Font.ColorIndex = 1
Me.Cells.Interior.ColorIndex = 0
For i = 2 To sum
   If VBA.IsNumeric(Me.Cells(i, 3)) = True Then
       sum1 = sum1 + Me.Cells(i, 3).Value
       count1 = count1 + 1
   End If
   DoEvents
Next i
For i = 2 To sum
   If VBA.IsNumeric(Me.Cells(i, 4)) = True Then
       sum2 = sum2 + Me.Cells(i, 4).Value
       count2 = count2 + 1
   End If
   DoEvents
Next i
a1 = sum1 / count1
a2 = sum2 / count2
Sheet2.Cells.ClearContents
Sheet2.Cells(1, 1) = Me.Cells(1, 1)
Sheet2.Cells(1, 2) = Me.Cells(1, 2)
Sheet2.Cells(1, 3) = Me.Cells(1, 3)
Sheet2.Cells(1, 4) = Me.Cells(1, 4)
For i = 2 To sum
    If VBA.IsNumeric(Me.Cells(i, 3)) = True And VBA.IsNumeric(Me.Cells(i, 4)) = True Then
        If Me.Cells(i, 3) >= a1 And Me.Cells(i, 4) >= a2 Then
            Range(Me.Cells(i, 1), Me.Cells(i, 4)).Interior.ColorIndex = 6
            Range(Me.Cells(i, 1), Me.Cells(i, 4)).Font.ColorIndex = 3
            hold = hold + 1
            Sheet2.Cells(hold + 1, 1) = hold
            Sheet2.Cells(hold + 1, 2) = Me.Cells(i, 2)
            Sheet2.Cells(hold + 1, 3) = Me.Cells(i, 3)
            Sheet2.Cells(hold + 1, 4) = Me.Cells(i, 4)
        End If
    End If
    DoEvents
Next i
End Sub
```

图 6.70

②“函数”程序的编写如图 6.71 所示。

```
Function getSumOfRow(sheet As Worksheet, r As Integer, c As Integer) As Integer
    '该函数返回sheet表中，从第c列的第r行单元格开始往下数，总共有多少行非空数据（包含起始行）
    Dim i As Integer
    Dim sum As Integer
    i = r
    sum = 0
    Do While sheet.Cells(i, c) <> ""
        i = i + 1
        sum = sum + 1
    Loop
    getSumOfRow = sum
End Function
```

图 6.71

（4）过程 Private Sub CommandButton1_ Click（）的主要编写思路及说明如下：

①过程名称。

Private 是过程名称中的关键字，为可选参数。它表示只有在包含其声明的模块中的其他过程可以访问该 Sub 过程。CommandButton1_ Click 中，下划线前的 CommandButton1 是命令按钮的 Name 属性，该属性作为控件的名称，用于识别控件。下划线后面的 Click，表示按钮的“点击事件”。

②声明变量。

Integer 表示整数类型，长度为 2 个字节，数值范围从-32 768 到 32 767。Double 表示双精度浮点数据，长度为 8 个字节，数值范围为：负数时从-1. 797 693 134 862 32E308 到-4. 940 656 458 412 47E-324（科学计数法，下同）；正数时从 4. 940 656 458 412 47E-324 到 1. 797 693 134 862 32E308。

声明变量前应该仔细思考，到底需要用到哪些变量。在本例中，我们用到的变量及其设定理由如下：

i：作为循环计数变量。

sum：用来表示数据表的有效行数。

sum1 和 sum2：分别用来表示两个收益率指标的有效数值的总和。

count1 和 count2：分别用来表示两种收益率指标各有多少个有效数值。

a1 和 a2：分别用来表示两种收益率指标各自的平均值，比如 a1 = sum/count1。

hold：作为辅助计数变量。

③语句剖析。

语句：

sum = Me. getSumOfRow （Sheet1，1，1）

该语句是用一个函数 Me. getSumOfRow 来给 sum 赋值，其含义是返回 Sheet1 工作表中，从第一列的第一行开始数，一共有多少非空数据行。

该函数对象属于当前工作表 Sheet1，因此可以用 Me 来表示 Sheet1。当然，后面参数中的 Sheet1，也自然可以换成 Me，结果是一样的。

函数 Me. getSumOfRow 中的符号“.”被称为引用操作符，用来连接对象和对象中的过程、函数或其他属性。对象中包含的对象也是这样来连接的。这是面向对象编程语言的通用表示方法。当然，如果引用的是当前模块的过程和函数以及属性，可以省略掉 Me，直接写 getSumOfRow 就可以了。但在实际的编程中，我们往往都会把所属的对象名称加上，这样做的好处是，只要在对象的名称后面输入引用操作符“.”，系统就会自动提示该对象有哪些过程、函数和属性可用，程序员直接在提示出来的列表框里点选就可以了。这大大加快了开发程序的效率。这种功能被称为“自动代码提示”，如图 6. 72 所示。

图 6. 72

④将源数据中的字体和底色设为“白底黑字”，以清除上一次可能留下的“黄底红字”痕迹。程序如下：

Me. Cells. Font. ColorIndex = 1

Me. Cells. Interior. ColorIndex = 0

如果不知道如何编写格式设置的代码，建议读者自行录制一段设置单元格格式的宏程序，然后从中学习。

⑤遍历数据表，把两列收益率指标的总和分别计算出来，同时计算有效数据的个数。程序如图 6.73 所示。

```
For i = 2 To sum
   If VBA.IsNumeric(Me.Cells(i, 3)) = True Then
       sum1 = sum1 + Me.Cells(i, 3).Value
       count1 = count1 + 1
   End If
   DoEvents
Next i
For i = 2 To sum
   If VBA.IsNumeric(Me.Cells(i, 4)) = True Then
       sum2 = sum2 + Me.Cells(i, 4).Value
       count2 = count2 + 1
   End If
   DoEvents
Next i
```

图 6.73

在这里，我们用到了 For 循环和 If 条件判断语句。For 循环的循环变量 i 从 2 循环到 sum，在循环过程中，只要满足 If 条件（单元格为数值），我们就执行 Then 后面的语句（求和与计数）。

If 条件中用到的函数 VBA. IsNumeric，是用于判断某个表达式是否为数值。只有单元格是一个数值时，我们才把它当作有效数据参与计算；否则就将其忽略掉。这一点需要特别注意，不要遗漏了。

⑥计算两个收益率指标的平均值。程序如下：

a1 = sum1 / count1

a2 = sum2 / count2

⑦清空“处理结果”工作表中的内容，然后把第一行设为标题行，标题内容从 Sheet1 表的标题行中对应复制。程序如图 6.74 所示。

```
Sheet2.Cells.ClearContents
Sheet2.Cells(1, 1) = Me.Cells(1, 1)
Sheet2.Cells(1, 2) = Me.Cells(1, 2)
Sheet2.Cells(1, 3) = Me.Cells(1, 3)
Sheet2.Cells(1, 4) = Me.Cells(1, 4)
```

图 6.74

⑧从头到尾遍历所有收益率指标，如果两个指标都大于等于均值，就把当前基金数据的格式设为黄底红字，同时把该基金的数据复制到工作表“处理结果”中，按顺序存放。程序如图 6.75 所示。

```
For i = 2 To sum
    If VBA.IsNumeric(Me.Cells(i, 3)) = True And VBA.IsNumeric(Me.Cells(i, 4)) = True Then
        If Me.Cells(i, 3) >= a1 And Me.Cells(i, 4) >= a2 Then
            Range(Me.Cells(i, 1), Me.Cells(i, 4)).Interior.ColorIndex = 6
            Range(Me.Cells(i, 1), Me.Cells(i, 4)).Font.ColorIndex = 3
            hold = hold + 1
            Sheet2.Cells(hold + 1, 1) = hold
            Sheet2.Cells(hold + 1, 2) = Me.Cells(i, 2)
            Sheet2.Cells(hold + 1, 3) = Me.Cells(i, 3)
            Sheet2.Cells(hold + 1, 4) = Me.Cells(i, 4)
        End If
    End If
    DoEvents
Next i
```

图 6.75

（5）函数 getSumOfRow 的编写说明。

①函数的标识、返回值和返回类型。

函数总是以 Function 来定义开头，然后以 End Function 来结束。在函数结束之前，我们一般要给函数设定应该返回的值，如本例中的语句“getSumOfRow = sum”，就是应该返回函数的值，为 sum。As Integer 表示该函数的返回类型为整型变量 Integer。

②函数的参数（sheet As Worksheet，r As Integer，c As Integer）。

第一个参数 sheet 为 Worksheet 类型，r 和 c 为 Integer 类型。在本例中，Sheet 表示函数处理的工作表，r 和 c 表示第 r 行和第 c 列。该函数的目的就是，返回 sheet 表中，从第 c 列的第 r 行单元格开始往下数，总共有多少行非空数据（包含起始行）。

③Do While 循环。

语句 Do While 表示循环，但该循环与 For 循环不同。For 循环的循环次数是给定的，但 Do While 循环的次数是不定的，要根据 While 后面的条件来决定。While 后面的条件为真，才继续循环；否则，就退出循环。在我们面临的问题中，每一次需要处理的基金数据的总数都有可能不同，因此，我们专门编写了一个函数来自动判断数据总行数，这是很有意义的。但如果我们面临的问题中已经知道了总行数，以后也无须每次都去判断总行数，那么这个函数就没有意义了。

（6）编写完所有上述程序。我们回到“源数据”工作表中，退出“设计模式”，点击命令按钮来执行程序，即可得到如图 6.76 和图 6.77 所示的结果。

我们发现，满足条件的基金，其单元格已经在原表中被突出标记出来，并且数据都被复制进了“处理结果”工作表中。可见，我们编写的 VBA 程序已经达到了预期的效果。

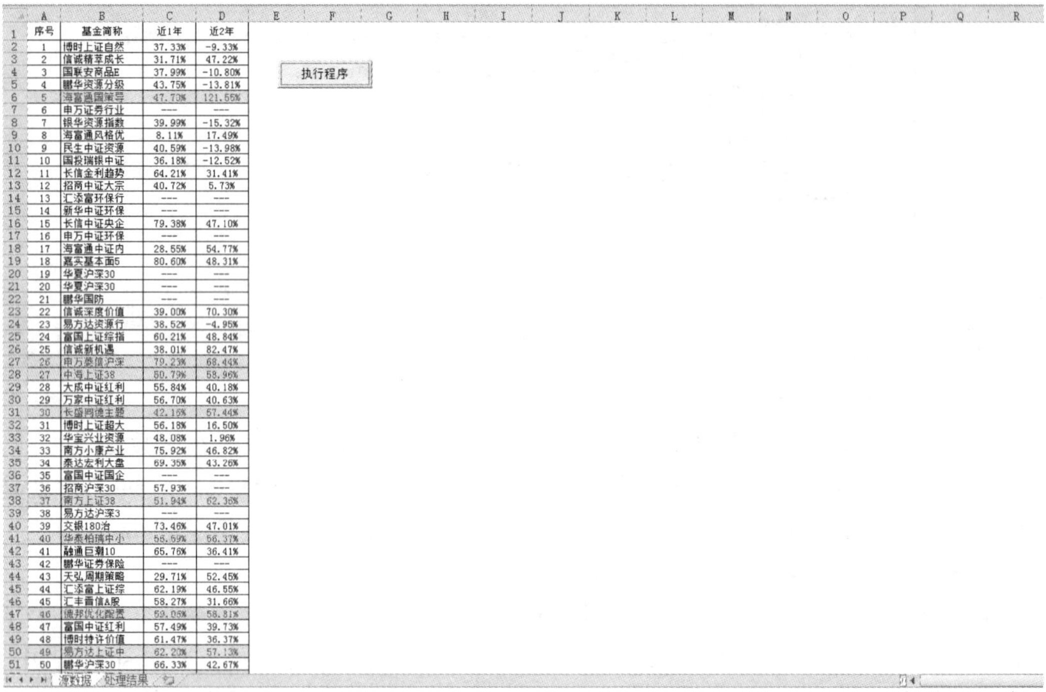

序号	基金简称	近1年	近2年
1	博时上证自然	37.33%	-9.33%
2	信诚精萃成长	31.71%	47.22%
3	国联安商品E	37.99%	-10.80%
4	鹏华资源分级	43.75%	-13.81%
5	海富通国策导	47.70%	121.55%
6	申万证券行业	---	---
7	银华资源指数	39.99%	-15.32%
8	海富通风格优	8.11%	17.49%
9	民生中证资源	40.59%	-13.98%
10	国投瑞银中证	36.18%	-12.52%
11	长信金利趋势	64.21%	31.41%
12	招商中证大宗	40.72%	5.73%
13	汇添富环保行	---	---
14	新华中证环保	---	---
15	长信中证央企	79.38%	47.10%
16	申万中证环保	---	---
17	海富通中证内	28.55%	54.77%
18	嘉实基本面5	80.60%	48.31%
19	华夏沪深30	---	---
20	华夏沪深30	---	---
21	鹏华国防	---	---
22	信诚深度价值	39.00%	70.30%
23	易方达资源行	38.52%	-4.95%
24	富国上证综指	60.21%	48.84%
25	信诚新机遇	38.01%	82.47%
26	申万菱信沪深	79.23%	68.44%
27	中海上证38	50.79%	58.96%
28	大成中证红利	55.84%	40.18%
29	万家中证红利	56.70%	40.63%
30	长盛同德主题	42.16%	57.44%
31	博时上证超大	56.18%	16.50%
32	华宝兴业资源	48.08%	1.96%
33	南方小康产业	75.92%	46.82%
34	泰达宏利大盘	69.35%	43.26%
35	富国中证国企	---	---
36	招商沪深30	57.93%	---
37	南方上证38	51.94%	62.36%
38	易方达沪深3	---	---
39	交银180治	73.46%	47.01%
40	华泰柏瑞中小	56.59%	56.37%
41	融通巨潮10	65.76%	36.41%
42	鹏华证券保险	---	---
43	天弘周期策略	29.71%	52.45%
44	汇添富上证综	62.19%	46.55%
45	汇丰晋信A股	58.27%	31.66%
46	德邦优化配置	59.06%	58.81%
47	富国中证红利	57.49%	39.73%
48	博时特许价值	61.47%	36.37%
49	易方达上证中	62.20%	57.13%
50	鹏华沪深30	66.33%	42.67%

图 6.76

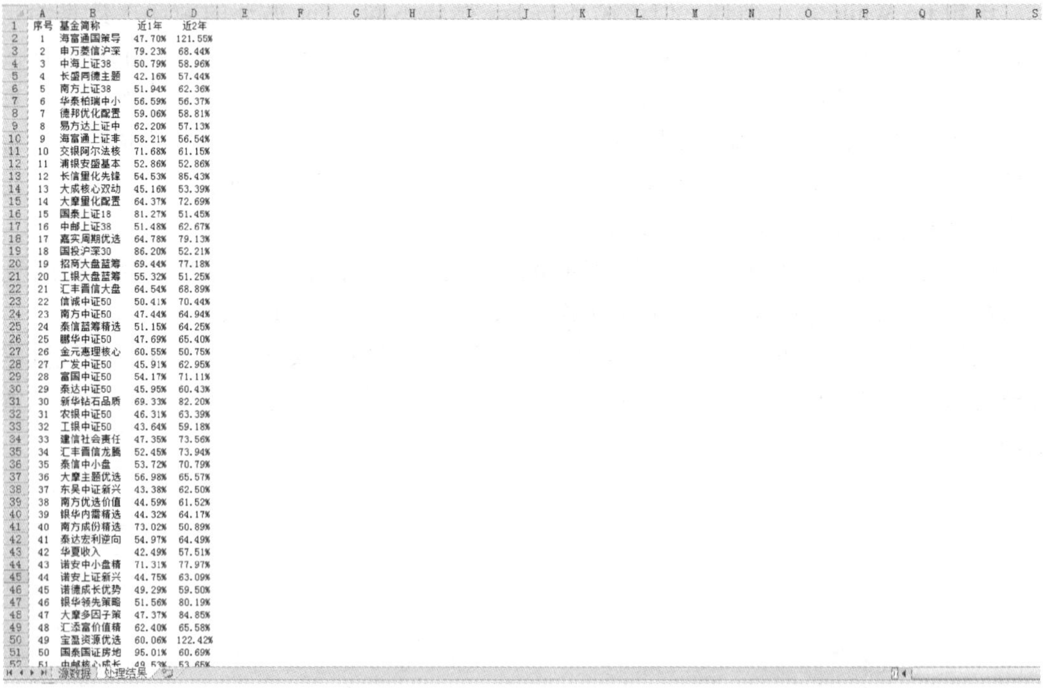

序号	基金简称	近1年	近2年
1	海富通国策导	47.70%	121.55%
2	申万菱信沪深	79.23%	68.44%
3	中海上证38	50.79%	58.96%
4	长盛同德主题	42.16%	57.44%
5	南方上证38	51.94%	62.36%
6	华泰柏瑞中小	56.59%	56.37%
7	德邦优化配置	59.06%	58.81%
8	易方达上证中	62.20%	57.13%
9	海富通上证非	58.21%	56.54%
10	交银阿尔法核	71.68%	61.15%
11	浦银安盛基本	52.86%	52.86%
12	长信量化先锋	54.53%	85.43%
13	大成核心双动	45.16%	53.39%
14	大摩量化配置	64.37%	72.69%
15	国泰上证18	81.27%	51.45%
16	中邮上证38	51.48%	62.67%
17	嘉实周期优选	64.78%	79.13%
18	国投沪深30	86.20%	52.21%
19	招商大盘蓝筹	69.44%	77.18%
20	工银大盘蓝筹	55.32%	51.25%
21	汇丰晋信大盘	64.54%	68.89%
22	信诚中证50	50.41%	70.44%
23	南方中证50	47.44%	64.94%
24	泰信蓝筹精选	51.15%	64.25%
25	鹏华中证50	47.69%	65.40%
26	金元惠理核心	60.55%	50.75%
27	广发中证50	45.91%	62.95%
28	富国中证50	54.17%	71.11%
29	泰达中证50	45.95%	60.43%
30	新华钻石品质	69.33%	82.20%
31	农银中证50	46.31%	63.39%
32	工银中证50	43.64%	59.18%
33	建信社会责任	47.35%	73.56%
34	汇丰晋信龙腾	52.45%	73.94%
35	泰信中小盘	53.72%	70.79%
36	大摩主题优选	56.98%	65.57%
37	东吴中证新兴	43.38%	62.50%
38	南方优选价值	44.59%	61.52%
39	银华内需精选	44.32%	64.17%
40	南方成份精选	73.02%	50.89%
41	泰达宏利逆向	54.97%	64.49%
42	华夏收入	42.49%	57.51%
43	诺安中小盘精	71.31%	77.97%
44	诺安上证新兴	44.75%	63.09%
45	诺德成长优势	49.29%	59.50%
46	银华领先策略	51.56%	80.19%
47	大摩多因子策	47.37%	84.85%
48	汇添富价值精	62.40%	65.58%
49	宝盈资源优选	60.06%	122.42%
50	国泰国证房地	95.01%	60.69%
51	中邮核心成长	49.53%	53.65%

图 6.77

四、注意事项

（一）程序的算法

算法是指解决方案的准确而又完整的策略步骤与机制，是一系列解决问题的清晰指令，所有指令的运行结果能够实现我们预期的目标。在本例中，我们编写了一个 Sub 过程和一个 Function 函数，其实现的功能都是非常简单的，然而，就是这样一个非常简单的程序，其算法（目标实现的逻辑步骤）也都不止一种。读者可以尝试以不同的方案来解决同样的问题。比如本例中的 getSumOfRow 函数，其实现过程我们可以用 Do Until 循环，甚至也可以用 For 循环，给 For 循环指定一个很大的终点，然后在循环中通过条件判断来适时退出循环即可。

（二）程序的改进

已经编好的程序可能都不是完美的，在使用的过程中，应该根据需求的变化而随时改进。正如我们所用的系统软件和应用软件一样，几乎每种软件都在不断地更新换代，以更好地满足用户不断发展的需求。读者可以尝试在本例的基础上，逐步去创建一个界面美观、功能丰富的金融理财产品数据分析系统。

案例分析题

（1）请根据配套数据集中所给的产品销量数据，创建如图 6.78 所示的“连续两个季度销量上升或下降查询动态图”。要求设置合适的表单控件对查询季度以及销量变化方向（上升、下降）进行选择，当用户选择完毕，图表区将以柱形图形式把最近三个季度（包含所选季度）的销量展示出来。（提示：该模型需要用到动态引用区域的函数、排序函数和定义名称等工具）

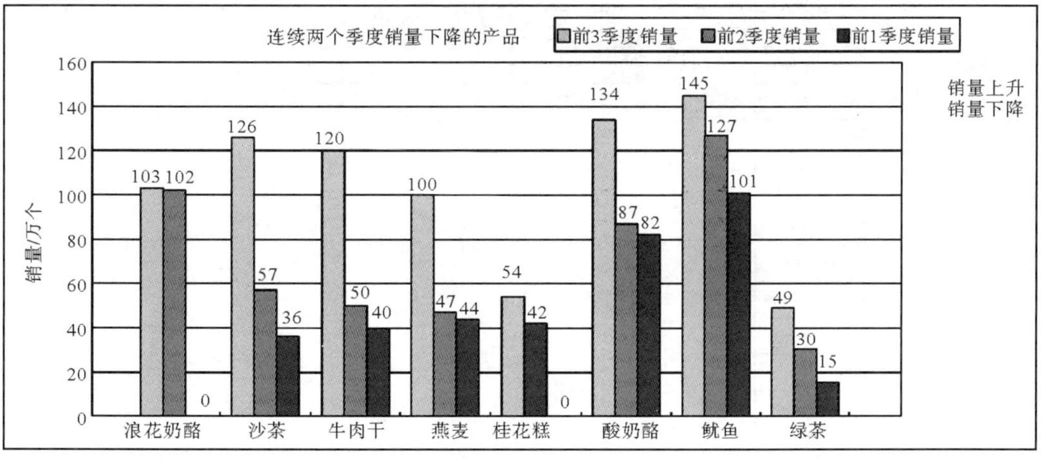

图 6.78

（2）在 Excel 合并单元格中输入 SUM 函数对其他列中对应行的单元格进行求和，如果合并单元格的行数不一致，是无法拉动公式往下快速填充的（如图 6.79 所示）。请设计一个自定义求和函数，用 Ctrl+Enter 的方式快速填充公式到所有合并单元格，解决不规则合并单元格求和问题。

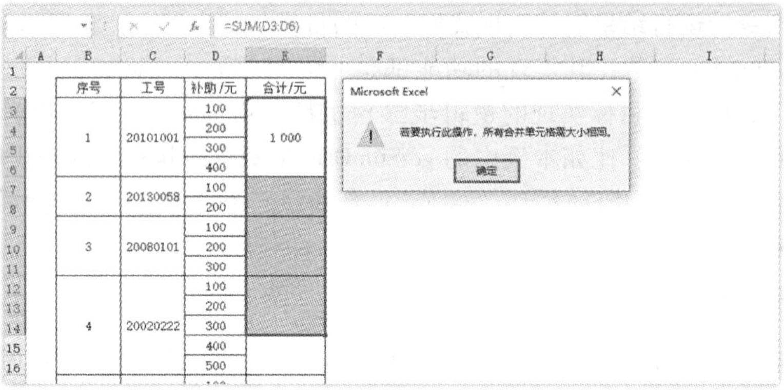

图 6.79

（3）在企业经济数据的分析预测中，经常会遇到近似平稳的时间序列数据，这时我们可以采用移动平均法对其进行预测。由于移动平均法的应用需要选取恰当的移动平均跨度（“时距”），因此通常来讲，我们都是选取一个取值范围（比如 3~9 期），一一用过去的数据进行“回测”，然后选择均方误差最小的那个作为最优移动平均跨度，从而对未来进行预测。企业的经济数据是不断发生变化的，如果每次对未来进行预测都要重复以上步骤，显然是费时费力的事情。请用 VBA 语言开发一个自定义函数，传入历史数据区域和移动平均跨度取值范围（最小值和最大值）作为参数，即可返回最小均方误差、最优移动平均跨度以及由此得到的最优预测值。效果如图 6.80 所示。

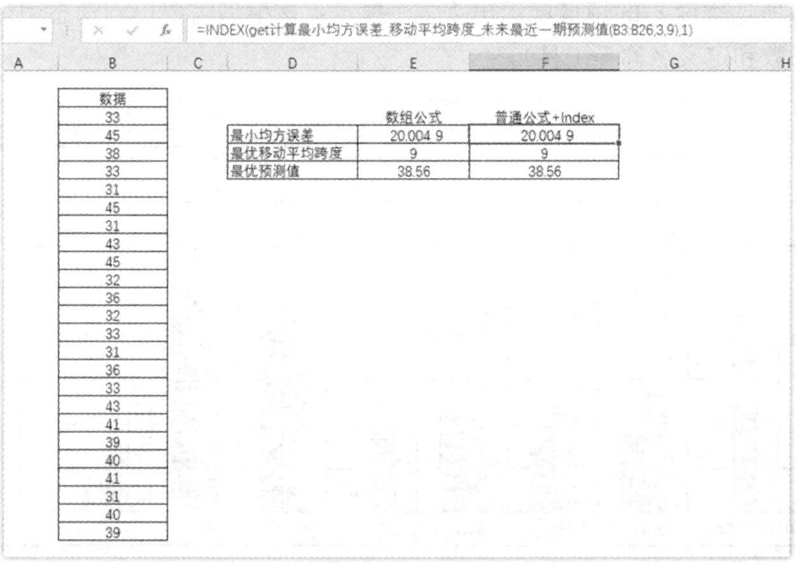

图 6.80

（4）很多时候我们经常会在 Excel 工作表中把某些数值单元格标上相同的底色（或前景色），这些单元格多了之后，如果想对其进行求和、计数或计算均值，将是一件很麻烦的事情。请编写一个自定义函数，只要输入查找区域、参照单元格和计算类别作为参数，即可对所有匹配单元格进行求和、计数和计算均值。效果如图 6.81 所示。

D4　=get按颜色统计(C8:F28,F14,1)

按指定单元格作为参照标准进行统计

计算项目	结果	公式（自定义函数）	备注
求和	74 700	=get按颜色统计(C8:F28,F14,1)	参数1表示求和
计数	7	=get按颜色统计(C8:F28,F14,2)	参数2表示计数
计算均值	10 671 428.57	=get按颜色统计(C8:F28,F14,3)	参数3表示计算均值

9 750	8 700	12 750	10 050
6 150	6 750	9 150	10 200
9 600	9 900	13 200	8 400
10 800	7 950	7 500	13 800
6 300	12 900	8 700	7 200
11 400	10 650	12 150	10 800
13 500	12 450	10 650	7 200
12 600	6 450	14 850	11 250
7 500	10 350	7 650	10 800
8 400	12 900	10 650	10 800
13 950	11 400	7 500	8 400
12 150	7 200	9 600	10 950
12 600	6 150	9 600	11 550
10 500	11 400	11 400	9 450
14 550	14 850	14 100	11 100
14 550	6 450	10 050	11 550
13 350	14 250	6 300	6 450
10 800	12 600	9 600	7 050
7 950	6 600	14 250	14 250
8 850	9 900	8 400	10 050
13 650	11 850	14 400	6 000

图 6.81

注 1：自定义函数开发的操作方法：按 Alt+F11 进入 VBE 编程界面，在工作簿中插入“模块”，然后在模块中编写函数，该函数即可在 Excel 单元格中引用。如果把该工作簿另存为加载宏文件，即可随时打开应用于所有工作簿中。

注 2：以上用自定义函数实现的功能，读者也可以用“按钮+宏程序”的方式来实现，或者开发右键菜单来实现。具体用什么方式，取决于读者的应用环境和开发需求。